Roger Willemsen erkennt den ›Knacks‹ in der Landschaft und unseren Städten, in Armut und Obdachlosigkeit, in den Anschlägen des 11. September 2001 und dem Gefangenenlager von Guantánamo. Der Knacks ist in der Welt, aber der Knacks ist auch in uns – in unserem Scheitern so sehr wie in unseren vermeintlichen Siegen. Ausgehend von der sehr persönlichen Erinnerung an den Tod seines Vaters, diagnostiziert Willemsen den Knacks, mit dem wir die Kindheit verlassen, und den, den uns die Liebe zufügt. Aber mehr noch als die großen Brüche interessieren Willemsen in seinem billanten Essay die fast unmerklichen Veränderungen unseres Lebens – der langsame Einzug des Alters und der Enttäuschung, die Haarrisse in einer Beziehung. Der Knacks ereilt Helden und Verlierer, Paare und Einzelgänger, der Knacks ereilt uns, beim Weg durch die Zeit: Wann wurde man nicht, was man hätte sein können? Wie sollten wir all das kennen, was wir haben, bevor wir es verlieren? Sind wir überhaupt noch anwesend in unserem Leben, und warum sitzt selbst im Glück der Knacks?

Roger Willemsen, geboren 1955, studierte Germanistik, Philosophie und Kunstgeschichte in Bonn, Florenz, München und Wien und arbeitete zunächst als Nachtwächter, Reiseleiter, Museumswärter, Übersetzer, Universitätsdozent und Korrespondent aus London. 1991 kam er zum Fernsehen, wo er viele Jahre lang vor allem Interview- und Kultursendungen moderierte und Dokumentarfilme produzierte. Er führte über zweitausend Interviews und drehte zahlreiche Künstler-Porträts. Seine Bücher, darunter ›Deutschlandreise‹, ›Gute Tage‹, ›Kleine Lichter‹, ›Afghanische Reise‹ und zuletzt ›Bangkok Noir‹, erscheinen im S. Fischer Verlag und Fischer Taschenbuch Verlag. Für ›Der Knacks‹ wurde Willemsen 2009 mit dem Rinke-Preis ausgezeichnet.

Unsere Adresse im Internet: www.fischerverlage.de

Roger Willemsen

Der Knacks

Fischer Taschenbuch Verlag

2. Auflage: April 2010

Veröffentlicht im Fischer Taschenbuch Verlag,
einem Unternehmen der S. Fischer Verlag GmbH,
Frankfurt am Main, April 2010

© S. Fischer Verlag GmbH, Frankfurt am Main 2008
Druck und Bindung: CPI – Clausen & Bosse, Leck
Printed in Germany
ISBN 978-3-596-17989-3

Auch die Zeit ist ein Maler.
Francisco de Goya

Alle wurzeln im Märchen: Ich war einmal. Eine Reihe von Wegmarken später, und alles steht fest und muss nicht mehr erzählt werden: »und wenn sie nicht gestorben sind …« Wie jemand wurde, das erklärt er anhand von Ernstfällen – als sei ein Individuum erklärbar aus der Summe seiner Narben.

Doch dann ist da noch eine andere Biographie: »Irgendetwas« hat sich gewandelt, sagt man, »irgendwann« war es da, »irgendwie« von innen heraus, gelöst vom isolierten Anlass, nicht logisch und auch nicht im Gegenteil psychologisch. Man blickt zurück und weiß nicht recht, was es war und wann es geschah und woraus genau es bestand und wohin es führte, aber man sagt: Nie mehr fühlte ich wie damals …, es sollte nicht mehr sein wie früher …, ich war nicht mehr derselbe … Ja, der Mann erkennt sich im Jungen kaum, die Frau nicht mehr im Mädchen, und bei genauerer Betrachtung lösen sich selbst die festen Daten eines Lebens in lauter stille Übergänge und sich langsam anbahnende Prozesse auf: die Scheidung, die Arbeitslosigkeit, die Krankheit, die Pflegebedürftigkeit der Eltern. Gelebt wird nicht im Ereignis, sondern im Prozess. Wenn aber die Ernstfälle Narben sind, so sind die Veränderungen von innen der Falte vergleichbar.

Alles dunkelt nach oder bleicht aus, alles bricht und vergeht, alles ändert Farbe und Aroma, und nur im Spott nennt man die Welt eine »heile Welt«, wohl wissend: Auch sie hat ihren Knacks. Der Knacks: Im Sog der Verluste ist er der Sog.

Das weiße Huhn

Mein Vater starb letzten August. Das ist jetzt bald vierzig Jahre her.

Der Tag war so heiß, dass die Vögel unter den Blättern blieben und alles ringsum sich verlangsamte. Wir dachten an die Hitze des Krankenzimmers, des Krankenbetts, in dem der inzwischen zu einem dünnen Herrn zusammengeschmolzene Mann seinen Tod erwartete. Dass es Regen geben solle, war das Thema auf den Fluren. Erst für den Abend wurde er erwartet, als er endlich fiel, war er der erste Regen, den mein Vater nicht mehr erleben sollte.

In München nahmen an diesem Tag ein paar Männer die Kunden und Angestellten einer Bank als Geiseln und verlangten 500 000 Mark. Die Eilmeldungen im Radio überschlugen sich, dauernd gab es »neue Entwicklungen«, das Land blickte nach München. Wir nicht.

Mittags aß ich bei einem Freund, folgte aber dem Tischgespräch nicht, bis ein Erwachsener eine längere Geschichte abschloss mit dem Seufzer:

»Unsere Familie wurde geboren, Gräber zu füllen.«

In die Pause, die folgte, schepperte das Gelächter, erst langsam, dann selbstbewusst. Man traute sich, die drastische Formulierung mit Ironie zu beantworten. Ein Aperçu war geboren. In die Pause, die diesem folgte, sagte ein anderer:

»So gesehen, dauert der Tod ein Leben lang.«

Die beiden Sätze standen unverbunden nebeneinander, und aus der Pause, die dann folgte, erhob sich kein Gelächter mehr.

Komische Art, sich zu unterhalten, war alles, was ich dachte.

In den Wochen davor war meine Mutter täglich ins Krankenhaus gefahren, einen Krebsbunker mit massiven Strahlungsapparaten, Kobalt-Kabinen, dreißigjährigen Untoten auf den Fluren und diesem einen, nie mehr aufzulösenden Geruch. Nicht Kampfer, nicht Melisse roch so, unnatürlich, chemisch, strahlend roch es.

Die Gesichter der Patienten hatten etwas Unheilbares, sie trugen den Ausdruck offener Wunden im Gesicht und irrten herum auf der Suche nach einer Wunde, mit der sie hätten reden können. Wir Kinder hatten in diesem Augenblick das Leben vor uns, im Doppelsinn. »So ist das Leben« oder »Das Leben kann grausam sein«, sagten die Erwachsenen, das waren auch in Kinderohren keine besonders tiefsinnigen Sätze. Aber dass es immer ums Ganze ging, ängstigte uns, und so wurden zu unserem Schutz nur drei Krebsbunker-Besuche pro Woche angesetzt.

Im Radio hörten wir das Wort »Geiseldrama« zum ersten Mal, und wir erfuhren auch noch, dass inzwischen zwei Menschen zu Tode gekommen waren. Eines der Opfer, eine schüchterne Bankangestellte, vielleicht auch erst eine Auszubildende, wirkte auf dem Porträtfoto in der Zeitung, als habe sie mit dem Gesicht, das zu ihrem Tod passte, schon länger gelebt.

Mein Vater lag im Sterben. Irgendjemand sagte, er habe jetzt seinen Geschmackssinn eingebüßt. Der sollte nicht wiederkehren. So war also der Tod über seinen Geschmackssinn in sein Leben gekommen.

Mein Vater lag im Sterben, ich dachte, dass selbst das an einem heißen Tag mühevoller ist, und ging in den Garten. Ganz hinten, wo ich mit zwölf Jahren versucht hatte, einen Zipfel Erde selbst zu bebauen, um es mit dreizehn wieder aufzugeben, irrte bei der Himbeerhecke ein weißes Huhn durch das hohe Gras, flatterte vom Boden auf, kam nicht über den Zaun, scheute die dornige Hecke und wusste nicht ein noch aus.

Ich ergriff also das Huhn mit beiden Händen, legte es, beschirmt von den Armen, an meine Brust und machte mich auf den Weg zu den umliegenden Bauernhöfen, den Besitzer des Tiers ausfindig zu machen. Das Huhn war ganz ruhig geworden, aber ich spürte den zerbrechlichen Brustkorb, die Wärme seines Blutes, das Schaudern, das über die Federn lief, ehe sie sich abrupt aufplusterten, und da alle Bauern über dem schneeweißen Tier die Köpfe schüttelten, lief ich weiter, bis hinab ins Unterdorf, und auf einer anderen Straße wieder aufwärts, bis ich auf halber Höhe an einen Hof kam, wo mir die Bäuerin freudestrahlend das Tor öffnete und das Huhn mit einem Schwall von Koseworten bedachte. Ich nahm es in beide Hände, legte es an den Busen der Bäuerin und ging heim.

In der Garderobe stand meine Mutter und sagte: »Der Vater ist tot.«

Es klang wie der Vater aller. Vater unser.

Dieser Moment hatte ein langes Leben.

Wir Kinder erschraken nicht, sondern gingen ins Zimmer, wo die vorsorglich angeschaffte Trauerkleidung schon bereitlag wie die Schwimmweste für den Schiffsreisenden. Meine Schwester erhielt einen schwarzen Faltenrock mit schwarzer Bluse und sah aus wie eine Pfarrhelferin. Wir Jungen bekamen schwarze Banilon-Pullover mit Rollkragen, zu heiß, aber wer erwartet den Tod schon im Hochsommer? Wir fühlten uns gezeichnet von diesen Kleidern, entstellt.

Zu diesem Zeitpunkt war ich nicht jung, wollte es aber später werden. Etwas veränderte, etwas verschob sich, nicht gleich, sondern im Lauf der nächsten Monate, etwas, das einen Namen suchte und nicht »Erwachsenwerden« heißen wollte und nicht »Halbwaise«. Es gab überhaupt keinen Namen für dieses langsame Hinübergleiten von einem Zustand in einen anderen. Ich meine nicht die Trauer, die abverlangte, ritualisierte Trauer, die eher Ironie herausforderte oder belastend wirkte, weil wir nicht auf Partys gehen durften, jetzt, da wir sie nach zwei Jahren an der Seite eines Sterbenden vielleicht am ehesten gebraucht hätten. Ich meine ein Abfallen der Lebenstemperatur, ein erstes Verschießen der Farben. Etwas wie Appetitlosigkeit machte sich breit. An ihrem Anfang stand kein Schock und kein Trauma, es gab kaum mehr als einen Anlass – was folgte, war der Knacks.

Ich wollte einfach ein Kind sein, auf dem Land leben, mit dem Pferdewagen des Bauern zum Holzmachen in den Wald fahren. Ich wollte dem Schmied beim Beschlagen der Pferde zusehen, den Betrunkenen vom Bürgersteig vor dem Gasthaus aus zuhören, und ich wollte ein weißes Huhn im Arm halten, es von Hof zu Hof tragen. Die Luft sollte frisch, nach Land duftend und appetitanregend sein, der Rittersporn sollte blühen.

Es wäre leicht zu sagen: An jenem Tag ging die Kindheit zu Ende. Aber nein, diese Kindheit hatte einen langen Bremsweg. Eher war meine Begegnung mit dem weißen Huhn ein katalysatorisches Ereignis: Wie bei einem chemischen Experiment kam hier etwas hinzu, das in die Reaktion der Stoffe nicht eintrat und diese trotzdem freisetzte. Dieses Dritte verbrauchte sich nicht. Das weiße Huhn wird immer dieses Huhn bleiben, aber der Tod meines Vaters wäre ein anderer gewesen, hätte ich nicht an jenem Tag das warme Lebewesen zwischen meinen Händen gefühlt, hätte ich nicht diese Seele heimgetragen.

Da mein Vater mitten in den Sommerferien gestorben war, sprach sich nach Schulbeginn die Nachricht erst langsam herum. Auf dem Lehrplan des Biologieunterrichts stand »der Mensch«. Das kam mir entgegen, dachte ich doch dauernd in Komplexen wie »das Leben«, »das Schicksal« oder eben »der

Mensch«. Aber gleich in der ersten Stunde wurde ins Klassenzimmer ein Skelett gerollt, das unmenschlich wirkte. Ich sehe noch, wie es auf seinen Rädern vor der gefürchteten Lehrerin in der Tür des Klassenraums erschien, als ein Mitschüler zu mir herüberrief: »Schau mal, Roger, dein Vater kommt zur Elternsprechstunde!« Ich drehte mich nicht um, konnte aber hören, wie sie ihn prügelten, ihm die Schnauze stopfen wollten, dem Ahnungslosen, der erst am Vortag aus den Ferien heimgekehrt und nicht verständigt worden war, und da tat er mir so leid, wie ich mir selbst leidtat.

Doch andererseits: Was war diese Szene schon mehr als ein konventioneller Verstoß, die Pietätlosigkeit eines Unwissenden? Sie spielte sich auf der Ebene der Formen ab, und was haben die schon mit der Trauer zu tun? Jeden Tag gab es hundert Situationen, die mich ebenso eindringlich an meinen Verlust erinnerten. Ein Klavier musste nur von Dur zu Moll wechseln, ein Mann mit einer Zeitung unter dem Arm die Straße überqueren, jemand musste in einer Geste verharren, eine Schaufensterpuppe imitierend. Es reichte der Pfiff des Schiedsrichters vom benachbarten Fußballplatz oder eine Wolke aus Terpentin und Leinöl, ein Blend aus Wildleder und Zigarette – die ganze Welt war kontaminiert mit Begriffen, Namen, Aromen, lauter Dingen, deren Trägermedium das Leben meines Vaters gewesen war und die nun frei durch die Welt flogen – eine väterliche Welt, aus der es kein Ausbrechen gab.

Ein einzelner Lebenstag – und jeder spülte uns weiter heraus aus der Zeit, die auch seine gewesen war – steckte voller Verletzungen wie jene unabsichtliche Bemerkung des Mitschülers. Der entschuldigte sich nach der Stunde unter Tränen. Um ihn zu trösten, sagte ich, dass es nicht so schlimm sei – was er, sagte er zu den anderen zurückkehrend, »doch irgendwie schlimm« fand.

Dem Jungen erscheint der Vater meist erwachsener als die Mutter. Die Welt des Heranwachsenden ist deshalb fast zwangsläufig väterlich. Ich wurde wie von einem Laufband in eine Sphäre geschoben, in der seine Abwesenheit thronte wie eine Person. Der Verlust ersetzte mir den Vater. Ich adoptierte diesen Mangel wie einen Menschen, und was immer mir fehlte, war dem imaginären Patronat des Verlusts unterstellt. So etwa.

Es geht nicht um den Verlust, um die Entbehrung, die sich fühlbar macht, verbleicht und verschwindet. Es geht nicht einmal um den Verlust, der bleibt. Er könnte den Resonanzboden der Erfahrungen voluminöser klingen, die Konturen schärfer erscheinen lassen. Der Knacks aber ist nicht ein Riss mit Diesseits und Jenseits, mit Vorher und Nachher, er ist unmerklich: er teilt nicht, er prägt. Er ist die Zone, in die die Erfahrung eintritt, wo sie verwittert und ihre Verneinung in sich aufnimmt. Etwas soll nicht mehr, etwas wird nicht mehr sein. Es wird sogar »nie mehr sein wie vorher«, aber nicht, weil ein Mensch fehlt, sondern weil sich ein Lebensgefühl geändert hat. Dazu braucht es nicht den Verlust, sondern das Verlieren.

Ich hatte das weiße Huhn heimgetragen, ein Hütejunge, den ländlichen Charakteren aus meinen Büchern verbunden, Einar Langerud, ein norwegischer Herumstreuner aus einem Roman von Marie Hamsun, war so. Der ging im Sommer mit den Herden über die Weiden, traf manchmal einen anderen Hütejungen, und wenn sie sich begrüßten, sagten sie: »Danke fürs letzte Mal.« Retrospektiv. Jetzt, da ich meinen Vater verloren hatte, begrüßte ich die Leute in unserer ländlichen Nachbarschaft mit diesen Worten und bildete mir ein, einen neuen Lebensraum, eine neue Gemeinschaft zu erschließen.

Ich kam also heim, und mitten im Verlust sollte sich meine Rolle ändern. Wie alle Kinder in dieser Lage übernahm ich Teile der Aufgaben des Vaters. Vor allem das Verhältnis zu Mutter und Schwester sollte sich wandeln. Man sprach im Dorf davon, wir Kinder müssten nun »vorzeitig erwachsen« werden. Aber das ist es ja nicht. Man lebt diachron, so kindlich wie gereift, künstlich gereift, wie eine Frucht auf dem Transport.

Statt erwachsen zu werden, trat ich erst einmal in einen posthumen Zustand ein, der meinen Vater und nur diesen betraf. Später merkte ich irgendwann, dass auch ich selbst posthum mit mir lebte, indem ich einen Tod überlebte, der auch mein eigener war. Die symbolischen Ausdrücke dafür heißen »Verlust der Kindheit« oder sogar »Vertreibung aus dem Paradies«. Aber wem die Kindheit als Paradies erscheint, der kann sich meist nur nicht besser erinnern. Bloß weil sich die Anlässe des Kummers im Rückblick als kindlich erweisen, sind die Gefühle nicht nichtig gewesen, und wer kann schon eine ganze Welt so in seine Verzweiflung legen wie ein schreiendes Kind?

»Verlust der Kindheit«? Die Kindheit geht ja nicht verloren, jedenfalls nie ganz, sie zieht sich nur zurück und macht Platz. Vielleicht degradiert und verzwergt man sie, weil im Rückblick ihre Lasten noch gering, ihre Aufgaben leicht erscheinen. Aber für den inneren Menschen nimmt sie keinen untergeordneten Rang ein. Sie bricht sich Bahn, sie kehrt zurück, in neuen Mischungsverhältnissen. Es kann sein, dass nur der Humor das Exil des inneren Kindes bleibt oder das Begehren oder die Habsucht, die Tierliebe oder die Melancholie. Nichts ist je ganz vorbei, auch nicht die Kindheit.

Als mein Vater starb, war ich fünfzehn Jahre alt, sah mit meinen langen Haaren aus wie Janis Joplin und blieb gerade in der Schule hängen. Eine Freude kann ich ihm wohl kaum gewesen sein, und meine Aussichten waren noch schlechter.

Wenn ich an seinem Krankenbett saß, blickte ich den weißlackierten Rahmen an, die flache Matratze, die Vorrichtung zum Anheben des Kopfteils, den funktionalen Beistelltisch und dachte, dass dies ein Sterbebett sei. Wenn er schlief, sah ich mir die Zimmerdecke an und ahnte, dass dies sein letztes Bild werden könne. Oder die an der Wand befestigte Blumenvase mit dem Kreuz darüber oder der Fensterausschnitt mit Blick auf eine Häuserfront voll vom Leben der Gesunden.

In die Augen meines Vaters sehend, der in den letzten Monaten den Habitus eines stattlichen Patriarchen eingebüßt und den eines Unbehausten erworben hatte, konnte ich erkennen, dass seine Sorge vor allem dem eigenen Leben galt, dann dem Ensemble seiner Familie und darin auch mir, der ich da saß, ratlos, beunruhigt und voller Kummer. Die Krankheit hatte ihm die Decke weggezogen. Allein seine Schutzlosigkeit in der Schwäche besaß etwas Obszönes. Entblößt war er wider Willen, und hätte seine Kraft nur irgend ausgereicht, er hätte sich so wohl nicht sehen lassen: so wie er durch Zustände ging, alterte, sich wieder verjüngte, die Entwicklungsgeschichte auf den Kopf stellte, er verkappte und er entpuppte sich. Die Krankheit war zähflüssig, sie ließ ihn ertrinken, aber ihr Rhythmus beschleunigte sein Leben so lange, bis er kaum mehr den Kopf heben konnte.

Sprache hatte ich kaum. Immer war ein Dritter im Raum, sein Tod, der redete mit oder ließ uns nicht einmal zu Wort kommen. Ich kann mich nicht erinnern, dass wir uns noch etwas hätten sagen müssen. Mein Vater hinterließ mir keinen Auftrag, keine Imperative. Stattdessen sah er mich inständig an. Aber auch dieser Ausdruck blickte durch mich hindurch in die eigene Existenz, von der er nicht lassen konnte. »Nicht fertig, nicht fertig! Muss noch leben!«, hat Anastasius Grün, der Lyriker des Vormärz, auf seinem Sterbebett geflüstert. Dieses Flüstern hörte ich unablässig, auch ohne dass sich seine Lippen bewegten.

»Möchte noch«, der letzte Konjunktiv liegt dahinter. Wir sind immer fertig, wir sind nie fertig. In einen Fortsetzungsroman geboren, ist die Geschichte, die wir nicht kennen wer-

16

den, eine Kränkung der Kontinuität, in die wir uns betten und die stabiler ist, als wir es sind. Als Vermächtnis bleibt kein »Was nun zu tun ist«, sondern immer nur ein »Was bisher geschah …«

Wir blickten beide nicht in jenen Zustand, der sein würde, wenn mein Vater nicht mehr wäre. Auch die Liebe war unaussprechlich. Für ihn, weil er so war, wie er war, für mich, weil ich nicht leicht Zugang zu meinen Gefühlen fand. Sie hätten ihn ohnehin nur verlegen gemacht, und außerdem versagten sich in der Todeszone alle ringsum, den Tod auszusprechen, Ärzte, Schwestern, Angehörige, Freunde, als hätten sie Angst, ihn erst dadurch zu rufen. Man hatte damals wohl auch in der Medizin noch ein abergläubisches Verhältnis zum Namen, oder aber man vertraute auf die Heilkraft der Hoffnung inniger, als man es heute tut, jedenfalls hat man auch meiner Mutter, die mit vierzig Jahren Witwe sein und drei Kinder durch die Schule bringen würde, bis zuletzt die Wahrheit nicht nur verschwiegen, sondern man hat sie geradezu verzweifelt unbeholfen belogen.

Über die Krankheit meines Vaters wurde, seit sie zwei Jahre zuvor ausgebrochen war, nicht geschwiegen, aber sie wurde nicht bei ihrem Namen genannt. Auch eine Art Bann. Die Begriffe »Bestrahlung«, »Karzinom«, »Rezidiv« und »Metastasen« waren uns Kindern bald geläufig, das heißt, wir wussten, wo man sie in einem Satz unterbrachte. Mein Vater ging zuerst noch mehrmals wöchentlich in die »Strahlenklinik«, und wir lernten, unsere Stimmungen nach dem neuesten »Befund« auszurichten. Das war nicht einfach, denn manchmal passte unsere Stimmung nicht zu diesem Befund. All das waren partikulare, mit der Krankheit verbundene Einheiten oder Segmente der Sprache. Doch existierten sie zusammenhangslos, als Emanationen einer Störung, die als Ganzes ohne Namen blieb. Diesen habe ich erst relativ spät erfahren, kurz vor dem Mittagessen.

Ich stehe in der Küche, meine Mutter rührt in einem Topf, sie rührt, als sei es sehr anstrengend, mit einem Ellbogen, der hoch über dem Löffel schwebt, auf den sich die Hand stützt, und alle diese mit Krankheit infizierten Begriffe sind im Raum. Sie spricht mehr zu sich selbst, sich und mich auf den neuesten Stand bringend, indem sie für das Leiden ihres Mannes prägnante Vokabeln findet.

»Wie merkwürdig«, sage ich aus Verlegenheit, nicht wissend, was ich sonst sagen soll, »dass diese Krankheit so schwer, aber gar nicht so bekannt ist.«

»Wieso?«, erwidert meine Mutter und rührt mit ihrem spitzwinkelig aufragenden Ellenbogen weiter in ihrem Topf, weiter, als sei es eine Riesenanstrengung, »bekannter geht's doch nicht mehr.«

»Aber wie heißt diese Krankheit denn?«, frage ich.

»Na, Krebs!«

Sie sagt es nicht, sie kräht es, es klingt wie »Kräääps« und dehnt sich wie der Ton eines Nebelhorns. Dann steckt sie den breiten Holzlöffel in den Mund und schmeckt ab, und der Löffel in ihrem Mund wird von nun an das Symbol des Todes sein.

Denn so viel wusste ich sofort: Sterben würde mein Vater, an Krebs sterben, trotz aller Bestrahlungen und günstig klingenden Befunde, sterben an etwas, das unter dem von den Strahlungen rot gewordenen Fleck auf seiner oberen Rückenpartie saß – eine Stelle wie ein mittelschwerer Sonnenbrand. Diese raue Stelle war das einzig Äußerliche, das uns die Krankheit zu sehen gab. Nein, es war ja nicht einmal die Krankheit, die sich zeigte, es war der ärztliche Versuch einer Therapie, die auf Strahlen, Verbrennungen, Verätzungen, auf Ausmerzungs-Prozesse im Innern des Vaterleibes setzte. Wir alle haben diese

Stelle manchmal eingecremt, die einzige Spur der Krankheit berührt, eine Rötung bloß, eine Bagatelle.

Doch der Knacks? Nicht das Wort »Krebs« löste ihn aus, nicht der Kochlöffel, nicht das Bild des Vaters im Krankenhausbett und auch nicht der Blick aus seinen Augen, als er sich, schon von Morphium benebelt, im Kissen aufrichtete, auf mich zeigte und fragte: »Wer ist das?«

Auch die Nachricht von seinem Tod an jenem Augustnachmittag war nicht der Knacks. Dies alles waren Schocks, Detonationen, Implosionen. Der Knacks war das weiße Huhn, das wiedergefundene Unwiederbringliche.

Die Trauer ist das eine. Das andere ist der Eintritt in eine Sphäre des Verlusts. Anders gesagt: Der Verlust ist das eine, das andere aber ist, ihn dauern zu sehen und zu wissen, wie er überdauern wird: Nicht im Medium des Schmerzes und nicht als Klage, nicht einmal expressiv, sondern sachlich, als graduelle Verschiebung der Erlebnisintensität.

Man könnte auch sagen: Etwas Relatives tritt ein. Was kommt, misst sich an diesem Erleben und geht gleichfalls durch den Knacks. Es ist der negative Konjunktiv: Etwas ist schön, wäre da nicht … Es tritt ein Moment ein, in dem alles auch das eigene Gegenteil ist. Als kämen, auf die Spitze getrieben, die Dinge unmittelbar aus dem Tod und müssten sich im Leben erst behaupten und bewähren.

Dann das Bild, als sie mich in den Krankenhauskeller führten, die Schublade öffneten und er dalag, mit hochgebundenem Kiefer, scheinbar lachend, fadenscheinig und fremd. Mein Abwenden impulsiv, dann Bedauern, ihn so gesehen zu haben.

Dieses gehört zu den auto-aktiven Bildern, es kommt ungerufen. Solche Bilder sind wie Eigenschaften. Man wiederholt sich in ihnen, man kann sich nicht erneuern, dreht sich in ihnen wie in einem Scharnier. Sie üben einen Bann aus, nehmen die Person in Geiselhaft.

Vielleicht wird jemand sagen, dieser eine Verlust sei ein Kontrastmittel. In der Konfrontation mit ihm wirkten die Farben der Welt nun leuchtender, als sei das Dauernde durch die Begegnung mit dem Vergänglichen noch wunderbarer. Es ist die Dialektik der Sonntagsrede. Als müsste man dem eigenen Leben nur Verluste zuführen und würde gleich dessen froh, was man hat. Nein, man kann ganz gut unterscheiden zwischen der Schlappe, dem Unglück, dem Scheitern, der Einbuße, dem Verlust, der überwunden werden kann. Man kann ja in manchem Verlust diesen selbst nicht einmal fühlen, sondern möchte lachen: über die Pantomime des Tragöden, über das Stummfilm-Pathos der Trauer. Man wird darüber hinwegkommen, über die Trauer und über das Gelächter, das sie weckte.

Aber der Knacks ist etwas anderes, über ihn kommt man nicht hinweg. Er ist ein Schub, meist bewegt er sich lautlos und unmerklich. Erst im Rückblick kann man sagen: Dann war nichts mehr wie zuvor. Eine posthume Perspektive, die des Passé. Die Farben nehmen jetzt Patina an, die Genüsse büßen ihre Frische ein, die Erfahrung wählt einen flachen Einfallswinkel, sie kommt eher vermittelt, wie durch eine Membran gegangen. Das Leben wechselt die Sphäre, es reift, es altert, und irgendwann ist zum ersten Mal das Gefühl da, überhaupt ein eigenes Alter zu haben, das heißt, es fühlen zu können.

An dieser Stelle blickt man zurück und erkennt die Requisiten der Kindheit zum ersten Mal mit abschiedhafter Sentimentalität. Man sieht, was dort zurückbleiben wird: Kinderrotz und Tafelläppchen, Blockflöten und Gummi-Twist, Freundschaftsringe und handgeschriebene Verträge, Kinderfrömmigkeit und eine Art zu jauchzen. Scharf gesehene Komplexe aus einer frühen Zeit, die sich erst zu erkennen gibt, wenn sie endet, die die Bedingung ihrer Erscheinung also darin hat, dass sie zu Ende gehen muss.

Das erste Zu-Ende-Gehen. Heißt es nicht bei Walter Benjamin, die Studentenzeit charakterisiere sich durch die Tatsache, dass zum ersten Mal im Leben eine Generation nachwachse, die man selbst unterrichten werde? Diese Beunruhigung, die von den Nachgeborenen aus auf die Gegenwart fällt – man wird von ihr schon berührt, wenn man die imaginäre Linie übertritt, die die Kindheit von ihrem Jenseits trennt. In dieser Zone erscheinen die Insignien der Kindheit wie Embleme des Verlorenen, Epiphanien eines verlassenen Lebens, das nur im Verlust erscheinen kann und vom Verlust aus seine Farben empfängt.

An dieser Stelle kommt die Ironie ins Leben, das Sein löst sich vom Darstellen ab. Noch führt man sein Leben durch die alte Kulisse. Noch schleppt man sich durch die Rituale, ist Tochter, Bruder, Sohn, freut sich am Geburtstag und zeigt sich zu Weihnachten überrascht. Doch ist man all das nicht wirklich mehr, man assimiliert sich dem Gewohnten und ist weniger wahr als wahrscheinlich. Man demonstriert ein Verhalten, das innen seine Plausibilität verloren hat. Zum ersten Mal tritt man in eine Zone des uneigentlichen Lebens ein, weil es dahinter, verschleiert, ein eigentliches gibt, ein zwingendes.

Im Unterschied zum Bruch tritt der Knacks nicht an die Oberfläche, er wird nicht im Schock geboren. In seinem Kern ist der Knacks der Beginn einer Entwicklung im Fluss der Entwicklungen. Zwei Liebende, die sich im Bett zum ersten Mal voneinander wegdrehen, um lieber ihrer Einsamkeit zugewandt einzuschlafen.

Etwas trennt sich, ermüdet, verliert Farbe, scheitert, gibt auf. Es ist dieser an der Wurzel kaum greif- und schon gar nicht beherrschbare Vorgang, dieser am Ich vollstreckte, nicht auf Entscheidungen zurückzuführende Vollzug, von dem mehr Beunruhigung ausgehen kann als vom Schock mit all seinen therapeutischen Offerten. Der Schock will beantwortet, ja bearbeitet werden, der Knacks schleicht sich als etwas Unheilbares in den Organismus, entstanden in einem namenlosen Augenblick, als Konsequenz eines Vorgangs, als Impuls, Reflex, Ablösung, als ein Freiwerden in einer ehemals gebundenen Symbiose, vielleicht selbst als ein Nachlassen der Kraft, der Vitalität, des Bauwillens.

In der Malerei reichen die »Craquelé« genannten Risse allenfalls bis zur Grundierung. Sie entstehen durch das Nachlassen der Elastizität bei den verwendeten Bindemitteln, die im Prozess der Härtung nach fünfzig oder sechzig Jahren den Bewegungen der textilen oder hölzernen Bildträger nicht mehr folgen können, oder aber es entstehen sogenannte Frühschwundrisse durch Interaktionen der verwendeten Chemikalien bei der Grundierung.

Das Craquelé ist etwas wie der Fingerabdruck des Bildes, Ausdruck einer spezifischen Form des Alterns und Ermüdens. An ihm lassen sich Maltechnik, Material, Bindemittel, Pinselstärke, ja, sogar Klimaschwankungen oder mechanische Bewegungen ablesen. Selbst das Alter und die Echtheit eines Gemäldes können am Craquelé bestimmt werden. Nichts in diesem Prozess, das nicht metaphorisch beziehbar wäre auf das Altern des Menschen, den mit den Jahren sein persönliches Craquelé überzieht.

Manchmal kann man zum Leben kaum vordringen, selbst in der größten Freude findet man keinen Eingang in die Euphorie. Es liegt schwerfällig und grau und abweisend, das Gefühl, das mögliche Empfinden.

Ich traf einen Schauspieler und fragte ihn: »Finden Sie leicht Zugang zu Ihren Gefühlen?«

»Nein«, erwiderte er überraschend. »Das ist ein weiter Weg. Manchmal denke ich, ich fühle mich schon selbst kaum mehr.«

Woher er sie dann nehme, die Gefühle?

»Aus der Kindheit, wie alle. Gefühle, das ist eine große Rückführung, zurück zur Mutter, zur Großmutter. Alle nehmen doch, was sie wirklich bewegt, von dort, aus dem großen Treibhaus. Oder sie denken vom Nachruf aus: Wer wirst du gewesen sein? Und weinen.«

Der Knacks verläuft nicht durch die Handlung, sondern durch das Bild. Die Handlung kennt Bindemittel, sie stiften Zusammengehörigkeit: die kausallogische Herleitung, die Konsequenz, die Schlussfolgerung, Moral der Sieger und der Besiegten. Kaum aber erlahmen, zergehen die Bindungen, bleiben nur Bildreste übrig, halbe Motive, Fragmente.

In den Vergnügungen, den Reisen an entlegene Orte, dem Extremsport, der Esoterik, den asiatischen Meditationstechniken wird dem Wunsch nach Einheit nachgegeben, einem Verlangen, identisch mit sich und auf der Höhe des eigenen Handelns zu sein. Dass alle Charaktere gemischte Charaktere sind, dass wir einer Handlung zugleich vorauslaufen und auf sie zurückblicken, dass wir ein Paar sind und es zugleich darstellen, dass wir nicht gleichzeitig sein können mit dem, was passiert, also dauernd mehrzeitig sein müssen, dezentral leben, fragmentiert in der Erfahrung und brüchig im Selbstbild, das macht den Knacks zum Medium. In ihm kristallisieren sich Persönlichkeiten aus, indem sie sich aufgeben.

Doch muss, wo vom Knacks, vom Angriff der Zeit, die Rede ist, eigentlich immer à la baisse spekuliert werden? So könnte etwa Selbstvergessenheit noch etwas ganz anderes frei-setzen: eine Duldsamkeit dem gegenüber, was kommt. Man könnte doch erreicht werden, sich erreichen lassen, wie das unförmige, abstoßende Individuum in den grotesken Liebes-geschichten bei Boccaccio und Rabelais erreicht wird vom überraschenden Glücksversprechen: Eine Frau kommt und erhebt den unliebenswürdigen Mann: Du bist schön. Sie be-müht sich, die Liebe um ihre Traurigkeit zu erleichtern, und mit einem Mal ist ein Jenseits gefunden zu den Desillusionen des Knacks.

Du warst einmal: Als sich die Köpfe über das Baby, das Klein-kind, den Jungen, den Heranwachsenden beugten und immer das Gleiche sagten: All diese unbegrenzten Möglichkeiten, vielversprechenden Optionen, besten Chancen, berechtigten Hoffnungen. Einer, dessen Zeit kommen wird, einer, an den sich große Erwartungen heften, einer, von dem man noch hö-ren wird, der seine Zeit noch vor sich hat.

Friedrich Hölderlin, An die Natur:

Tot ist nun, die mich erzog und stillte,

Tot ist nun die jugendliche Welt,

Diese Brust, die einst ein Himmel füllte,

Tot und dürftig, wie ein Stoppelfeld

Wie kommt die Enttäuschung in das Gesicht des Schwär-mers? Wie kommt das Misstrauen in das Gesicht des Abge-ordneten? Wie kommt das Geringschätzige ins Gesicht des Träumers? Wann wurde aus der Mutter eine Behörde? Wie kommt das Gemeine in das Gesicht der Pornodarstellerin? Wann gewann die Feigheit die Oberhand, wann wandelte sich die Schwäche in Unaufrichtigkeit? Wann war man ein-geschüchtert genug, Eigenschaften zu erwerben, Gewohnhei-ten, Suspensorien, Krücken, Treppenaufzüge für eine Ebene höher oder tiefer?

Anders gefragt: Wann wurde man nicht, was man hätte sein können? Wo setzte die Drift ein? Wann nahm das Sein-Lassen seine doppelte Bedeutung an als Tolerieren und Aufgeben? Wann wurde aus »Milde« ein Indiz für Ermüdung? Was breitete sich an der Stelle aus, wo sich ehemals Möglichkeiten zeigten? Welche Laster hat die Kapitulation hervorgetrieben?

Kinderleben

»Am Anfang war alles beisammen«, sagt der griechische Philosoph Anaxagoras, »dann kam der Verstand und schuf Ordnung.« Der irreparable Mensch ist der Mensch, der das Chaos hinter sich hat, und die Ordnung in der Marotte, in der Konvention, in den Tröstungen der Gewohnheit, im Tic, in der Routine, im Stil findet. Er wird nichts mehr. Kultivierte er früher vielleicht noch das aufklärerische Ideal, das Ich-Gebilde müsse stetig, plausibel, aus sich heraus entwickelt aufsteigen, so blamiert das Selbstbild im Knacks jede Vorstellung einer sich zielgerichtet entwickelnden Persönlichkeit. Am Ende erweist er sich als allenfalls amüsierbar.

Es gibt selbst im Leben des Kindes einen Ernst, der das Eigentliche vom Uneigentlichen trennt. Das Eigentliche verbindet sich dem Überleben.

In der Nacht wachte ich als Kleinkind davon auf, dass ich nicht mehr atmete. Die Luft war in der Brust stehengeblieben, vielleicht eine Tasse voll, in ihrem reglosen schwarzen Spiegel reflektierte nichts. Das war früher schon passiert, ich musste nur warten, dass der Atem wieder zu fließen beginnen würde, aufwärts, um die Lungen zu füllen, oder abwärts, um sie endlich auszuleeren.

Ich schlug mit den Wimpern, um die Sauerstoffzirkulation anzuwerfen. Nichts zu sehen, kein Schatten, keine Aufhellung. Als sei ich zeitgleich erblindet. Dazu ein Zehren in der Brust, so als müsse jeden Augenblick das Vakuum dort implodieren, und das Licht fiele wieder durch einen Riss in der Nacht: aber nur um den Tod zu beleuchten. Und während die Luft immer noch stand und das Dunkel durch die geöffneten Augen in den Kopf eindrang, harkte ein Croupier mit dem Rechen lauter Kinderbilder zusammen – ein sonniges Mauerstück im Hof, ein schmutziges Läppchen, ein Butterkügelchen auf einem geschnitzten Brett –, warf sie durcheinander und ließ sie verschwinden, bis nur noch das Spielfeld blieb, und dann die Angst, jetzt, in diesem Augenblick, abgeschafft zu werden.

Und als es schon fast zu spät ist, weil selbst die Angst durchlässig wird und unbedrängten Bildern Platz machen will, ruckt der Atem, nur zwei Zentimeter höher (also aufwärts ging es), und dann in einer Talfahrt hinab, in einem langen seufzenden Gleiten. Du atmest. Es wird dir nichts geschenkt. Am nächsten Morgen ist alles zunächst ein bisschen leerer.

Als Kind habe ich geglaubt, man käme direkt aus dem Nichts. Warum sollte ich auch nicht noch mit dem Nichts behangen sein, mit einer Sphäre des Unbewussten? Ich war noch nicht lange am Leben. Kannte ich nicht deshalb den Tod besser? In einer Selbstmord-Statistik aus den ersten Jahrzehnten des letzten Jahrhunderts sind schon Fünfjährige erfasst, die sich das Leben nahmen. Die meisten von ihnen sprangen aus dem Fenster, ich dachte damals, wie Eichendorff schreibt, »als flögen sie nach haus«.

Warum sollte das Gefühl des Heimwehs nicht älter sein als die Erfahrung der Heimat? Warum sollte nicht fehlen können, was man nie besaß? Wahrscheinlich ist selbst anderen Gefühlskomplexen – der Liebe, der Begierde, der Enttäuschung – manchmal etwas wie Heimweh beigemengt.

Trotzdem spricht die erwachsene Welt gerade dem Kinder-Suizid gegenüber gern vom »Appell«, von »Signalfunktion«. Als ob es eine einzige menschliche Handlung gäbe, die nicht auch sprechen und eine Wirkung hinterlassen wollte! Bei der

Betrachtung eines solchen Kinderlebens aber findet man vielleicht nichts: keine Sünde, keine Angst vor Strafe, keine Herz-
losigkeit der Alten, kein Trauma der Institutionen. Der Tod
steht in sich, als sei er schon vorher da gewesen.

Das Kind, der Halbwüchsige, sie können vielleicht, was das
19. Jahrhundert in seinen Totentänzen konnte: Den Tod als
Freund denken, so wie er am Bett wacht, hinter dem Schrei-
tenden auf der Brücke wartet, im Kellergewölbe die Kerzen
behütet, ganz wie ein Schutzengel. Diese Jungen, sie kennen
den »Gevatter Tod« der Märchen nicht als Dämon, nicht ausgestattet mit der Psychologie des Verführers, des Schurken
oder Betrügers. Den Tod als Mentor kennen sie, als Seelsorger.
Als das erhabene Hohlbild aller realen Freunde können Kinder
ihn denken, sind sie doch von den Zudringlichkeiten öffentlicher Lebensfreude erst gestreift und den Anforderungen des
erwachsenen Lebens vielleicht nicht besser gewachsen als dem
Mysterium des Todes.

So hat, wenn Kinder und Halbwüchsige aus dem Leben gehen, ihr Gestus etwas von der österreichischen Wendung für
den Suizid: Die Sich-heim-Drehenden sind es, die erkennen
durch Erfahren.

Die erste Verstandesordnung, in die das Kind von der Schule
des Lebens eingeführt wird, ist die logische. Wer nicht zäh-
len kann, kann auch nicht erzählen. Also unterwirft sich das
Kind die Welt zuerst durch die Grundrechenarten und lernt
so den Vorgang des Addierens und Substrahierens. Es sagt
nicht »Substrahieren« und es sagt nicht »Minus«, es sagt: »Ab-
ziehen« und »Weniger«. Es ist die Zeit, in der ein Verb noch
»Tu-Wort« heißt und ein Adjektiv »Wie-Wort«. Denken wir
also an Abertausende geballte Kinderfäuste, in denen ein Stift
steckt, und diese Kinder lernen auf dem Papier zu kalkulieren:
Fünf weniger Drei, Zehn weniger Sieben. Vielleicht bringt das

Bewusstsein hier eine Erfahrung auf den Begriff, die es in der materiellen Welt als Erstes erfährt: Etwas wird weniger, die Milch, das Essen, das Tageslicht, selbst die Tafelkreide.

Dass die Welt schrumpfen kann, dass sie jeden Einzelnen mit dem Mangel bedroht und das Geschenkte entziehen kann, mit dieser Erfahrung beginnt die Reife. Denn einerseits entfaltet das Glück seine Großherzigkeit gerade darin, dass es den Glücklichen in die Mitte des Überflusses setzt, andererseits findet dieser seinen Platz darin, indem er sich bescheidet. Das Unerschöpfliche erweist sich als erschöpflich, das dem Einzelne Zugemessene rationiert.

Der Prozess der Reife beginnt also, wo der Einzelne in die Kategorie des »Weniger« eintritt, weil er weniger Habe, aber auch weniger Geist, weniger Gefühl, weniger Urteil, weniger Sprache, weniger Emphase besitzt, weil er sich als Mangel erkennen und seine Individualität aus soviel Mangel gewinnen muss. Das ist eine soziale Erfahrung, die Geburt des Einzelnen als »zoon politikon«.

Zugleich mischt die Erfahrung der eigenen Minderwertigkeit dem Heranwachsen und Reifen ein Kontrastmittel bei, das hilft, alle Farben einer Persönlichkeit umso stärker hervortreten zu lassen. Wie ein Mensch sich der Erfahrung des Mangels, der Niederlage, des Scheiterns, der Verminderung seines Selbstgenusses stellt, sagt mehr über seine Persönlichkeit aus als sein Umgang mit Triumphen.

Es handelt sich also um gegenläufige Prozesse: Während sich der Mensch im Verlauf der Kulturgeschichte erst zur vermeintlichen »Krone der Schöpfung« emanzipiert, gewinnt er in der Individualgeschichte allmählich das Bewusstsein, auch weniger zu sein und zu werden.

Es ist dies der Prozess, den man das Altern nennt, das Welken, Vergehen, Verfallen, Hinscheiden, eine Erfahrung, die vom Leben immer reicher orchestriert wird: Weniger Haare, weniger

Zähne, weniger Luft, weniger Schlaf, weniger Spannung, weniger Kraft. Und diese Verminderung findet in der Welt außen ihre Entsprechung: Weniger Spezies, weniger Wälder, weniger Atemluft, weniger Natur, weniger Ruhe, weniger Sicherheit.

Am Ende bewegt sich der Mensch zwischen zwei Sphären der Verminderung. Beide entziehen sich seinem Einfluss. Doch auch wenn man die Geschichte der Kultur nicht zuletzt als Anpassung an Prozesse der Verminderung verstehen kann und auch wenn das Altern den Einzelnen weniger werden lässt und ihm seine Hoheit sukzessive entzieht, bleibt es sein Privileg, den Mangel kompensieren zu können. Zuletzt kommt er, reduziert und reich zugleich, bei seinen Anfängen an, beim Schlichten, bei der Fülle im Wenigen, bei Dürers Satz: »Als ich jung war, erstrebte ich Vielfalt und Neuheit; nun in meinem Alter habe ich begonnen, das natürliche Gesicht der Natur zu sehen, und fange an zu begreifen, dass diese Einfachheit das allerletzte Ziel der Kunst ist.«

Die wirkliche Wirklichkeit, »das natürliche Gesicht der Natur«: Das Einfache, versiegelt durch eine Tautologie, der Verlust als Rettung in einer Sphäre des Verlierens.

Inseln, immer Inseln oder Halbinseln, meine ganze Kindheit ist voll von ihnen. Wann immer meine Eltern Ende der fünfziger Jahre ihren weißen NSU »Neckar« bepackten und Auslauf suchten, wussten wir Kinder: Meerumschlungen musste das Ziel sein und dem Freigang eine natürliche Grenze setzen. Meinem vor allem, denn gerne habe ich als Kind das Weite gesucht, bin aber nie weit gekommen. Das heißt, bis ans Meer bin ich immer gekommen, deshalb rührte mich später jene Zeile aus einem alten Seemannslied, in der es heißt: »Und des Matrosen allerliebster Schatz muss weinend steh'n am Strand.« In meiner Kindheit war ich Seemannsbraut, jedenfalls stand ich weinend am Strand.

Doch zugleich konnte mich dieser Zustand an sich ziehen mit erotischer Intensität. Immer hatte ich ein gepacktes Köfferchen unter dem Bett, bereit, jederzeit aufzubrechen, und später legte ich im Keller einen Vorrat aus Büchsen an, die ich bei meiner Flucht aus dem häuslichen Leben, einer Flucht in die Unbehaustheit, brauchen würde. »Ohne festen Wohnsitz«, das war damals als Prädikat so verführerisch wie »Staatsfeind Nr. 1«.

Auf der Insel Reichenau im Bodensee fing alles an. Mit einem Eimerchen und vollen Windeln über eine steinige Uferstrecke watscheln, das geht als Erholung durch in einer Zeit, in der man sich noch nicht erholen muss. Wenn man das Fruchtwasser noch nicht lange hinter sich hat, ist das Meerwasser eigentlich nur geschmacklich sensationell.

Außerdem ist man als Kind der Kindheit der Menschheit wahrscheinlich näher. Man bewegt sich gewissermaßen den ganzen Tag lang in vorgeschichtlichen Epochen, wird zu einem Teil der hackenden und sammelnden Kulturen, buddelt Gruben, Gräben, ganze Stollen, um die Erde zu gestalten, ihr etwas abzutrotzen, ihre Kraft zu brechen oder in ihr fündig zu werden. »Zeigebewegungen sind zu kurz geratene Greifbewegungen«, hat der Völkerpsychologe Wilhelm Wundt bemerkt. Kinder weisen in alle Himmelsrichtungen, und sie finden sogar die romantische Idee von den Schätzen im Erdinnern äußerst plausibel. Deshalb habe ich Jahre meiner Kindheit in der schließlich enttäuschten Hoffnung zugebracht, das Meer werde mir einen Goldklumpen oder Bernstein, den ich mir schwarz vorstellte, vor die Füße spülen.

Reichenau, Norderney, Borkum, Vrouwenpolder: In meinem Gedächtnis sind alle diese Eilande eins. Sand, Kies, Schlick: Geblieben ist nichts als Materie. Ich schmecke kein Wasser-Eis, sehe keine Bikinis, rieche kein Piz Buin mehr, denn diese Inselferien waren wie Leben vor dem ersten Schöpfungstag. Diese Zeit bewegt sich nicht, sie ist gefeit vor dem Morbus der Veränderung. Mal ist Licht auf ihr, mal nicht. Was war, wird wiederkommen, es wird am nächsten Tag ganz genauso sein. Wenn es etwas gibt, das idyllisch ist an der Kindheit, dann ist es die Wiederholbarkeit: Man kann dieselbe Stelle in einem Märchen immer und immer wieder hören. Man kann die gleiche Speise immer und immer wieder auf die gleiche Weise verzehren. Zeige- und Greifbewegungen sind noch identisch.

Beim Betrachten von Kinderfotos: Man zieht eine Linie zwischen dem Erwachsenen und seinem Vorläufer. Von allen möglichen Metamorphosen der Person, herausdifferenziert aus dem Gesicht des Kleinen, erstarrt zu diesem einen Ausdruck – eine Variante bloß, aber offenbar die hartnäckigste, robusteste. Auf Fotos sieht man oft erst im Rückblick, welches der »eigentliche« Ausdruck dieses Gesichts ist, welches Gesicht hinter dem Gesicht saß und nicht gesehen werden wollte, welches das verdrängte, welches das überlagerte, welches das heraustretende Gesicht war. Man blickt Tote so an, Selbstmörder vor allem, um erkennen zu können: Vom Grund ihrer Augen aus wankt dem Betrachter ein Sterbender entgegen.

Er wolle die Erkenntnis ausschöpfen, »dass alles für nichts« ist. Davon war der wenig ältere Freund aus meinen Kindertagen wie besessen. »Dass dahinter nichts ist!« Er redete mir in die sperrangelweit offenen Augen, redete sich selbst in einen nihilistischen Rausch, so früh schon. Er hatte zuerst die Welt der Ideen entdeckt, dann die Welt und konnte also denken, ehe er erzählen konnte.

»Mach, dass du Land gewinnst«, wiederholte er. In seinem Mund bedeutete das nicht: Verschwinde, sondern erwirb sie rasch, die Fähigkeit, Abstand zwischen dich und die Welt zu bringen. Er blickte auf die Erde wie ein Kosmonaut und konnte keinen Eiffelturm, keinen Kölner Dom, keine Nordsee erkennen und keinen anderen Konflikt außer jenem, der die Welt eines Tages das Leben kosten könnte. Ein Untergangsversessener war er, den ich kaum verstand und der sich manchmal schon auf geschriebene Sätze berief.

Zur gleichen Zeit lernte ich meinen ersten Satz schreiben. Er lautete: »Heiner ist im Auto.« Ein enttäuschender Satz, von dem nichts ausging, den ich ohne Stolz schrieb, der keinen Sog besaß und den ich nie mehr brauchen sollte. Aus den Sätzen des Freundes dagegen drang das süße Gift des Pessimismus. Er besaß Aura und bewährte sich als das erste Ordnungsprinzip der kindlichen Welt.

Von meinen vier Großeltern sind drei erschossen worden. Ich kenne den Krieg nicht, bin aber unter den Augen von Hinterbliebenen aufgewachsen. Sie hatten nicht allein den Verlust in sich aufgenommen, sondern die Geschichte des Verlierens. Vom Krieg zu Leidensempfängern verurteilt worden, verbarrikadierten sie sich im Fatalismus.

Die einzige überlebende Großmutter hatte eine eigene Ikonographie für ihren Gram gefunden: Lebhaft interessierte sie sich für die Zeitungsfotos von in den Weltraum geschossenen Tieren: Affen, die mit einer zerdrückten Nase aus der Schwerelosigkeit heimgekehrt waren, der Raumhund Laika, dem, wie man damals glaubte, zu wenig Futter mitgegeben worden war, sodass er im Orbit verhungerte.

Meine Großmutter studierte diese Fotos mit dem Vergrößerungsglas, aß Dextropur mit dem Esslöffel dazu und versuchte, die Erfahrung der Reise im Blick der Heimgekehrten zu rekonstruieren. Das machte sie heiter, selbst wenn unter dem Vergrößerungsglas manchmal kaum mehr erschien als eine Masse von Rasterpunkten.

Offenbar lag im Schicksal dieser dem Experiment geopferten Tiere, in der Schwerelosigkeit, in der sie Opfer waren, im Mutwillen, mit dem man sie Gedeih oder Verderb auslieferte, etwas Symbolisches, das auf meine Großmutter heilsam wirkte, vielleicht, weil sich eine Gesellschaft darin fand.

Einmal, ich ging noch nicht einmal zur Schule, spielten wir in ihrem Häuschen Verstecken. Meine Schwester und ich deklarierten die fast achtzigjährige Greisin mit ihrem schlohweißen Haar und ihren komischen, nach Zigarettenrauch und 4711 riechenden Seidenkleidern zur Hexe und legten das Spiel als »Hänsel und Gretels Revanche« an. Als wir die Großmutter hinter dem Bett aufgespürt hatten, überzogen wir sie mit Vorwürfen, geißelten sie im Spaß, stellten ihr Strafen in Aussicht, aber ich war es, der sagte: »Und froh sind wir, wenn du tot bist.«

Unter diesem Satz richtete sich die Großmutter – immer noch eingeklemmt in ihrem Versteck hinter dem Bett – zu Überlebensgröße auf. Sie konnte sich gerade nicht befreien, sagte aber mit großer Stimme und todernstem Gesicht: »Raus!« Wir dachten, sie wolle heraus aus ihrem Versteck, aber als ihr Arm mit den hellen Sommersprossen auf dem weißpudrigen Grund hochzuckte und mit ausgestrecktem Finger auf der Höhe der Tür einrastete, trollten wir uns.

Entlassen in ein moralisches Delirium, aus dem es kein Entrinnen gab, war mir nicht mehr zu helfen – gegen den stummen Vorwurf meiner Großmutter nicht, die bis zu ihrem Tod, Jahre später, nur noch das Nötigste mit mir redete, und gegen den Selbstvorwurf auch nicht, mit dem ich ihren Vorwurf gewissermaßen beglaubigte.

Hatte ich unbewusst das Überleben dieser Großmutter als ihre Schuld empfunden? War das Spiel nötig gewesen, um etwas Ernstem zur Selbstbefreiung zu verhelfen? War meine Anhänglichkeit an die Alte – als Liebe lässt es sich rückblickend, verzerrt durch das Prisma der Schuld, nicht mehr bezeichnen – getragen von einer Faszination für ihre Fähigkeit, dem Tod zu entkommen? Und war ihre Liebe zu den Weltraum-Tieren nicht Indiz für ihr sinnlos spezialisiertes Greisinnen-Alter? Das Gefühl der Schuld hat sie jedenfalls überlebt. Aber als sie starb, so viel weiß ich, mischte sich in das Bedauern die Erleichterung darüber, meiner Schuld nun wenigstens nicht mehr ins Auge sehen zu müssen. In diesem Gefühl erlebte die Schuld ihren nächsten Schub.

Ein offenbar geistig behindertes Kind wird von zwei jungen Frauen in kurzen Röcken durch eine Allee geschoben. Der Kinderwagen ist zu klein für das Kind, weil dieses dem Alter nach schon nicht mehr hineingehört. Außerdem geht sein Blick nur schielend in die Welt, erfasst aber ein einzelnes, vom Himmel taumelndes trockenes Blatt, besteht auf »Anhalten« und wendet den Kopf jetzt seitlich, um dem Blatt weiter folgen zu können, bis dieses liegt und liegen bleibt, von keinem Wind aufgehoben. Das Kind lässt es ruhen, ruht mit den Augen, mit dem Gemüt selbst auf dem Blatt und lächelt selig. Es wirkt, als sähe es gerade, was die Frauen nicht sehen: Schöpfung an sich, eine Kreatur namens Blatt. Das Kind schielt, aber mit einem Ausdruck, als könne es nur so der Natur auf den Grund gucken.

Kinder enthalten das Ideal der Menschheit. Während sie das scheinbar Sinnlose tun, spielen, werken, streunen, sieht man darin nicht die Bautätigkeit von Persönlichkeiten, die einmal ·Briefträger, Dienstleister, Formel-1-Fahrer werden. Natürlich sagt man nicht: Da geht der werdende Trickbetrüger, Hochstapler, Jahrmarktschläger, der Urologe, der Feldwebel. Wir wollen uns Kinder »rein« vorstellen, vorhistorisch. Lieber machen wir für ihr Abweichen und Abirren eine widrige Umwelt, schädliche Einflüsse, Traumata verantwortlich, lauter Kräfte, die eine Persönlichkeit abrupt verändern, stören, vom Pfad abbringen können, der nie ein Pfad ist. Kinder werden gedacht als die Blaupausen zu idealen Lebensmöglichkeiten, nicht als tickende Zeitbomben eines vor der Selbstentfaltung zum Amoklauf stehenden Homunkulus. Schicksal und Aufklärung, so wird unterstellt, bestimmen seinen Weg. Alles kommt von außen. Da ist auch die Sicht besser.

Mit etwa sieben Jahren spielte ich in Gesellschaft von ein paar Schulfreunden auf dem Gelände einer Glasfabrik. Zwei der Jungen kletterten auf eine Palette voller Einweckgläser, kamen ins Rutschen und rissen die aufgestapelte Ladung mit sich. Der eine verstauchte sich das Bein, der andere wurde von den Scherben tranchiert. Das in alle Richtungen geflossene Blut verband die verstreuten Leichenteile.

Der Augenblick war rabiat und wuchtig, und während ich zusah, wie sich der Mund meines in seinem Blut liegenden Freundes öffnete, um zum letzten Mal seinen Kinderatem unhörbar in die Frühlingsluft entweichen zu lassen, hatte ich als der reglose Zuschauer meine erste Begegnung mit dem Ernst des Lebens, das ich hier wohl zunächst von ganzem Herzen anstaunte, weil es solche Tragödien schrieb.

Der Freund war ein Gezeichneter gewesen, zumindest kam es uns hinterher so vor, einer, der markiert und in diesem Adel unter uns war, ein »früh Vollendeter«, wie man ehemals gesagt hätte, »ein Todgeweihter«, den niemand als solchen erkannte. Der Tod des Freundes adelt auch die Hinterbliebenen, schon weil er die Dimension des Posthumen in ihr Leben bringt. Sie lassen zum ersten Mal etwas zurück, schließen ab und überleben.

Schon im Gefühl der Exklusivität solcher Erfahrungen, befreundete ich mich anschließend mit einer unscheinbaren und verdrossenen Mitschülerin, einer Besonderen, die als Erste von uns ihre Mutter verloren hatte. Von unseren Lehrern waren wir angehalten worden, in ihrer Gegenwart kein lautes Wort zu sagen. Das muss quälend für sie gewesen sein. Aber weil die Konventionen es einfacher machen, lernten wir sie rascher als die Gefühle und umgaben die Mitschülerin als nachtragende Kondolenzgemeinde, und das heißt auch, wir entließen sie keinen Augenblick aus ihrer Trauer.

Während an der Mitschülerin aber nur ein Gesetz des Lebens vollstreckt worden war, schlich sich in die Gedanken an den fatalen Sturz des Freundes ein symbolisches Element. Das tödliche Kinderspiel, sein Zustandekommen und seine Konstellation an diesem Tag waren zu sehr Ergebnis des Zufalls, als dass sie nicht eine besondere Deutung hätten herausfordern müssen. Also poetisierte man den Zufall: Der Tod des Freundes besagte, dass man an etwas Willkürlichem zugrunde gehen kann. Dieses »Etwas« war weder der Aufstieg noch der Sturz. Auserwählt war der Tote, gezeichnet durch eine bestimmte Krümmung, einen Knick in seinem Leben, den wir rückblickend deuteten.

So wurde der Tod des Freundes mehr und mehr zu einem Urtext unseres jugendlichen Weltschmerzes. Wir interpretierten ihn dauernd, und an seinem Grab beschloss ich, dass er aus einem bestimmten Grund gestorben sei, er also, bewusst oder nicht, auf diesen Grund zugegangen war und ihn, sobald er fassbar wurde, mit beiden Händen ergriffen hatte. Im Grunde behandelten wir den Tod, als sei er gewählt worden, und später sagte ein älterer Mitschüler sogar, er habe den Tod des Kleinen gespürt, wie der Letzte den Vorletzten spürt. So bewegten wir uns vertraulich in der imaginären Gemeinschaft von Toten und behandelten das Ende des Freundes, als habe es in der Welt des Kindes nichts Bedeutungsvolleres gegeben als dem Heimweh nach dem Tod zu folgen.

Als Benvenuto Cellinis Bruder, »der Pfeifer«, starb, ließ ihm Benvenuto eine Grabinschrift meißeln, die den Knacks in den Text einließ: alle Buchstaben mit Ausnahme der ersten waren zerbrochen.

In ihren Spielen kämpfen Kinder auch um den souveränen Raum, und die dabei frei werdende Kindergrausamkeit verrät nicht allein ein unmittelbares Verhältnis zum Tod, sie ist auch ein Mittel, dieser Souveränität Durchsetzung zu verschaffen. Außerhalb der engen Grenzen des Spiels oder der Tierquälerei hat das Kind keine Möglichkeit zur Herrschaft. Deshalb trägt die Vorstellung des eigenen Todes ein doppeltes Gesicht.

Einerseits wird hier der Verlust antizipiert, den das eigene Verschwinden in der Mitwelt auslösen würde, andererseits überantwortet sich das Kind in der Idee des selbst gewählten Todes der Hoheit dieses Todes und wird darin souverän. Allem unterworfen, kann es nur das eigene Leben zur Machtausübung aufrufen. Insofern besteht die Souveränität des Kindes – ganz anders als bei jedem anderen Glied der Gesellschaft – in der Macht einer Verneinung, die sich nicht Einzelnem gegenüber durchsetzen kann, aber dafür dem Leben. Deshalb wird in mancher Niederlage des kindlichen Willens gleich der selbstmörderische Impuls frei und reklamiert das Recht der eigenen, im Leben nicht frei werdenden Existenz.

Auch später noch gilt: Jede Lebenshemmung stimuliert den Wunsch, den beschädigten Egoismus wieder zu ergänzen, und so wie jede Einschränkung Phantasien der spontanen Selbstbefreiung und Emanzipation wecken kann, so mobilisiert der Gedanke an die Selbsttötung eine ganz eigene Art der Ich-Lust, einen narzisstischen Überschwang. Die Phantasie der eigenen Zerstörung wird Medium für die kühnen Vorspiegelungen der eigenen Möglichkeit und der in ihr eingeschlossenen Freiheit.

Für eine solche Freiheit hatte ich als Kind einen eigenen Topos: den Himmel. Zu dritt teilten wir uns in diese Freiheit, legten uns, ein mürrischer Freund und ein sportliches Mädchen, in die Wiese und versenkten uns stundenlang in das leere Firmament, und je höher hinauf der Blick drang, um hinter jedem Jenseits ein neues Jenseits zu erschließen, desto klarer wurde dieser Himmel als idealer Raum.

Dann schlossen wir die Augen, aufgehoben im Immensen, und stellten uns den Tod vor, den endgültigen. Nie wieder Leben, dachte ich, aber hinter dem letzten »Nie« folgte ein »Dann«, und ich musste noch einmal imaginieren: Nieniewieder, und dahinter Nienienienie …

So versuchten wir, uns im Anblick des Himmels die Unendlichkeit des Raums und einer Zeit zu veranschaulichen, in der wir nicht leben würden. Keine Vorstellung erschien uns bodenlos wie diese, und schon seine Befristung machte das Leben schadhaft. Es ist ein Unterschied, ob man die eigene Endlichkeit streift oder ob man in ihr schwelgt. Wir taten Letzteres, wohl wissend, dass man sich davon nicht mehr erholt. Der Tod des Freundes unter den Gläsern war das eine. Der Suizid eines anderen Freundes schien mir verwandt, doch, heroisch gewendet, war dieses Hineingesogen-Werden in die Unendlichkeit jenes Nicht-Seins, das man aus sich selbst heraus produzieren muss, etwas grundsätzlich anderes und Eigenes, mit Angstlust Ergriffenes.

In Romanen ist dies die Schrecksekunde, in die der Satz fällt: »Von da an sollte ich nie wieder ganz froh werden« oder »Von diesem Moment an habe ich nie wieder geliebt«. Außerhalb von Romanen existiert vorausgreifende Gewissheit nicht, und wenn, dann weiß man nicht um sie, weil man immer an die Wiederkunft des Verlorenen glaubt. Selbst die Jugend hält man eigentlich für ein Geschenk, das eines Tages zurückerstattet wird, samt ihrer überbordenden Vitalität und ihrer

Grenzenlosigkeit. Als könnte man wieder sein, was man nie gewesen ist.

Manchmal hat die Selbsttötung des Kindes etwas von jenem Handlungstypus, den man zu Beginn des letzten Jahrhunderts auch »acte gratuit« nannte. Er ist vielleicht nicht ohne Motive und Auslöser, aber im Wesen eine akausale, in sich stehende, von sich selbst mitgerissene Tat, die sich während der Ausübung nahezu erschöpft.

Insofern ist eine solche Selbsttötung vielleicht kein Akt, den die ganze Last des Lebens bedrückt, aber vielleicht verrät er die Belastung einer einzigen Stelle. Er besteht aus Müdigkeit, Sehnsucht, Weltschmerz, ist ein nachgeholter »plötzlicher Kindstod« oder folgt einem Sehnen und Schwärmen, wie man es auf großer Höhe spüren kann, angezogen von der Tiefe. Meine Begegnung mit dem Erstickungstod nachts im Bett war jedenfalls nur eine Episode aus einer ganzen Sequenz von Zuständen inniger, wenn auch schüchterner Sterbeerfahrungen.

Der Anblick des eigenen Endes hinterließ selbst auf den Euphorien des Tages einen diffusen Film, und der Enthusiasmus, mit dem sich das Leben im Essen und Spielen strapazieren ließ, fiel ab und wurde unwesentlich, sobald abends das Licht gelöscht wurde, die Stimmen im Haus verklangen und Dunkel und Ruhe ihre Bedeutung darin gewannen, den Schlaf und im Schlaf den Tod herbeizufaszinieren.

Vermutlich war genau dieses Gefühl das Weckmittel der großen Anbetung, die allabendlich der Überantwortung an den Schlaf vorausging. In tiefer, nie wieder erreichter Religiosität faltete ich die Hände und redete auf Gott ein mit den peinlichen, der dörflichen Liturgie nachgestammelten Ausdrücken altkluger Anbiederung an das Erhabene.

Kaum war aber das Gebet vorüber, fiel ich in den Zustand bloßer Devotion zurück, einen Zustand ohne Kommunikation und voller Unterwerfung, ähnlich jenem, den ich dem Tod gegenüber kultivierte und den ich hier nur mit einem Gesicht versah. Gott war nicht weniger als die liebevolle Seite des Todes; mit ihm zu sprechen bedeutete, dem Sterben durch Gutwilligkeit zuvorzukommen.

Insofern enthielt die jugendliche Religiosität weit mehr von einer Verarbeitung des kommenden Todes als von einer Vorbereitung oder Begleitung des Lebens – eine Situation, die zur Folge hatte, dass ich später nicht nur vom Glauben abfiel, ihn zeitweilig sogar verachtete und sich erst später Indifferenz in kulturhistorisches Interesse verwandelte. Die größte Sympathie empfand ich immer dort, wo sich Gottes- und Todesanbetung als identisch erwiesen. Damals kam mir die gesamte christliche Religion wie ein Kanon der Vertröstung vor. Das Leben wurde gestaltlos, das Überleben blindlings vorbildlich, auch wenn nichts mehr da war, dieses Überleben sinnvoll zu erfüllen.

In diese Zeit fiel der Tod jenes Freundes, mit dem ich jugendliche Reisen unternommen hatte. Ein mürrischer Melancholiker und Schwärmer, klein und kompakt, ohne fassbare Begabung und ohne Attraktivität, voller unausgefalteter Wünsche, hatte er erst eine Handvoll Valium eingeworfen, dann noch den Weg bis zur Bahnlinie gefunden. Sein Tod war eine sichere Sache, und jedenfalls konnte niemand sagen, er habe eigentlich rechtzeitig gefunden werden wollen.

Wenn ich später an meine Kindheit dachte, kam es mir vor, als sei dieser Freund immer mit einer offenen Seite durchs Leben gegangen. Seine Öffnung zum Tod war die geheime Lyrik seiner Persönlichkeit. Mit dieser Seite begriff er, mit dieser schwieg er, mit dieser sah er den kleinen Verlusten, dem Scheitern zu. An diese Seite wandten sich die großen, pathetischen Dichterworte, die er zitierte: »Große Götter, schaut auf unsere Tränen«, nach William Butler Yeats oder »Curae leves loquuntur, ingentes stupent« nach Seneca. Ja, leichte Sorgen reden, ungeheure schweigen.

Nicht nur das große tote Wort, selbst die Betrachtung des Erhabenen in der Natur, der alpinen Felsmassive oder der Brecher an der Nordsee korrespondierte mit der kleinen Tragödie seines Ablebens. Was er immer wieder gesucht hatte, das war dies sublime Zu-Nichts-Werden vor so viel aufgetürmter Kraft. Seine Ausflüge in die Landschaft – schlafwandlerische, ratlose Inspektionen – endeten immer wieder mit einer Mimikry ans Tote: sie waren abgeschlossen, wenn die Tiere um ihn herum seine Gegenwart vergessen hatten und er selbst von seinem Atem keinen Gebrauch mehr zu machen glaubte. Ideale Stimmungen.

Wir zurückbleibenden Freunde aber haben seinen Tod nicht als Produkt einer Summe von Anlässen und Erschütterungen gedeutet. Er war in ihm immer schon anwesend gewesen, hatte sich mal gezeigt, mal verhüllt. Man könnte auch sagen, der Tod war das Wesen der Krise, in der der Freund existierte, er war der Zustand, in dem dieser leben und untergehen sollte.

Als Kind bewegt man sich in der Idee seines eigenen Todes wie der Angehörige einer Geheimloge. Da sich die erwachsene Umwelt erkennbar nur an der Organisation der Lebenspraxis abarbeitet und deshalb die Idee des Todes im Wahrnehmungsraum des Kindes ohne Wirklichkeit bleibt, wird ihm die Welt des Sterbens zum exklusiven Raum. Das Kind zieht sich in die Intimität seiner Gegenwelt zurück und bezieht Stärke aus der heimlichen Bereitschaft, jederzeit gehen zu können.

Kinder weichen ihrer Selbsttötung vielleicht aus, weil sie Besseres zu tun haben, weil es Geheimnisse gibt, die sie noch stärker faszinieren, als der Tod es tut, oder sogar, weil die Schönheit des Todesgedankens verführerischer ist als der Tod selbst und er sie so auf paradoxe Weise am Leben hält. Das

42

Kind lebte zu lange an einem Ort namens Mutterleib, lebte, als warte es auf die Feile im Brotlaib. Kinder haben sich an das Leben vielleicht noch nicht genug gewöhnt, um es für unverzichtbar zu halten. Es ist auch nicht ihr einziges, und es spricht vielleicht nicht einmal lauter als der Tod.

Vor die Leere des Nichts-Seins stellt man die Ideen der Wiedergeburt, der Auferstehung, der Erlösung der Seelen und des Aberglaubens: Die Toten sind nicht tot, sondern unter uns, und bei Hölderlin fällt einmal der tröstlich raunende Satz: »Es ist schön, dass es dem Menschen so schwer wird, sich vom Tode dessen, was er liebt, zu überzeugen, und es ist wohl noch keiner zu seines Freundes Grab gegangen, ohne die leise Hoffnung, da dem Freunde wirklich zu begegnen.«

Im frühen Leben regiert das Provisorische, die Aussicht auf das Mögliche, Eigentliche. Gefangen in einem Interim, dringt man nicht dazu vor, dieses Jetzt als die einzige zu machende Erfahrung zu identifizieren. Doch dann geht der Zustand des Noch-Nicht in das Zu-Spät über. Plötzlich steht die nicht erfahrbare Kulisse, plötzlich sind die nicht-korrigierbaren Züge im Gesicht, und was war dauerhaft in all der Zeit? Die Lust zu verschwinden, sich »um die Ecke zu machen, in den Duft«, wie Walter Serner gesagt hätte.

Im dörflichen Weichbild meiner Jugend existierten noch zwei Typen, die inzwischen verschwunden sind: Die einen waren die »Dorfbekloppten«, Verwirrte, Mongoloide, Schizophrene, dem religiösen Wahnsinn Anhängende, anderweitig zu Berücksichtigende. Eine von ihnen, meine Mitschülerin in der Volksschule, biss und spuckte ins Heft, wenn ihr eine Aufgabe unlösbar schien, ein anderer, sechs Körperjahre älter als wir, doch mit dem Gemüt eines Kindes, pflegte sich zu verabschieden mit den Worten:

43

»Auf Wiedersehen, hübscher Herr Lehrer, einen schönen Gruß auch an deine Mutter.«

Manchmal wurde er nach dem Unterricht über die Bank gelegt und mit dem Lineal verhauen. Dann trollte er sich, steckte nur den Kopf durch die Tür und schrie den Lehrer an: »Geh die Orgel spielen!«

Eine klein gewachsene, immer riechende »mongoloide« Frau mit fröhlichem Kopftuch spielte gern auf der Straße und leitete das den Berg hinunterfließende Wasser im Rinnstein um. Manchmal versuchte sie es sogar mit ihrem Kopftuch einzufangen und schrie laut dazu.

Solche Störungen waren Teil der alltäglichen Wahrnehmung auf dem Dorf, und sie trugen dazu bei, dass wir die Wirklichkeit für eine Sache der Konvention hielten und uns dauernd mit Varianten konfrontiert sahen, Varianten zu denken, zu sehen, sich auszudrücken und zu agieren.

Es war die Zeit, in der man andere wie Ausschuss bezeichnen durfte, als schadhaft, mangelhaft, berieben und bestoßen, wie in den Auktionskatalogen. Es war die Zeit, da diese eine große Familie bildeten: die Kriegsbeschädigten, wie man sie nannte. Sie waren alle auch »Heimkehrer«, und so hingen diese beiden Zustände des Menschen, ein Heimkehrer und ein Beschädigter zu sein, als Kind für mich zusammen.

Als Kinder waren uns Verletzungen, die der Krieg mit sich bringt, nicht recht fasslich, aber dass da »Beschädigte« waren, Schadhafte also, das erschien uns, den anderen gegenüber, ungerecht, und so erfuhr auch unser Rechtsempfinden durch die Beobachtung der Humpelnden und auf Krücken Daherkommenden eine Korrektur.

Die Gestörten und die Beschädigten zogen ein Netz der Brüche durch die vorindustrielle Idylle des Dorfes. Sie waren das prägnanteste Indiz für die Anfälligkeit dieser Welt durch Erosionen von innen. Zerstört aber wurde diese Welt von außen, indem sie von ökonomischer Rationalität, Zweckmäßigkeit, Pragmatismus eingenommen, schließlich großflächigen Industriezonen eingemeindet und unterworfen wurde. Wir kamen nie wieder in ihr an. Das Verschwinden der Unvernunft hat diesen Lebensraum schließlich auch von innen zerstört.

Wenn ich allein an das Anwachsen des zeitlichen Horizonts in Kindertagen denke! Wie sich die Vergangenheit ausdehnte, wie die Zukunft Raum griff und ein »Immer und Ewig« berührte! Wie denkbar wurde, was jenseits der Lebenszeit lag und wie die ferne Zukunft bedrohliche Schatten in die Gegenwart warf, so wie es der Krieg mit seinen Warnungen aus der Vergangenheit immer noch tat! Dieses Kinder-Ich wurde zusammengepresst auf ein Pünktchen in der Zeit, bestürmt von Vorläufer- und von Folgezeiten. Ich erinnere mich, wie ich kaum zehnjährig mit einer Klassenkameradin in einem Zugabteil saß und jemand den Tod, den fernen Tod erwähnte, den wir alle sterben würden, woraufhin die Klassenkameradin in Tränen ausbrach und wir alle versprechen mussten, in ihrem Beisein nie wieder, nie-nie wieder vom Sterben, vom Ende des Lebens und dem aller Zeiten zu sprechen. Sie kannte bisher nichts Endgültiges, wurde also erst durch Erzählungen befristet und wusste kein Mittel gegen den Tod, als das Erzählen von ihm zu unterbinden.

Als Kind dachte ich, angeregt von der Bilderwelt, Sex sei nur etwas für Schöne. Dann entdeckte ich, immer noch Kind, dass es an mir lag: Ich konnte mir Menschen in ihrer sexuellen Aktivität einfach nicht anders als schön vorstellen. Dann ging ich zum ersten Mal in ein Schwimmbad, sah fassungslos die Körper der Angejahrten und der Alten und dachte, dass es die Liebe sein musste, die das Nicht-Liebenswerte, das Abstoßende sogar, in die Sphäre des Sexuellen ziehen und es dort genießbar machen könne. Die Liebe war also etwas wie die Kraft, den Knacks zu revidieren, und wenn ich gekränkte liebende Frauen später irgendwo sagen hörte: »Du hast mir meine Jugend gestohlen« oder »Ich habe dir meine Jugend geschenkt«, dann sah ich die Sprecherinnen wieder als Körper aus dem Schwimmbad.

Am häufigsten rufen Menschen auf dem Sterbebett nach der Mutter: ihre Herkunft und ihre Wunde. An einem Abend saß ich mal mit einem jugendlichen Greis zusammen. Der brachte seinen Knacks auf den Namen »Mama«, und zwar so (ich fasse zusammen):

»Als ich geboren wurde, war ich vierzehn, und niemand nahm von meinem Erscheinen Notiz, außer meiner Mutter. Das hat uns verbunden. Dreißig Jahre später hatte auch sie mich entlassen. An der Art, wie ich entlassen wurde, konnte ich erkennen, welche Position ich bekleidet hatte. Ich liebte sie auf meine Art, was sie ein wenig dreist und respektlos fand, wollte sie doch auf ihre geliebt werden, also narzisstisch.

Als ich klein war, liebte ich meine Mutter und die deutsche Sprache. Meine Mutter dagegen erlernte immer neue Fremdsprachen. Das interessierte sie. Ich wünschte, ich wäre eine dieser Fremdsprachen gewesen.

Mein Vater spielte in all der Zeit keine Rolle. Seine Frau sprach von ihm auch nur noch als dem »armen Teufel«. Einmal hat der Gemüsehändler in der Gegenwart meines Vaters ganz unverblümt zu ihr gesagt:

›Sie waren ja als junges Mädchen eine Schönheit von erster Qualität, nich?‹

Sie ließ sich hofieren. Der Vater machte sich aus dem Staub. Deshalb lag er ganz bei mir, der Kampf gegen die mütterliche Stärke, diese schützende, Atem beraubende, Luft abschnürende Stärke und Fürsorge. Diese Mütter ahnen ja nicht, wie sie uns mit ihrer Güte ruinieren. Und wie lange litt ich an diesem Mutter-Prinzip: Sie hat mir die Idee eingesetzt, da sei jemand, erfüllt von blindem Kümmern und Sorgen. Wie beseligend, diese Aufgehobenheit!

Die erste Religion des Lebens ist der Glaube an die Mutterliebe, aber in meinem Leben erwies sich auch dieser Himmel als unbevölkert. Es gehören zwei dazu, und ich dachte, ich sei immerhin die Hälfte. Dabei stellte es sich heraus, dass meine Mutter diese Liebe verwaltete wie ein Amt. Ihre Währung war die Schuld und der Liebesentzug. Das Prinzip dieser Mutterliebe erschien mir damals als Schuld ohne Anlass, also Erbsünde.

Trotzdem hat mir meine Mutter dabei etwas fürs Leben mitgegeben: Ich empfing meinen Knacks, indem ich erkannte, wie auch die Liebe vom Ökonomischen zersetzt wird. Da gab es ein dauerndes Vergelten, Aufrechnen, Belohnen, das war der Durchbruch des Nicht-Altruistischen, die Durchsetzung des Tauschverhältnisses im Sentimentalen. Ja, sagen Sie es nur, es ist das Prostituierte in zwecklosen Verhältnissen, und ich vermute, meine Mutter konnte mich eigentlich einfach nicht besonders gut leiden.

Das Schlimmste an meiner Mutter aber, das waren ihre Blicke. So indigniert, so vorwurfsvoll und missbilligend. Was ich als Kind vor allem gegen sie hatte, sagte ich meinem besten Freund: ›Sie ist peinlich, sie ist immer besorgt. Sie ist so komisch. Sie schnarcht. Ich fühle mich wie die Mutter meiner Mutter. Sie hat immer das letzte Wort. Ihr Selbstzweifel nervt. Manchmal hat sie Mundgeruch. Sie ist aus Remscheid.‹

Manchmal schaute ich sie mir einfach an: Da sitzt sie, dachte ich, meine Mutter, ein Massiv, eine Institution, eine Behörde. Ja, meine Mutter ist eine Behörde. Beim Essen hatte sie einen kleinen Stapel von Dokumenten neben ihren Teller gehäuft. Kennst du eigentlich dieses Foto von mir?, fragte sie und nahm das oberste Blatt auf, reichte mir eine Fotografie von sich über den Tisch, auf der sie gekleidet war wie eine russische Präsidentengattin zur Zeit des Kalten Krieges, allerdings mit schmachtenden Augen. Möchtest du, dass ich dir dies kopiere? Sie hatte es bereits getan. Ich legte es zu den übrigen, die sie mir früher schon gegeben hatte.

Ich verfolgte das kalt, also mit den Augen ihrer Liebe zu mir. Dann ging ich, überzeugt, in der einzigen Liebe versagt zu haben, die es gibt, der Sohnesliebe, und suchte mir etwas Temperiertes, keine Liebe. Drei Jahre später fühlte ich mich einmal kurz vom zweiten Satz einer Klaviersonate Beethovens tiefer geliebt. Aber auch das ging vorbei.

Ich konnte nie pubertär sein, denn das war meine Mutter schon. Mütter wollen ihre Kinder niemals neu verstehen, sie hören meist an der Stelle auf, an der sich das Kind aus ihrer Abhängigkeit löst, deshalb fallen Kinder, wenn sie lieb sind, immer wieder in die Kinderrolle, mögen sich selbst nicht dafür und die Mutter noch weniger. Aus diesem Alter werde ich nie wieder rauswachsen.

Schau, meine Kindheit ist doch erst ein paar Menschenalter vorbei. Und immer noch rede ich davon, und immer noch frage ich nach ihr. Und in diesem Angedenken frage ich: Wo sind die Wiesen hin, die Kopfweiden, die leeren Schneckenhäuser im Gebüsch, die Bucheckern … und warum erscheinen sie mir immer noch mütterlich?«

Fehlgeleitet von Literatur, voller Erwartung, genährt von den Bildern der über das Eis wandernden Entdecker, der Gipfelstürmer, der Kriegsheimkehrer, der auf dem Bankett tanzenden Nobelpreisträger im Frack, der Ethnologen, die aus dem Kreis der Wilden heraus grinsen, sagt das Kind ja, beharrlich ja, Entdecker will ich werden.

Man erklärt ihm behutsam: Die Welt ist entdeckt. In alle

Winkel sind Forschungsreisende gedrungen, durch alle Schneisen sind die Touristen gebrochen, alles ist lokalisiert, vermessen, fotografiert und beschrieben, und bei Google Earth kann man heute sogar in der Vogelperspektive darüber hinwegfliegen.

Das Kind geht traurig in sein Zimmer, studiert Karten und Luftaufnahmen und sucht die Zwischenräume ab, die unspezifischen. Da sitzt es, ein übrig gebliebener Mensch, der sich finden muss in dem, was übrig geblieben ist. Bildung ist ein Ausdruck auch des Begehrens. Der Knabe begehrt nicht mehr, in Resten lebend, eklektisch, drückt er den alten Wunsch mit den Jahren immer tiefer hinein in die Kinderwelt, behandelt ihn als unreife, lebensferne Phantasie.

Er wird Klingeltondesigner und ist mit knapp vierzig Jahren arbeitslos. Eine Gemengelage aus Defekten des Berufs-Ichs, Unzuverlässigkeiten des Charakters, nachteiligen Aussagen anderer Mitarbeiter und Zufälle sind der Grund.

»Unglaublich, die Tausende von Menschen, von denen man abhängt«, sagt er einmal zu mir. »Die kleinste Störung in diesem Kraftfeld kann bewirken, dass sich dein Leben ändert.«

Ein »Patchwork-Mensch« sei er, ich fragte nach, »ein Lumpensammler« meinte er fatalistisch. Es gibt Menschen, die sich in Grundzügen aus ihrer Wunde erklären lassen, und es gibt solche, die es selbst dauernd tun. Er schwieg, aber wenn man ihn vor der Landschaft sah mit seiner weich gezeichneten Mundlinie, dann blickte man direkt in den unverheilten Wundkrater seiner Sensibilität und verstand, dass er seinen Knacks erhalten hatte, weil die Welt vor ihm erschaffen und vermessen worden war.

Die Gegenwart mit den Augen der Vergangenheit sehen. Ihre unerlösten Möglichkeiten, krepierten Entwicklungen und stornierten Utopien: So dokumentiert diese Gegenwart die

geronnene Nicht-Existenz des Wünschens, und das Immate-
rielle hat sich in diesem Gerinnungsprozess als Abfallprodukt
erwiesen. Das heranwachsende Kind steht davor und erblickt
das Unmögliche: Es soll ein Individuum sein, sich aber nicht
unterscheiden. Da kapituliert es, wird traurig oder, wie Frank
Zappa diese Erfolgsgeschichte beschreibt: »Je langweiliger das
Kind ist, desto mehr Komplimente bekommen die Eltern.«

Erwachen

Eine Zeitlang ist der heranwachsende Mensch von seiner Selbstentfaltung hingerissen. Sein Wachstum ist asynchron, aber das ahnt er bloß. Es ist ein Prozess der Entfaltung nach Art einer Pflanze, die Blatt, Blüte, Stängel hervortreibt. Alle diese biologischen Formen sehen in der Entstehung missgebildet aus. Trotzdem hat der Heranwachsende wenig Mühe, sich der treibenden Kraft anzuvertrauen. Er entwickelt sich, aber mehr noch entwickelt es ihn. Da ist eine Schubkraft, die ihn erfasst hat und unweigerlich mit Erfahrung ausstattet, auch mit Gewissheit, später mit Abgeklärtheit, Reife, gleich welcher Art.

Doch die gleiche Aufmerksamkeit, die dieser Prozess bindet, trifft allmählich auch die gegenläufige Entwicklung, die synchron verläuft. Da ist etwas, das sich nicht entwickeln will. Etwas bleibt fragmentarisch, unabgeschlossen. Die Entfaltung erreicht eine Grenze der Souveränität, eine Grenze der Hoffnung sogar, es hätte doch glücklich weitergehen können. Doch die Aufbaukräfte lassen nach, oder sie hinterlassen etwas Disproportioniertes, und zum ersten Mal öffnet sich ein individueller Schutzraum, eine Zone der Heimlichkeit.

Der heimliche Mensch ist der, der den Spiegel des Gegenübers nicht sucht. Es ist jener, der der Selbstreflexion im Anderen ausweicht, der punktuell asoziale Mensch. Von Zeit zu Zeit übernimmt er, wird zur treibenden Kraft hinter Entscheidungen, die man von außen schwer versteht, er baut sich auf, perfektioniert die Funktions- und Charaktermaske des

51

weltläufigen, praktischen Menschen, hält sie undurchdring-
lich.

Seine Sprache ist unfreiwillig. Die Art, wie er den Kopf
senkt, die Art, mitten im Gespräch von einer Verträumtheit
erfasst und undurchsichtig zu werden, abwesend, verrät ihn.
Oder seine Gesten schweben ins Nichts, er wirkt abseitig, irr.

Am Straßenrand in Kabul sah ich einen ehemaligen Militär
in einer verstaubten, fadenscheinig gewordenen Uniform. Er
stand am Ufer des Verkehrsflusses und salutierte. Jedes Auto,
gleich, wie schnell es daherkam, wurde mit militärischen
Ehren begrüßt, und die Bewegungen waren nach einiger Zeit
von mechanischer Geschwindigkeit. Eine Heidenanstrengung
war das, so schnell zu salutieren, sie schlug ins Lächerliche
um. Wie ein mechanisch animierter Zinnsoldat stand der
ehemalige Soldat da und bezeugte den Autofahrern seinen
sinnlosen Respekt. Folge eines Traumas? Möglicherweise auch
bloß der Ausdruck einer Beschädigung. Denn vielleicht war
das Expressive der Geste nichts anderes als der Versuch, das
Heimliche nach außen zu wenden – kein irrer Mann also, eher
ein indiskreter.

Manche überleben ihren eigenen Tod und kommen doch
nicht über ihn hinweg. Sie kommen vom »furchtbaren Ort«
nicht los, dessen Schrecken es war, einmal *ihr* Ort gewesen zu
sein. *They are playing our song.* Seither ist es ihr Drama nicht,
dass sie diesen Ort an alle anderen Orte mitnehmen, sondern
dass sie zu keinem Ort mehr Besitzverhältnisse unterhalten
wie zu diesem.

In der Hirnforschung wird behauptet: Drei Sekunden vor der
Ausführung einer Geste sei diese als Impuls vorhanden, dann
folge die Ausführung, die uns spontan erscheine. Stimuliert
man das Gehirn an einer bestimmten Stelle durch einen elek-

trischen Reiz, wird es sogleich eine Geschichte erfinden, um die Geste mit Plausibilität auszustatten. Alles bringen wir in eine kausallogische, narrative Ordnung, und Kinder glauben noch, alles sei genau für sie da: Stein, Tisch, Sonnenaufgang.

Die nicht abgeschlossene Handlung: Man öffnet eine Schublade zur Hälfte, nimmt aber nichts heraus. Man schlägt einen Nagel in die Wand und lässt das Bild trotzdem am Boden stehen. Man will die Hand zum Abschiedwinken heben, da bleibt sie, halbhoch, in der Luft. Die fragmentarischen Werke und Gesten, die Ruinen und die Rohbauten – sie vollenden sich im Verweilen. Sie liefern sich der Zeitlichkeit des Prozesses aus, als wollten sie den Angriff des Verfalls abwehren und nur in der Kategorie der Vollendung, nicht in der des Verschleißes existieren.

Sie zaudern. Mitte der fünfziger Jahre machte sich Patrick Bowles Notizen zu Reflexionen, die er mit Samuel Beckett über das »Dazwischen« angestellt hatte: »Ich hatte jenen mysteriösen Moment *zwischen* dem Entschluss, etwas zu tun, und dessen tatsächlicher Ausführung beschrieben«, erinnert sich Bowles. »Wenn man zum Beispiel einen Gegenstand aufhebt. Sind diese beiden Momente in Wirklichkeit identisch? Gibt es tatsächlich *kein* Dazwischen? Es gibt jedoch häufig ein ›Dazwischen‹. ›Ich stehe jetzt auf.‹ Man tut es nicht. ›Ich stehe jetzt auf.‹ Und dann tut man es wie durch Zauberei.‹« Beckett erwidert auf Bowles' Schilderung: »Das ist, als ob im eigenen Kopf ein Tier säße, für das man eine Stimme zu finden sucht; dem man eine Stimme zu verleihen sucht. Das ist das *Eigentliche*. Der Rest ist ein Spiel.«

Der Moment der Nachzeitigkeit, der Teilung in zwei Zeiten, in Existenz und Bild: Man wird aufgestanden sein, aber noch sitzt man und produziert das Bild, den Impuls der Handlung. Man verzögert sich und ist in diesem Augenblick bei sich, festgehalten von einem Zustand vor der Tat, gebrochen in der

Nicht-Identität mit dem eigenen Handeln und doch eingefroren in der Immunität des Moments.

Und dieser Moment mag sich dehnen zur Periode, er mag lebensentscheidend, mag Existenzform werden, wie der Maler Jasper Johns es fasste, als er sagte: »Meine Schwäche ist es, nie zu wissen, ob ich expandieren oder mich konzentrieren soll.«

Nach Auffassung der Psychoanalyse, so wie sie sich gegen Ende des 19. Jahrhunderts in Sigmund Freuds und Josef Breuers Studien zur Hysterie abzeichnet, werden die schockhaften, vom Kind noch nicht zu bewältigenden Erlebnisse ins Unterbewusstsein abgeschoben. Aus diesem Depot heraus wirken sie in das alltägliche Erleben hinein und setzen sich bis zu ihrer Bewusstwerdung immer wieder durch. Sie sprechen in Symptomen. Ist das Erlebnis auch selbst vergessen, verdrängt, ins Unbewusste entkommen, so lässt sich von den Symptomen aus doch auf die Natur des Traumas schließen. In Zwangsvorstellungen etwa gibt sich das Erlebnis eine Sprache.

Mag manche Handlung auch für den Betreffenden selbst unverständlich, ihr Antrieb unklar sein, so gewinnt sie Plausibilität doch vom zugrunde liegenden Erlebnis aus, das in ihm fortwährend bearbeitet wird. Das Unbewusste zeugt also von einem nicht entfalteten, nicht entwickelten, nicht vergegenwärtigten und zum Bewusstsein nicht durchgebrochenen Ereignis. Die Neurose wäre danach die Folge einer spezifischen Unwissenheit und zugleich Indiz dafür, dass man nie aus der eigenen Vergangenheit entlassen wird.

Das traumatische Erlebnis ist der Narbe vergleichbar, deren Ursprung man vergessen hat, die jedoch bei jedem Anblick und in verwandten Situationen der Gefährdung spricht, erinnert, warnt, hindert. Sie beherbergt eine Filial-Existenz des eigenen Ich, dicht geworden in der Gefährdung, im Schmerz, in der Bedrohung, dicht wie eine Narbe eben.

Der Knacks von innen ist dagegen der Falte vergleichbar, die an keinem Tag entstanden, in keiner Situation begründet ist und sich doch durchsetzt als die Signatur der Zeit, allmählich, ohne monokausale Begründung und allenfalls von hilflosen Erklärungen begleitet, mit hilflosen Revisionen überzogen. Nicht umsonst meint, wer von »Entfalten« spricht, eine Form der Vertiefung, und zwar nicht aristotelisch, bis etwas klar und ergründet ist, sondern indem die Geschichte der Falte erzählt wird.

Die Falte repräsentiert Geschichte im Verlauf. In der Narbe dagegen verdichtet sich Geschichte als Ereignis, und nicht umsonst wird bei Cervantes von Don Quichotte gesagt, dieser »habe den ganzen Leib und das Gesicht voller Narben und Wundmale« gehabt. Wer die Narbe entfernt, tilgt die Spur des Erlebnisses; wer die Falte unterspritzt, tilgt die der Erfahrung. Die Narbe ist symbolisches Zeichen im Kultus, als »Schmiss«, im »Branding«. Die Falte dagegen ist der Regie der Willkür entzogen. Es mögen noch so viele Substanzen erfunden, mit phantasiewissenschaftlichen Termini belegt und gegen sie in Stellung gebracht werden – Benefiance NutriPerfect Day Cream and Night Cream, Progressif Anti-Age Sérum perle de Jeunesse, Re-Nutriv Re-Creation Eye Balm and Night Serum, Cellular Performance Throat and Bust Lifting Effect, Body Excellence Eau de Soin Vitalité et Fermeté –, es bleibt, als wolle man die Zeit korrigieren, indem man die Individualzeit staut, während die Weltzeit weiterläuft. Die Narbe verrät die Verletzlichkeit, die Falte die Zeitlichkeit von Menschen. Der Kampf gegen beide wird geführt, als ginge es um die Unverletzlichkeit. Diese Anstrengung deformiert den immer werdenden Körper.

Das Trauma ist die Stelle, an der sich das Bewusstsein festhängt, als könne es nicht vor und zurück, sich nicht aus der

Vergangenheit, nicht in die Zukunft lösen. »Ein Mensch, ver-
ärgert durch eine Ratte, die er nicht erreichen kann«, schreibt
Paul Valéry, »brennt sein ganzes Haus nieder.«

Der unerreichbare Punkt und seine Zerstörungsenergie:
Hilflos vor Anlass und Ursache, bleibt dem Mann allenfalls der
Wunsch, Teil jener Kraft zu sein, die ihn verneint.

Das Trauma aber wird ja üblicherweise nicht durch die
Suizid-Phantasie, sondern durch die Zwangshandlung bearbeitet, auch wenn der Bezug zwischen dem einen und dem
anderen undurchsichtig bleibt. Die Marotte, die fixe Idee, die
neurotische Handlung sind lauter Formen, mit den Blessuren
im Unterbewussten zu korrespondieren. Sie werden zu Symptomen, verschlüsselten Indizien für die Störung. Entschlüs-
selung und Bewusstmachung wären die probaten Techniken,
die Störung aufzuheben. Wie Sokrates glaubt Freud an die
riskante Wirkung der Unwissenheit. Ja, er nennt es »die dritte
und empfindlichste Kränkung« der »menschlichen Größen-
sucht« – nach den Kränkungen durch die Erkenntnisse von
Kopernikus und Darwin –, wenn ihm die »psychologische
Forschung« nachweist, dass sein Ich »nicht einmal Herr ist
im eigenen Hause, sondern auf kärgliche Nachrichten ange-
wiesen bleibt von dem, was unbewusst in seinem Seelenleben
vorgeht«.

Und doch: Das Innenleben wird behandelt, als bewege es
sich einerseits im Fluss der Ereignisse und andererseits unter
der herabgesetzten Kontrolle des psychologisch-moralischen
Individuums. Bewegt es sich nicht aber zum großen Teil aus
sich heraus, und ist unsere Psychologie wesentlich mehr als
die Deutung solcher Vorgänge?

Das Kind schreit von innen, der Demenzkranke hat Launen, angeregt aus einer Störung der Säfte und Sekretionen. Da
gibt es keine Verbindung nach außen, keinen Widerhaken in
der Erinnerung, keine Verhaftung an einen bestimmten Au-

genblick. Die Kranke weint, doch es gibt keine Erregung, die ihr die Tränen diktiert, es ist das »Diktando der Eingeweide«, wie der Schriftsteller Robert Müller es 1915 nannte, das Besitz ergreift von den Anlässen und diese in Moral übersetzt: Verurteilung, Zustimmung, Bejahung, Begründung, Ergreifung. Es ist ursprünglich alles ohne diese da.

Der traumlose Mensch. Er blickt in sich und sieht keine Bilder, nichts, das verarbeitet würde, nichts Kompensiertes, nichts, das sich transzendieren wollte. Keine Rückstände, keine Reste. Man sagt ihm, dies sei das Symptom einer Störung, eine Blockade. Er kann den Defekt nicht finden, »das«, sagt man ihm, »ist schon der nächste Defekt«.

Dauernd der Verlust der Lebenszeit, das tägliche Ausrinnen der Kraft, sodass wir uns nachts hinlegen und die Augen schließen müssen, wir können nicht weiter, täglich nicht; jetzt ist es eins, jetzt zwei, jetzt drei Uhr, jetzt Freitag und November gleich, und jetzt musst du halten, ruhen, rasten, schlafen, sterben.

Also was unterscheidet den »Knacks« vom Trauma der Psychoanalyse? Freuds Trauma besitzt eine andere Ereignisentwicklung und Ereignisentfaltung, und auch seine Zeitökonomie ist eine ganz andere. Das Trauma besteht, psychoanalytisch gesehen, darin, dass das Ereignis eintritt und sich immer wiederholt, ohne dass dieses Ereignis bewusst wäre; es bahnt sich Wege, ist also latent gegenwärtig. Erst in der Erinnerung wird das Ereignis hinfällig, erscheint, um verschwinden zu können. Im Augenblick seiner Vergegenwärtigung hat das Ereignis aufgehört zu sein. Es wartet auf sein Datum, seinen Aufruf durch die Erinnerung, die Fixierung der Ur-Szene in Raum und Zeit.

Im Knacks dagegen verdichten sich die Ereignisse, die nicht vorhanden sind. Gleichwohl hören sie nicht auf zu existieren, sie beginnen vielmehr das ganze Leben zu überfluten. Insofern vollzieht sich im Knacks ein eigenes Drama: Der Problemkern ist nicht die Vergangenheit, sondern die Zukunft.

Das Trauma kennt nur Vergangenheit, keine Zukunft, es kennt Zukunft nur als unbewusste. Denn wo das Trauma ausgesprochen wird, hat es gewissermaßen keine Zukunft und auch keine Vergangenheit mehr. Seine Fortsetzbarkeit, seine Latenz – alles verschwunden.

Der Knacks ist dagegen dezidiert unpsychologisch. Er ist in dieser Form keinem Ich zuschreibbar, ohne die Weltlage einzubegreifen, ohne Kollateralpersonen, Kollateralschäden, Umstände, Sachverhalte. Er ist deshalb darstellbar in der Landschaft, im Lichtwechsel, im Blickwechsel.

Joseph Conrad und Knut Hamsun: die Fähigkeit, eine Geschichte rund um eine Leerstelle zu bauen. Da ist der Sprung, eine Kraft, aus der heraus sich alles verändert. Bei Conrad trägt der Knacks den Namen »Die Schattenlinie«. Das ist diesmal nicht der Name eines Schiffs, sondern die Inschrift über einer Zone, in der das Leben zögert, als wolle es Atem holen, um immer noch, gleich nach dem Verlassen der Kindheit, Versprechen zu produzieren: »Man schließt die kleine Gittertür der Knabenzeit hinter sich und – tritt in einen verzauberten Garten ein. Selbst die Schatten darin glühen verheißungsvoll. Jede Wendung des Pfades hat ihr Verführerisches. Nicht weil es ein noch unentdecktes Land ist. Man weiß sehr wohl, dass alle Menschen den gleichen Weg gegangen sind. Von dem Zauber allgemein menschlicher Erfahrung erwartet man einen außergewöhnlichen oder persönlichen Eindruck – ein Stückchen Eigenes.«

Ja, erwachsen zu sein wäre, wie dem großen Fremden etwas Individuelles abzutrotzen oder aber einen reifen Ausdruck zu finden für das Unausgegorene, das provisorische Selbst. Doch wie? Man sieht hinaus und erwartet, dass die Welt sagt, was das ist, dieser »Zauber allgemein menschlicher Erfahrung«, und was er will. Man überlässt die Deutungsmacht der Instanz, »Allgemeinheit« genannt, »gesunder Menschenverstand«, »Vernunft«: Sagt, wie ich zustande kommen könnte, wer ich bin, wer zu sein ich imstande wäre!

Man steht jetzt unmittelbar vor der Adoption neuer Konjunktive. Doch nichts konnte einen vorbereiten auf die Ermüdung, das Phlegma, die Unfähigkeit, sich selbst auf die Höhe der eigenen Möglichkeiten zu heben. Das jugendliche Leben findet seine idealen Bilder im Kraftaufwand, nicht im Verschleiß. Im Alter werden selbst die Paradiese unter der Kategorie der Erschöpfung gedacht. Der Körper könnte brechen, Schwäche einlassen, nachgeben, und nicht minder misstrauisch wird das Bewusstsein ins Auge gefasst, weiß man doch nur, dass die Genüsse verblassen, aber nie welche, welche Höhenlinien sich senken, an welchen Stellen die Enttäuschung das Leben fluten wird. Das Altern organisiert seine Angriffe im Schatten der Unvorhersehbarkeit, seine Macht ist die Ohnmacht seiner Opfer.

»Ja, so geht man dahin. Und die Zeit geht auch dahin – bis man nicht mehr weit entfernt eine Schattenlinie bemerkt, eine Mahnung, dass man auch das Reich der sorglosen Jugend hinter sich lassen muss.« In diese Lebensspanne fallen die Augenblicke »der Langeweile, des Überdrusses, der Unzufriedenheit. Unbesonnene Augenblicke. Solche Augenblicke meine ich, in denen die Jugend geneigt ist, unüberlegte Handlungen zu begehen, wie zum Beispiel sich plötzlich zu verheiraten, oder eine Stellung ohne Grund aufzugeben« – »Lebensentscheidungen« genannte Verlegenheiten, in der Jugend noch impulsive, affektgeladene Regungen, die Handlung werden, um die sich später Familien gruppieren, Angestellte, Besitztümer, Verpflichtungen, oder auch Vorstellungen von Nation, Heimat, Familie, ein Begriff vom Staatsbürger, von Verantwortung, von Pflicht, lauter Konsequenzen der Tatsache, dass man nicht konsequent ist, sondern verängstigt und eingeschüchtert.

Etwas Unstetes, um nicht zu sagen Hysterisches, dringt in die sichere Zone selbstgerechter Jugend: »Am Tage vorher war ich vollkommen zufrieden, und am nächsten Tag war alles weg – der Zauber des Lebens, der Geschmack daran, das Interesse, die Lust, alles.« Jetzt nimmt sein Wachstum unbekannte Wege, »eine seelische Müdigkeit« überkommt ihn, »farblose Hoffnungen« steigen aus einem Zustand der »Lebensleere«, verdichten sich zum Verdacht, »dass das Leben eine aus Tagen bestehende Einöde sei«.

Man fragt rückblickend nicht mehr, zu welcher Zeit dieser böse Blick geboren wurde, wann man, aus dem jugendlichen Weltschmerz entlassen, Pessimismus denken konnte. Aber man begreift, dass von der zentrifugalen Kraft dieses Blicks alles erfasst und in die Tiefe gerissen werden kann.

Auch bei Joseph Conrad geht der Prozess der Reife unvorhersehbare Wege, und zunächst wird die Naturwahrnehmung Spiegel dieses Blicks, wenn es, wie zur Symbolisierung der Innenwelt, heißt: »Am Himmel geht etwas vor, es ist wie eine Zersetzung, wie eine Auflösung der Luft, die so regungslos bleibt wie eh und je.« Veränderung ohne Handlung, Anbahnung ohne Prozess. Gleich darauf fällt der Blick des jungen Helden auf das Foto der Geliebten des ehemaligen Kapitäns. Eine grobe Frau ist da zu sehen, und »etwas Schreckliches lag in dem Gedanken«, so vergegenwärtigt sich der Junge, »dass sie der letzte Abglanz aus der Welt der Leidenschaft für die wilde Seele war«.

»Es gibt im Leben eine Zeit, wo es sich auffallend verlangsamt«, heißt es in der Eröffnung von Robert Musils Erzählung »Grigia«, »als zögerte es weiterzugehn oder wollte seine Richtung ändern. Es mag sein, dass einem in dieser Zeit leichter ein

Unglück zustößt.« Das Unglück des Helden ist der Tod, und auf der Schwelle zur Todeszone steht eine grobknochige, halb verwilderte Frau.

Bei Conrad irrt der Held auf der Schwelle von der Jugend zur Erwachsenheit durch diffuse, abrupte, auch inkonsequente Entscheidungen. Bei Musil wird er dagegen passiv, durchlässig für Verhängnisse, die sein Lebenslauf an ihm vollstreckt. Gesehen haben beide das Gleiche.

Als alles ausgestanden, das Schiff geborgen, Conrads jugendlicher Held entkommen ist und sich unter den Überlebenden findet, schließt das Buch, indem sich ein Kapitel Leben für den Kapitän schließt und sein Vertrauter bemerkt:

»›Sie müssen jetzt ganz gehörig müde sein.‹

›Nein‹, sagte ich, ›ich bin nicht müde. Aber ich will Ihnen sagen, was ich empfinde. Ich fühle mich alt.‹«

Musils Held dagegen hat seinen Knacks nicht überlebt.

Der mit dem Knacks: der beschädigte Held, der in sich selbst Gescheiterte, keiner mit der Eitelkeit, seinem Scheitern eine Schauseite zu geben. Ein Frühvollendeter vielleicht, der sich selbst überlebt und sich danach langweilt, einer, der wie der Dichter Thomas Chatterton in Hans Henny Jahnns Trauerspiel sagt: »In wenigen Jahren werde ich jedermann sein, irgendjemand, der das Aussehen eines Vorübergehenden hat.« Ein auf herkömmliche Weise Gebrochener, einer, der seine Nichtigkeit zugleich vor sich hat und ihr entgegenlebt.

Kaum beginne ich zu reden, mischt der Knacks sich ein. Er greift sich die Sprache, lässt sie vielleicht nicht stottern, teilt ihr aber etwas Resignierendes zu. Das Vergebliche spricht mit. Der Knacks wirft sein Licht über die Rede wie ein Stroboskop: er ist nicht das Licht, er ist das Prinzip seiner Brechung, und in ihm splittert alles.

Es entsteht eine gescheiterte Rede. Nicht, weil der Rede über das Scheitern das eigene Scheitern gut stünde, nicht, weil sie so kokett wäre, sich der geschlossenen Form zu verweigern, nicht um dieses linkische Gesicht von Geistesgegenwart zu zeigen, sondern weil sie nicht anders kann, scheitert sie und nimmt nur in diesem stillen Moment, da sie sich ihrem Misslingen ausliefert, die Pose einer Rede an, die nicht ausschließlich scheitern muss.

Die Sprache für den Knacks ist das Fragment. Fragmente sprechen nicht vom Ganzen, Intakten, ihre Vollendung liegt in ihrer Gebrochenheit.

Wie der Sündenfall enthält der Knacks den Hinweis auf die Diskontinuität der Person, die sich als Projekt, als Ergebnis eines steuerbaren Prozesses versteht. Lebensentwürfe haben üblicherweise eine lineare Struktur, sie entwickeln sich in der Plausibilität einer Persönlichkeit, die sich selbst nur konsistent verstehen kann. Diese Person wird sagen: »wenn die Gesundheit mitmacht«, »mit einem Quäntchen Glück«, »wenn nichts dazwischenkommt«. Sie kann nicht damit kalkulieren, dass sie sich selbst dazwischen kommt und dass die größten Gefährdungen aller Entwürfe die inneren sind.

Man ist geneigt, die Veränderungen der Persönlichkeit auf eine Sequenz von Urerlebnissen zurückzuführen, Schocks der Erziehung, traumatische Schocks, Verluste, Niederlagen, Krankheiten, Schreckensbilder, und in der Anamnese kommt man zur Deutung und Entfaltung dieser Bilder, die sich zielgerichtet, gewissermaßen kraft einer ihnen immanenten Dynamik in Defekte verwandelten. So sagt man und behandelt die Kindheit als ein ganzes Arsenal solcher Kränkungen unserer Möglichkeitsform. Wer hätte man sein können, wenn nicht das Leben dazwischengekommen wäre!

Der Knacks dagegen bietet sich nicht zur monokausalen

62

Deutung an. Er ist eher Wandlung, Verschiebung, Temperatursturz, ein Umschlagen des Tongeschlechts, ein Wechsel des Kolorits, eine atmosphärische Verlagerung, ein Wechsel, der die Instabilität sämtlicher Kategorien verrät, ein Schattenfeld. Es ist alles noch da, aber man ist nicht mehr dabei, nicht in der Mitte, nicht Gegenstand des Bildes, und der Raum, in dem man ankommt, ist weder heimisch noch mit Illusionen ausgestattet. Die Bewegung des Schocks geht vor allem in die Tiefe, die Bewegung im Knacks dagegen geht in die Fläche.

Marcel Duchamp klagt: »Ich habe eine so vollgestopfte Vergangenheit, dass es mir schwerfällt, etwas wirklich zu betrachten oder mich zum Betrachten verführen zu lassen.« Alberto Giacometti weiß nicht, woran es liegt, weiß aber wohl, dass sein Stift nicht zeichnen kann, was das Auge sieht. Zwischen sich und der Zeichnung liegt die Störung. Er weiß weder, was diese ausmacht, noch, wie sie aussieht.

Blick dich um: Du kennst das Herkommen von vielem. Diese Hausnummern sind in deiner Jugend erfunden worden, dieser Schraubverschluss löste einen Vorgänger ab, an den du dich erinnerst. Ein Fremdwerden drang ein, eine Beschleunigung, eine neue Effizienz, die mich nur deshalb zurückließ, weil ich nicht schnell genug war, und auch nicht pragmatisch genug.

Ich habe meinen inneren Hausstand mitgeschleppt, habe mich mit den Antiquitäten umgeben, die einmal bewusstlos meine Jugend repräsentierten. Ich blicke mich um und kann mich nur noch negativ wiederfinden: Ich bin nicht ich, und Jean Care zufolge verbringt man »seine Lebenszeit damit, das Kind umzubringen, das man war«.

Das erste Rendezvous: Was wollte ich sein? Verliebt, begehrenswert, geistesgegenwärtig? Nein, nur dieses eine: sicher. Das vor allem. Ich war mit mir selbst verabredet.

Ich habe die Liebe gemeinsam mit der Schuld aufgesogen: Ich gab einen Kuss, wie ich ihn nie gesehen hatte. Ich hatte noch nie einen Kuss gesehen. Aber mein erster war ein Herumfuhrwerken im Mund des Mädchens, das oben an der Hauptstraße wohnte. Ich übermalte mit meiner Zunge ihre Lippenränder, verweilte, so lange, wie es mir richtig vorkam, fühlte mich von einem leichten Gefühl des Ekels erreicht, genoss auch den. Dann fuhr ich mit dem Fahrrad heim, wusch mir den Mund mit Seife aus, bis nichts mehr schmeckte nach der Sünde gegen die Mutter.

Der Versuch, die Tat auf ein Motiv zurückzuführen, sie in diesem einen Motiv zu begründen, nimmt seinen Ausgang vielleicht bei der anthropomorphisierten Welt des Kindes, das am liebsten die Sachen selbst verantwortlich macht. Das Kind schlägt die Tischkante, an der es sich stieß, es nennt »böse«, was Schmerzen verursacht. Die Ableitung der Affekte vollzieht sich, indem der Auslöser des Schmerzes objektiviert, das heißt ganz in die Welt der Sachen verlagert wird.

Anders der Knacks nach der Art, wie ihn F. Scott Fitzgerald in seiner gleichnamigen Erörterung aus dem Jahr 1936 fasst. Da ist der Knacks einerseits wuchtig, denn er verheilt nicht, er verläuft nicht einmal in heilbarer Sphäre, gleichwohl ist er unscheinbar. So allgemein er ist, so allgemein sprachlos ist er auch.

Die Illusion, dass es zu etwas führe, wenn man ist, wie man ist, tut, was man tut, treibt, was man treibt, ohne immer getan und getrieben zu werden, fällt in sich zusammen. Das Gefühl des Vergeblichen in allem und »der Überzeugung von der Unvermeidlichkeit des Scheiterns« verdichten sich und werfen uns vollständig ins Hiesige, und dann, heißt es bei Scott Fitzgerald, »merkte ich plötzlich, dass ich vorzeitig kaputt war«.

Der Trieb nach »persönlicher Herrschaft war zerbrochen

und dahin«, und mehr als das, die Kraft reicht nicht aus, ein Ich zu sein gegen eine Welt, besondert und vereinzelt, sondern dieses Ich wird zum Man, ohne dass ich weiß, »wo das Leck war, durch das, mir selber unbewusst, meine Begeisterungsfähigkeit und meine Vitalität stetig und vorzeitig weggesickert war.«

Gewohnt, die Innenwelt als eine Plastik zu sehen, die geformt wird von allem, was uns von außen zustößt, ist man weniger aufmerksam auf die Bewegungen, die sich innen vollziehen. Plötzlich wird man eben nicht von außen definiert, sondern von innen trifft der Schlag. Und man erfährt, dass die wahren Schläge jene sind, die unvorbereitet kommen und ohne Ableitung verweilen. Der Knacks mag zusammengesetzt sein aus dem Gefühl des Vergeblichen in allem und »der Überzeugung von der Unvermeidlichkeit des Scheiterns« im Einzelnen und Ganzen, doch vielleicht spricht er ja nicht nur durch Einbußen.

In der Literatur der unmittelbaren Vorgänger und Zeitgenossen von F. Scott Fitzgerald werden Verluste dieser Art durch eine Gratifikation kompensiert: Hofmannsthals Lord Chandos verliert die Fähigkeit zu sprechen, seine Vitalität ist gekränkt, doch motivlos fließt ihm aus dem Banalen Bedeutung zu: Er »schaut« die »Washeit« der Dinge, schaut sie mit der Euphorie des Mystikers, sinnvoll glücklich. James Joyce wird passivisch, Objekt einer Willkür der Erregung, in der alle persönliche Hoheit endet: »Liebe mich, liebe meinen Schirm.« Musils Mann ohne Eigenschaften verliert die Fähigkeit zu meinen, zu urteilen, zu handeln, empfindet aber dabei synchron eine quasi unabschließbare und amoralische Steigerung seines Ich-Gebildes.

Nur Scott Fitzgeralds bedauernswertes Subjekt mit seinem Knacks wird mit nichts beschenkt als mit den Verlustlisten seiner Biographie. Die Posten darauf heißen Begeisterungsfähigkeit, Vitalität, Ambition. Wie die Protagonisten der anderen gescheiterten Ich-Projekte gibt dieses Ich jeden Versuch auf, »eine Person zu sein«, ja, es will wie diese in nichts mehr »einen Beiklang von Überzeugung haben, es sei denn, die Überzeugung der Person, zu der ich gerade rede«. Verschwinden in der Assimilation, Sich-Auflösen im Nicht-Ich, im »Man«-Werden.

Scott Fitzgeralds »Ich« will korrekt sein, wie ein Tier auf animalische Weise korrekt ist, nicht liebevoll, und all das, weil es darüber nachdenkt, »wieso ich eine trübsinnige Haltung zum allgemeinen Trübsinn, eine melancholische Haltung zur Melancholie und eine tragische Haltung zur Tragödie entwickelt hatte – wieso ich mit den Anlässen meines Horrors und meines Mitgefühls identisch geworden war«. Ja, dieser Held wird, was ist. Seine Individualität verschwindet, grenzenlose Langeweile breitet sich aus, und »einen Sprung« bekommt er erst, wo solche tautologische Identifikation unmöglich wird, sobald er »nur die Nachrichten im Radio« hört.

»Bei Gott«, argumentiert einer seiner klugen Ratgeber gut spinozistisch gegen ihn, »wenn ich je einen Knacks bekäme, würde ich versuchen, dass die Welt mit mir zusammen einen Knacks kriegt.« Doch was wäre dieser Versuch anderes als der Versuch, einen Eingang zu finden in die Zeiten vor jenem Ermüdungsbruch, »Knacks« genannt. Was wäre diese scheinbar hilfreiche Marotte anderes als das Siegel auf dem Knacks?

Nein, es handelt sich hier nicht um ein Problem der Literatur, sondern um die Fähigkeit aller, »vorzeitig kaputt zu sein«, um den Abschied von allem, was sie hatten sein wollen, von ihrem »es nicht mehr Können«, wie Deleuze es nennt, nicht mehr wie früher, nicht wie ehedem. Man bewegt sich hier an den schrecklichen Ort »der Knacks« genannt, »der Ort und das Hindernis des Denkens«.

Denn der Knacks ist produktives Zentrum und zugleich unscheinbar, er treibt und vereitelt zugleich den Gedanken, und alles Kiffen und Trinken und Küssen, alles Schreiben macht nicht, dass er verschwindet, und alle Gewohnheiten, Rituale und Stützen in der Konvention sind nichts anderes als Stabilisierungsversuche.

Wo Menschen von sich erzählen, da erzählen sie oft Episoden, in denen sich das Altern, das schubweise, abrupte Altern, das Verdichten, auch das Gerinnen und Hartwerden der Erfahrung zugleich begründet und entpuppt hat. Die meisten Erzählungen dieser Art laufen auf Lebensentscheidungen zu. Die anderen bewegen sich eher wie das Meer und spülen schließlich einen Helden an, der sich auch nicht rührt. Aber älter ist er geworden, verarbeitet von der Maschine der Erzählung, ausgespuckt von ihr.

Kafka hat solche Ursituationen isoliert, zum Fluchtpunkt außerhalb des Bildes erhoben. Joseph schickt mir Kafkas »Erstes Leid« mit der Erzählung vom Trapezkünstler, der das Trapez nicht mehr verlässt, ganz auf ihm lebt, aber eines Tages – aufschreckend aus Träumen – seinen Impresario belehrt, »er müsse jetzt für sein Turnen, statt des bisherigen einen, immer zwei Trapeze haben, zwei Trapeze einander gegenüber«. Der Impresario räumt dies ein, nennt auch die Arbeit mit zwei Trapezen »abwechslungsreicher« und zeigt sich rundum konziliant, als der Trapezkünstler schluchzend ausruft: »Nur diese eine Stange in den Händen – wie kann ich denn leben!«

Der Impresario entschuldigt sich, er lobt und dankt, ist aber besorgt, mit dem Trapezkünstler könne es immer so weiter gehen, eine weitere Steigerung könne das ganze Unternehmen gefährden, sich als »existenzbedrohend« erweisen. Darauf endet Kafka seinen Bericht abrupt mit dem Satz: »Und wirklich glaubte der Impresario zu sehn, wie jetzt im scheinbar ruhigen Schlaf, in welchen das Weinen geendet hatte, die ersten Falten auf des Trapezkünstlers glatter Kinderstirn sich einzuzeichnen begannen.«

Der Knacks signiert mit der Falte. Wo aber nimmt er seinen Ausgang: In der Steigerungsbewegung? Beim Wünschen? In der Erfüllung des Wunsches? Im Transzendieren des erfüllten Wunsches? Und schreibt sich die Falte der Kinderstirn im Schlaf ein, weil der Trapezkünstler nicht bei Bewusstsein sein muss, um zu wünschen? Vielmehr wird er doch von seinem Wünschen erreicht und bewegt und gezeichnet. Es ist weder der Wunsch noch das Wünschen, es ist der erfüllte Wunsch, der ihn zeichnet und in dem sich die todbringende Bewegung allen Wünschens, des nie zu einem Ende gelangenden und so über das Leben hinausgreifenden Verlangens abzeichnet als Überschreitung der Realität durch den Wunsch.

Die Falte des Trapezkünstlers ist keine Sorgenfalte wie die des Impresarios. Sie ist unpersönlich, er ist gezeichnet. Es handelt sich um ein Eindringen von Welt: der intensivste Weltkontakt liegt also im Unpersönlichen. Das widerspricht bestimmten Darstellungsformen von Biographien. Doch es gibt eine Wirklichkeit, die nur in Brüchen fassbar ist, die man nicht besitzt, sondern die sich einschreibt. Mit der Falte taucht das Verlangen auf, ein Einbruch von Unstillbarkeit, die sich auf die ganze Welt bezieht.

In der frühen Zeit des Lebens regiert das Provisorische, die Aussicht auf das noch Mögliche. Alles ist Durchgang, Interim, ein Korridor. Von einem Tag auf den anderen geht eben dieser Zustand in das Zu-Spät über. Alles ist entschieden. Die nichtkorrigierbaren Dinge im Leben stehen fest, die Ausbildung, der Familienstand, die Glaubenspraxis, der Beruf der Kinder. Fest stehen auch die nicht korrigierbaren Dinge im Gesicht, in den Berührungen des Einzellebens mit dem Gemeinschaftsleben. Jetzt bliebe nur noch der Ausbruch aus der Geschichte:

Erlösung also, oder einfacher: Verschwinden wollen, immer schon, immer noch.

Sie sagen: »erwachsen geworden«, sie meinen: »gebrochen«. Jeder Abschied, auch der befristete, ist für immer. Man altert an der Stelle, an der man die Radikalisierung des eigenen Lebens abbricht. Aber eigentlich entsteht diese Radikalität als ein Schutz vor ihrem Gegenteil. Und so bricht der Tag des Prinzipiellen an, an dem Lebensentscheidungen gefällt werden wollen, also Weggehen, Aufbrechen, Verschwinden, Heiraten, um nur der Auflösung des eigenen Pathos in der Beliebigkeit nicht länger zusehen zu müssen.

Menschen, die den Knacks ins Leben bringen, weil sie zufällig die Kuriere einer Ursituation sind, einer ersten, archetypischen: In einer Nacht streifte ich zu Fuß durch das Londoner Eastend. Unter einer Brücke kam mir ein Mann entgegen, betrunken. Ich wechselte die Straßenseite. Als er es mir nachtat, wusste ich, dass es zu einem Zusammenstoß kommen sollte. Kaum waren wir auf gleicher Höhe, holte er auch wirklich aus, schlug mir die Faust erst in den Magen, dann die andere in die Nieren; als ich lag, trat er mit dem Fuß zu.

Alles nicht schlimm, aber noch während ich in Embryonalstellung lag und ihm nachsah, wie er fluchend und schwankend seinen Weg fortsetzte, bestaunte ich das eigene Phlegma. Größer gewachsen, nicht betrunken und innerlich vorbereitet, war ich trotzdem auf ihn zugegangen, unfähig zu handeln, und war geschlagen, schon ehe seine Faust traf. Eine Art Bann lag über dem Gewaltausbruch, eine Unfähigkeit, von der Seite der Opfer auf die der Handelnden zu wechseln. Nicht aus Sanftmut war ich in der Situation der spontanen Aggression gelähmt gewesen, bis in die Reflexe körperlich und moralisch paralysiert. Es fühlte sich an, als habe sich in den Affekten Fatalismus abgelagert.

Die jugendlichen Amokläufer – in ihrem Verhalten kalt, auf »Jagdmodus« gestellt – haben aus ihren Lehrern oft Allegorien gemacht, Symbolfiguren für jene Autorität, die ihnen den Lebensraum nahm. Sebastian B., der Amokläufer, der 2006 in einer Schule in Emsdetten fünf Menschen verletzte und sich selbst tötete, schreibt in seinem Abschiedsbrief: »Ein Großteil meiner Rache wird sich auf das Lehrpersonal richten, denn das sind Menschen, die gegen meinen Willen in mein Leben eingegriffen haben und geholfen haben, mich dahin zu stellen, wo ich jetzt stehe: auf dem Schlachtfeld!«

Der Lehrer personifiziert nicht nur lauter schleichende Prozesse der eigenen Entwicklung, die er begleitet, er verkörpert auch den Gegendruck der Autorität, der Institutionen sowie der vereitelten Selbsterkenntnis. Der Schüler kann sich im Bild, das der Lehrer von ihm entwirft, nicht erkennen. Ohne Zustimmung fehlt ihm die Vergewisserung über das, was er sein soll. So bleibt allein der Ausschluss: Wer bin ich? Wohin gehöre ich? Wer braucht mich? Aber alle zugehörigen Antworten führen zur Aberkennung der eigenen Bedeutung. Deshalb wird die Gewalt zum Existenzbeweis, mit einer medialen Aufbereitung, die die Beweisführung begleitet. Im Augenblick, da die Tat Bild wird, ist sie tatsächlich, ist der Täter wirklich.

Sprünge

Es gibt eine Zeit jenseits der Jugend, da tritt das Leben in eine Phase des Komparativs ein, vielleicht ausgelöst von dem Prinzip der Leistungssteigerung, die aus der Arbeitswelt eindringt, erfasst von Begriffen wie Effizienz, Effektivität. Allmählich greift die immer größere Beschleunigung auf andere Lebensbereiche über. In der Angst, das Leben zu verpassen, wird es verpasst, und es ist vielleicht das charakteristische Dilemma dieser Zeit, dass sie Lebens- und Arbeitszeit so schlecht synchronisieren kann, und zunehmend Tempo, Reibungslosigkeit, Effektivität vom Arbeitsleben auf das Leben außerhalb der Arbeit überträgt. In diesem Vorgang wird das Phänomen der Ermüdung kollektiv, und relativ junge Krankheitsbilder wie das des Burnouts, werden zu Metaphern des Alterns, des vorzeitigen, immer vorzeitigen Alterns: Ich wollte doch noch ... Wie heißt es bei der greisen Colette: »Ich hatte eigentlich ein wunderschönes Leben. Leider habe ich es zu spät gemerkt.«

In der Verlangsamung tritt das Leben in eine Phase seiner Gefährdung ein. Alles Mögliche kann passieren, nicht nur das Augenblickliche, nicht nur der Einbruch des Ernstfalls, das Scheitern, nicht nur das »Zustoßen«. Man könnte etwa den Wunsch verlieren, etwas zu sein, nicht nur wegen der vielen Möglichkeiten, sondern weil das Appetithafte fehlt, der Grundbaustein der Vitalität. Die Bauprinzipien werden fadenscheinig: der arretierte Mensch, der in einer Situation vor der Ich-Werdung, aber auch in der Ablösung stehende, sieht sich plötzlich umgeben von Entscheidungen. Selbst vom Tempo des äußeren Lebens nicht erfasst, tritt er in eine Phase ein, in der ein Bruch stattfindet, der nicht Schock, nicht Trauma ist, sondern etwas Leiseres, Unmerkliches.

Das Schlimme ist das Endgültige in diesem Leisen: Vorzeitiges Ermüden, frühes Ergrauen, raumgreifende Einsamkeit. Dass alles vorzeitig kommt, unzeitig in jedem Fall, begleitet den Knacks mit Irritationen. Welche Möglichkeit der Rückinterpretation des eigenen Ich lässt die vorzeitige Erschöpfung offen?

Es sind die posthumen Sätze, die hier geboren werden: »Nie wieder sollte mir die Liebe so viel Spaß machen.« Oder Goethe: »Verglichen mit meinem Zustand in Rom bin ich nachher nie wieder richtig froh geworden.«

In jedem Leben kommt der Augenblick, in dem die Zeit einen anderen Weg geht als man selbst. Es ist der Moment, in dem man aufhört, Zeitgenosse zu sein. Man lässt die Mitwelt ziehen. Als Langstreckenläufer würde man sagen: Man lässt abreißen, denn man kann die Lücke nicht schließen.

Als Dante im dreißigsten Jahr war, konnte er das Tempo seiner Zeit nicht mitgehen, verlief sich im finsteren Wald und trat ins Jenseits von Inferno, Purgatorio und Paradiso ein. Anders gesagt: Er erlebte seine Midlife-Crisis.

Im Augenblick, da er nicht mehr die Geschwindigkeit seiner Zeit geht, wird diese Zeit beliebig. Sie muss ihn nicht mehr rühren. Reste des Alten, Vergangenen, des Historischen wie des gerade Überholten sind gleichzeitig und für immer da, sie fliegen nicht mehr vorbei als ein Sammelsurium, ein Schwarm von Daten, sondern sie bleiben und werden vom Pilger im Jenseits erwandert. Dante rettet sich aus der Krise, indem er dem Leben und dem Nachleben gegenüber zum Touristen wird. Das kann er, denn er bewegt sich im symbolischen Raum. Die Sprache in diesem Raum ist beseelt vom hohen Ton, doch im

Kern uneigentlich, weiß sie doch zu gut um die eigene Sprach-bildnerei, Erfindung, Komposition.

Nie vergisst sie, dass sie aus einem Mangel entstand, dem Moment des Abreißen-Lassens, des Zurückbleibens, dem Bruch, der das erfahrene vom erfundenen Leben trennte.

Ein Mann stellt sich in einen Winkel zwischen zwei Wohn-blocks. Er steht regungslos. Niemand sieht, wohin er blickt, aber er ist anwesend. Wo vorher Bewusstlosigkeit war, ist jetzt eine Situation, weil er da ist. Er ist Zeuge, bevor es etwas zu bezeugen gibt. Das stört.

Zieht der Zeuge Geschehnisse an? Eine Frau nähert sich:

»Warten Sie?«

»Nein.«

»Was wollen Sie dann?«

»Nichts.«

»Muss das hier sein?«

Als er nichts erwidert, überlegt sie, ob das erlaubt ist: Nichts zu wollen.

Irgendwo quietschen dramatisch die Reifen. Ich sehe nur in die Gesichter derer, die sich umdrehen: Darunter, so scheint es, sind ebenso viele, die denken, »hoffentlich ist nichts pas-siert«, wie solche, die sich entscheiden für »hoffentlich ist et-was passiert«. Als ob sonst immer nichts passierte!

Dieselben, die jetzt auf etwas hoffen, helfen an der nächsten Ecke dem Mütterchen über die Straße. Gesinnungen stellen ganze Menschen her: Menschen, die verantwortlich, die schul-dig sind, die sich anders hätten entscheiden sollen. Vielleicht folgen sie einer Idee, vielleicht weckt das Ereignis ein Ideal, ein moralisches Stereotyp, und sie wissen, was zu tun ist, wer sie, in diesem Fall, zu sein haben. »Der Mensch nährt sich, wird gut oder böse vom Schein«, schrieb Gottfried Keller. »Gibt ihm das Glück eine bloße Situation, so wurzelt er daran wie eine Pflanze am nackten Felsen.« Also bildet sich das Ich im Schein, und dort bricht es auch.

Er besitzt eine Chance auf das Glück nur, wenn er noch rechtzeitig aus der Bahn geworfen wird. Dann sieht er alle anderen noch in ihren regelmäßigen Lebensabläufen – morgens die Tür abschließen, einen Kaugummi reinschieben, abends die Tasche unter den Arm klemmen, damit sich der Hausschlüssel besser herausfischen lässt –, während er selbst jetzt wie ein Irrläufer zwischen den Zeiten und Architekturen hin und her fährt und endlich alle anderen sehen kann wie die eigene Vergangenheit, in ihrer Regelmäßigkeit.

Brüche definieren die Biographie. Ihr Leitprinzip geht nicht in den Ausnahme-Ereignissen auf, sondern im schleichenden Prozess ihrer Veränderungen, im Angriff durch die Zeit. Ihre Form erhält sie im Ablassen, Ermüden, Entsagen. Verlegen vor der indifferent dahinziehenden Dynamik, die die Lebensgeschichte treibt, gibt man den Veränderungen Namen: Ereignis, Schock, Triumph, Leistung, Erschütterung, Euphorie, Zufall, Schicksal, Lohn, endlich Entscheidung. Schließlich wollen die meisten ihr persönliches Leben führen, und das heißt auch, sie möchten gerne Subjekt ihres Schicksals sein und dieses dadurch verneinen: Jeder ist seines Glückes Schmied, sagen sie, im Dunkeln pfeifend.

Ethel weist mich auf Joseph Roths Roman »Flucht ohne Ende« hin: Nach allen Abirrungen als Heimkehrer findet sich Roths Held Tunda plötzlich in einem Zug in den Westen, auf dem Weg nach Wien: »Es war so gekommen wie alles in seinem Leben, wie das Meiste und Wichtigste auch im Leben der anderen kommt, die durch eine geräuschvolle und mehr bewusste Aktivität verführt werden, an die Freiwilligkeit ihrer

Entschließungen und Handlungen zu glauben. Indessen vergessen sie nur über ihren eigenen lebhaften Bewegungen die Schritte des Schicksals.«

Nicht die Unruhe treibt diesen glanzlosen Helden, sondern die Ruhe. Sein Phlegma wälzt ihn um. Die Ambitionen sind erloschen, werden will er nichts mehr, selbst das Glück hat er hinter sich. »Ich habe nichts zu verlieren. Ich bin weder mutig noch abenteuerlustig. Ein Wind treibt mich, und ich fürchte nicht den Untergang.«

Anders als es die Vorstellung vom selbstbestimmten, selbstverschuldeten Leben will – und diese Vorstellung schmeichelt unserer Souveränität und erleichtert uns alles Urteilen –, könnte der Knacks dagegen der Prozess sein, den nicht ein Ich treibt, sondern in den es eingelassen ist, und der dieses Ich transportiert wie in einer eigenen Biographie. Friedrich Hebbel könnte etwas Derartiges im Blick gehabt haben, als er in seinen Tagebüchern notierte: »Der Mensch ist etwas, das nur zwischen zwei Grenzen zum Vorschein kommt, der Strom, der nur mittels seiner Ufer erfassbar wird.«

Ein Leben, das sich in die Undurchsichtigkeit, nein, in die Uneinsehbarkeit zurückzieht, und niemand bemerkt es. Es hat gerade noch eine Schauseite, aber niemand weiß, was es zusammenhält oder ob hinter dieser Attrappe überhaupt noch jemand wohnt. Wie ein Haus in einer Straße, das einmal als das des Amokläufers, der Kindsmörderin, des »Terroristen« gebrandmarkt wird, und erst jetzt blicken alle zu der Fassade hoch und sagen: Es war hier.

Der entsprechende Mensch könnte sagen: Ich war einmal bevölkert. Dann hörte das auf. Dann hat sich an mir nur noch die Interesselosigkeit der Mitwelt ausgestellt. Wenn ich zu Abend aß, dann sagte mir das Gegenüber, dass ich nicht war. Wenn ich in Gesellschaft ging, wurde ich unsichtbar. Niemand hätte mich zum Leben erweckt durch sein Interesse, niemand hätte meine Wirklichkeit neben die seine oder ihre gestellt. Nicht Durchdringung, Projektion war das Ziel.

So variiert jede Begegnung das Gefühl des Alleinseins. Wie ein Geräusch ist das, wie ein Basso Ostinato, der die Melodiestimme begleitet. Manchmal erschauert man, weil die beiden Stimmen so gut zusammengehen, und manchmal hört man ihn nicht einmal, weil er wie Atemgeräusch, wie Herzschlag ist, und manchmal setzt die Solostimme aus und nur die Einsamkeit setzt ihr monotones Schleifen fort.

Die einsamen Verheirateten, das sind oft die Einsamsten. Wenn die Kellnerin zum Kassieren kommt, dann lächeln sie, als sei die ganze Person dabei, als würden sie bis auf den Grund ihrer Seele von einer Rechnung verstanden.

Ich warte in einer unscheinbaren Gaststätte auf eine, die immer alle warten lässt. Warten wir also, denke ich, und blicke mich um. In der Ecke sitzt eine junge Frau mit künstlichem Lockenkopf über einem Kreuzworträtsel, durch den grobmaschigen Pullover scheint der beigefarbene BH. Die Hyazinthe auf meinem Tisch gibt Leichenduft ab. Jenseits ein Durchblick in die Küche, erkennbar ein Tisch mit Kuchen, über dem sich der Koch die Nase reibt.

Hinter der Gardine zur Straße nähert sich eine Glatze, sie wird eintreten, sich aber nicht zum Kreuzworträtsel setzen. Schön wäre es jetzt, einfach zu warten, auf nichts Besonderes, zu der Bahnhofslautsprecherstimme aus der Ferne, zum Geräusch geschlürfter Suppe, einem Schlager, und dann käme die Eine herein und hätte einen einzigen, einen wirklichen und unmittelbaren Satz auf den Lippen, einen Satz wie …

»Ich habe keinen Hund bei mir. Es ist so warm. Es ist so warm hier, hier ist es so warm …«

Eine Rüstige beliebigen Alters setzt sich zu einer Rüstigen

76

fortgeschrittenen Alters. Letztere hat ein Gesicht so voller Gram, als sei sie schon einmal gestorben. So eine liegt nachts in ihrem Bett in Embryonallage, mit der Hand zwischen den Beinen, auf dem Ringfinger zwei Ringe.

»Nein, ich möchte keinen Käse. Also, ich merk schon, es wird wieder Tauwetter geben für die armen Leute am Rhein.«

Die Frau mit dem durchscheinenden Pullover hat sehr weiße Hände, weiße speckige Handgelenke und eben diese Lockenpracht, die auf ihr sitzt wie eine alpine Flechte. Jetzt dreht sie sich um, streicht sich die Locken aus dem Profil, steckt sie umständlich hoch und bleibt so. Sie ist fertig mit dem Kreuzworträtsel, ihr Gesicht jetzt öffentlich.

»Ich kann mir nicht helfen«, brüllt die eine Robuste die andere an, »dieses Jahr will bei mir gar keine Weihnachtsstimmung aufkommen. Ich weiß gar nicht, wieso.«

»Wieso?«, fragt die andere.

Der Kellner kommt. Auf einem Tablett lauter Schälchen.

»Oh, wie lecker«, brüllt die eine. »Ist das Kartoffelsalat?«

»Nein«, ruft die andere vorlaut, »Fleischsalat!«

Der Kellner lacht. Der ersten schwimmen die Lippen schon in Mayonnaise.

»Ich geh hier gern und viel essen. Hier isst man gut und preiswert – verhältnismäßig. Ich wollte eigentlich erst nach der Messe gehen, aber da haben die hier schon zu.«

»Hier isst man reichlich, sehr reichlich.«

»Sie hören schlecht, nä?«

»Wie?«

»Ich sag: Sie hören schlecht, nä?«

»Wie: Sie hören schlecht? Ich hör nix, wird Ihnen auch mal so gehen.«

»Haben Sie Kinder?«

»Nee.«

»Keene Kinder?«

»Nee, aber Kinder-Haben ist heute auch nicht das Wahre.«

»Ist nicht mehr wie früher.«

»Die Netten sterben aus, das kann man wohl sagen.«

»Und die Kinder erziehen ihre Eltern, aber ich ess' ausschließlich hier, basta.«

»Ja, sind Sie denn ganz allein?«

»Ja.«

»Ganz allein?«

»Ja, das bin ich doch nicht allein: ganz allein. Das sind doch Tausende.«

»Es wird alles immer unpersönlicher.«

»Aber schöne Brunnen gibt es hier.«

»Kennen Sie den Mann, der hier eben saß?«

»Nee, ich kenn hier keinen.«

»Der hat sommers wie winters keine Strümpfe an. Scheint ein richtiger Depp zu sein. Direkt aus der Anstalt.«

»So guck ich mir die Menschen nicht an.«

»Mit 45 ins Altersheim. So einer. So ein Depp.«

»Man soll den Menschen nicht Unrecht tun.«

»Was soll man ihnen denn sonst tun?«

So greifen die Sätze, die Stimmungen, die Animositäten und Brüche ineinander, und ich habe immer nur diesen Refrain aus einem Gedicht von Salvatore Quasimodo im Kopf, das mir vor dreißig Jahren von einer Italienerin aufgeschrieben wurde: »Ed è subito sera.«

Paare, die als Monaden vorbeitreiben wie in Vogelbauern, Zwingern aus Worten, Gesten, Bedeutungen. Eine Frau steht vor einem Strauß blühender Amaryllis, Kaugummiballons blasend, die an den Spitzen der Blüten zerplatzen. Wer einsam ist, ist einsam in allem. Er singt einsam, kaut einsam, küsst einsam, tanzt einsam, alles strömt Verlassenheit aus wie eine Ruine. Ungeübt im Umgang mit Menschen, bringt er selbst durch sein Reden und Handeln etwas Einsames auf die Welt.

Der einsame Mensch ist eine Skulptur, herausmodelliert vom Pathos der Abwesenheit. Der Trennungsschmerz, das Heimweh, die Erfahrung der Vereinzelung, sie legen Stellen frei, die schon aussehen wie vollendet, während andere Partien noch eingepackt sind in die runden Konturen der Illusion. Und dann trifft eine einzige Sequenz aus der Musik, ein Mienenspiel im Film, eine Landschaft, trifft, weil sie die Eigenschaft besitzt, den Betrachter in seinem Alleinsein zu entblößen. Die plötzliche Anschauung verunsichert ihn durch den Charakter der Vorwegnahme. Der Knacks, der sich immer nur retrospektiv erkennen lässt, nie im Moment, nie, während er sich ereignet, ist plötzlich Ausdruck eines Werks, einer Ansicht, und diese sagen: Du lebst asynchron, nicht auf der Höhe deiner Erfahrungen.

Menschen arbeiten, Menschen werben umeinander. Die Erfüllung im Beruf zu suchen ist wie Heiraten, um die Liebe zu finden. Und so werden Ehepaare daraus: Erst bedeckt sie der Mehltau der Gewohnheit, dann die Taubheit der Routine, dann der Panzer der Enttäuschung, schließlich verkappen sie sich in der Rüstung der Bitterkeit. Und es muss nur einer kommen und ein paar alte Worte wieder in Gebrauch nehmen, die Redeordnung verschieben, und schon wenden sie sich nostalgisch der eigenen Vergangenheit zu und treten auf einem einzigen Gefühl – der Rührung, dem Heimweh, der Schwärmerei – die Rückreise in die eigene Geschichte an.

Ich denke an Jacqueline, deren Lächeln so viel älter war als sie selbst und so hübsch. Im Moment bin ich nur fähig, wehleidig zu denken. Was ist das? Die einen sagen »Gefühl«, die anderen »Körperzustände«. Es kommt einem manchmal verlogen vor, dass Leute heute noch so fühlen wollen wie in alten Filmen und Büchern. Sie arbeiten sich ab auf den Trainingsfeldern der Phantasie, wollen die Empfindungen des Gestern fühlen und nennen sie »Emotion«, haben auch Gedanken dazu, können ihrer aber nicht habhaft werden.

Kein Durchbruch zur Lebensfreude möglich. Ein ratloses Inventarisieren der Anlässe, froh zu sein: Das Glück, der Triumph, die Zustimmung, das Geld, aber da ist gerade nichts, das eine erfahrbare Seite anböte.

Gebrochene Helden

Zwischen 1858 und 1860 maß August Wöhler mit einem selbstentwickelten Dehnungsmessgerät die dynamischen Belastungen an Eisenbahnachsen, verfeinerte dies durch Proben an gekerbtem und an ungekerbtem Material sowie an unterschiedlichen Werkstoffproben, beobachtete submikroskopische Risse, dann Risswachstum, das die Risse schließlich zum technischen Anriss zusammenführt. Der »Ermüdungsbruch« war gefunden und mit ihm die Erkenntnis: Die Dauerschwingfestigkeit hängt vom Spannungsausschlag ab. In ausführlichen Experimenten stellte Wöhler fest, dass nicht allein eine die Festigkeit, die Bruchgrenze überschreitende ruhende Belastung einen Bruch hervorbringen kann, sondern auch vielfach wiederholte Schwingungen, von denen aber keine einzelne die Bruchgrenze erreicht.

Eine Frau schreibt abends in ihr Tagebuch: »Nichts Neues.«
Am Folgetag wird sie von ihrem Mann verlassen. Sie schreibt ins Tagebuch:
»Nichts Neues.«

Die Welt der Psychologie verfeinert eine ökonomische Sicht des Innenlebens. Sie differenziert die Prämissen multikausaler Erklärungen. Wenn sie vom »Motiv« spricht, tut sie es nicht im Sinne des fotografischen oder malerischen Topos, sondern versteht das Motiv als Komplex ausreichender Begründungen. Die Rationalität einer quasi maschinell gedachten Innenwelt, in der alles ineinandergreift, sich wechselseitig bedingt, Wirkungen auslöst und weitergibt, widerspricht der Selbsterfahrung.

Denn es mag ja sein, dass auch der innere Mensch ökonomischen Regeln folgt, trotzdem wird er immer wieder tun, was schon geschieht, er wird sich in seinen Worten und Taten nicht erkennen, wird sich nicht als Subjekt seiner Entscheidungen identifizieren können.

»Was treibt dich?«, fragt man ihn zu Recht, er wird es nicht sagen können.

Auf den Straßen von Paris wird Samuel Beckett von einem Libanesen mit einem Messerstich in den Bauch verletzt. Die Wunde vernarbt nicht nur im Fleisch. Aus dem Krankenhaus entlassen, sucht Beckett den inzwischen inhaftierten Attentäter im Gefängnis auf und fragt:

»Warum haben Sie das gemacht?«

»Je ne sais pas«, erwidert der Libanese.

Der eine erhält seine Wunde und wird sie weiter tragen. Der andere bringt die Wunde bei und weiß sie und sich nicht zu erklären. Beide treffen sich im Nichtwissen und sind hier, Täter und Opfer, beides nicht mehr. Sie sind einander nicht einmal mehr entgegengesetzt.

Fasst man das Passivische in allem Handeln genauer ins Auge, verschieben sich die Bewertungen: Der Täter hat nicht vor allem etwas Fatales getan, es ist ihm vielmehr etwas von dieser Art zugestoßen. Man befindet sich also nicht mehr auf der Höhe des Täters, sondern auf der Höhe der Tat, die lose »seine« genannt wird, als stünde er in einem Besitzverhältnis zu ihr und so auch in der Verantwortung.

Wenn man Täter beobachtet, dann wirken sie nach der Tat oft müde, abgekämpft, selbst abgeklärt. Manchmal tritt sogar wie Weisheit auf, was eigentlich ein Erlöschen ist nach der Kollision mit den »vollendeten Tatsachen«, wie es so seltsam unscharf heißt. Solche Menschen sagen dann existenzielle Dinge, solche, die das ganze Leben meinen, nicht ihres allein. Manchmal glauben sie sogar, ihre Handlung »für alle« getan zu haben, wie man daran erkennen könne, dass die schrecklichsten Verbrechen die größte allgemeine Aufmerksamkeit auf sich zögen. Das Menschenmögliche wird durch sie neuerlich definiert, es ist in allen.

Mit ihrer Tat wie mit ihren Worten ringen sie um Form. Die weiche, noch nicht erstarrte Impuls-Masse, aus der Erfahrung wird, ist jetzt definiert, in eine Ordnung gebracht. Warum sollte sich der Knacks auch weniger verkapseln und verhüllen, als die Wunde es tut?

In jedem Augenblick trübt sich etwas für immer, doch alle diese Prozesse haben den Charakter der Unvorhersehbarkeit. Wie wird sich der Blick auf die Körper verändern, wie der Appetit, der Schönheitssinn? Wie weit wird abrücken, was jetzt noch dicht und verbindlich ist? Welches Licht wird durch die Fugen zwischen den Standpunkten dringen? Von wo aus? Wie viel Fatalismus werden die Überzeugungen aufsaugen und welches aller Gefühle wird endlich die Oberhand behalten über alle anderen, bis zum Tag, an dem ich mich nach mir umwenden werde im Gedanken: So habe ich mich nicht gemeint? »In der Welt ist man nie völlig allein«, heißt es bei Cesare Pavese, »im schlimmsten Fall hat man die Gesellschaft eines Knaben, eines Jünglings und nach und nach die eines werdenden Mannes – dessen, der wir selbst sind.«

Die Arbeit an der Enttäuschung ist im Wesentlichen bestimmt durch Prophylaxe und Verdrängung. Die Prophylaxe besteht darin, dass man alle Informationen, die man für eine Entscheidung, ein Engagement, einen Kauf braucht, sammelt und studiert, bevor die Entscheidung fällt. Danach aber geht man allen Informationen aus dem Weg, die die Entscheidung in Frage stellen oder den Nachweis ermöglichen könnten, dass man sich geirrt habe. Eine der ersten empirischen Studien zu diesem Thema ermittelte, dass Käufer von Autos vor dem Kauf zahlreiche Werbepublikationen der in Betracht kommenden Firmen studieren. Kaum aber haben sie sich entschieden und den Kauf getätigt, lesen sie nur noch das Material der Firma, für die sie sich entschieden haben. Sie wollen bestätigt, auf keinen Fall eines Irrtums überführt werden. Also ist die Angst vor dem Schmerz der Enttäuschung so stark, dass die Realität lieber verleugnet als die Enttäuschung riskiert wird. Die Angst vor der Entzauberung erweist sich als anti-realistisches Prinzip.

In die Feststellung, dass innen Leere ist, ein Stillstand der Bewegung, weißes Rauschen, platzt das Schöne als Erscheinung, der Ernstfall, der Auftritt der Künste. In die Leere gießt man Musik, Bilder, Erzählungen, Ideen, damit etwas sei und nicht Nichts. Alles hat unterschiedlichen Nährwert, selbst der Anblick der Leere hat ihn, und während sich nichts bewegt, arbeitet die Krise: »Das Leben bedarf keiner Handlungen, um Konflikte zu erzeugen«, schrieb Stanisław Przybyszewski.

Wo hat dieser Knacks einen Ereignischarakter? Wo wird er aktuell? Lange haben Ereignisse virtuellen Charakter und aktualisieren sich nur in bestimmten Umständen. Sie sind aber wirklich, nur haben sie körperlose Merkmale – wie das Grinsen ohne Katze. Etwas tut weh, es scheint, es gleißt, aber es gibt keinen Träger dazu. Es sind Handlungen ohne Handlungsträger, ohne Handelnden.

Eine betagte Wienerin in einem Mannheimer Bahnhofsladen: »Sagen Sie, waren Sie schon mal auf den Osterinseln?«

»Nein.«

»Komisch. Ich habe dort mal in einem Bus gesessen, und da hat mir einer zugewinkt, einer, der aussah wie Sie. Das waren nicht Sie?«

»Nein, bedaure.«

»Komisch. Ich war in all den Jahren immer sicher, das waren Sie!«

»Wenn Sie mögen, könnte ich es gewesen sein.«

»Dann sind wir uns einig: Das waren Sie!«

»Ab heute war ich es.«

Ich verlasse den Laden, drehe mich aber in der Tür noch einmal um und winke ihr zu.

»Ich wusste es«, ruft sie mir nach. »Ich habe es immer gewusst: Das waren Sie! So haben Sie mir damals auch gewinkt.«

Während ich an diesem Text schreibe, erhalte ich den Brief einer mir fremden, hilfesuchenden Frau. Sie zählt eine Reihe von Berufen auf, in denen sie gescheitert ist, ihre Aufzählung folgt lakonisch einer imaginären absteigenden Linie und wird beschlossen von dem Satz:

»Wer ich bin, weiß ich nicht, ich war nie jemand – nur etwas.«

So formulierend, wird sie schon im Schreiben »Jemand«, und sei es auch nur im Versuch, sich in die Welt der Dinge einzuordnen und resistent zu werden gegen den Angriff der Zeit. Sie verharrt dort wie im symbolischen Tod, wie geparkt zwischen dem Nicht-Mehr und dem Noch-Nicht.

Nach der biblischen Vorstellung beherbergt der Limbus die Wesen, die vor Christi Geburt starben, Gott also nie gesehen haben. Sie kommen nicht in die Hölle, müssen aber irgendwie zwischengelagert werden. Manche Menschen leben wie im Limbus, als wollten sie mit herabgesetzter Beseeltheit, durch Unscheinbarkeit, durch die eigene Verdinglichung die

Wirkung der Zeit unterlaufen. Das Bewusstsein sucht Schutzräume, Kokons, in denen die Ordnung selbstgemacht und der Knacks machtlos wäre.

Der mit dem Knacks, das ist jener, der jedes Verdikt über sich mitspricht: Alle Welt nimmt eine Ordnung an, Robert Walser zu sagen, dass er nichts ist. Er bringt ein Werk hervor, sie zu bestätigen, kann Dinge herstellen aus Unterordnung, aus Enttäuschung. Er produziert Unauffälligkeiten, widersprüchliche Gebilde, nichtig, aber bleibend, flüchtig, aber dauernd.

Im Knacks wirkt das Ferment der Selbstauslöschung. Deshalb sucht der beschädigte Mensch immer wieder das Eintauchen in den Nicht-Zustand der Auslöschung, in Rausch, Fanatismus, Orgasmus, Stumpfsinn, Schlaf. Die Hinwendung zum Nicht-Sein. Das ist sein Element, das heißt für ihn, sich in der Richtung des Lebens zu bewegen.

Halten wir den so verstandenen Knacks gegen jenen bei F. Scott Fitzgerald. Dieser schreibt: »Es gibt noch eine andere Art von Schlägen, die von innen kommen und die man nicht spürt, bis es zu spät ist, etwas dagegen zu tun, bis einem endgültig klar wird, dass man als Mensch in dieser oder jener Hinsicht nie wieder so viel taugt wie früher.«

Wohlgemerkt bricht diesen Menschen nicht die Natur, nicht ein Regime, ein Zufall, eine Mutter. Er bricht in einer besonderen Form der vollendeten Zukunft, des Futurum II: Er wird zerbrochen sein. Persönlich formuliert: Man wird zurücksehen, um im Spiegel der eigenen Vergangenheit zu erblicken, dass man zerstört ist.

Joseph erkennt im Phänomen des Brechens ein Verhältnis von Symbolischem und Diabolischem: Diabolisch ist das Brechen, es hat seinen Leitfaden im gebrochenen Porzellan und führt

zurück bis auf archaische Rituale, später auf das Scherbenge-
richt. In der Antike wurden selbst Verträge besiegelt, indem
man eine Scherbe brach: Zwischen denen, die die zusammen-
passenden Scherben besaßen, war der Vertrag geschlossen. Sie
waren sein Symbol.

Die berühmteste literarische Manifestation der Symbolik
des Brechens ist Kleists »Der zerbrochene Krug«. Der Ge-
richtsprozess wird hier aber nicht allein um zerbrochenes Por-
zellan geführt, vielmehr begreift er sich auch als Prozedur des
Kittens. Er wird also geführt zur Verhinderung des Symbols.
Was nämlich machen Menschen, die für das entscheidende
Ereignis kein Symbol haben, sondern nur das »Diabol«, das
Auseinanderbrechen?

Die Entzweiung ist für den Knacks so entscheidend wie die
Betrachtung von Situationen, Konstellationen, Landschaften,
die nicht symbolisierbar sind, keinen Betrachter haben, kein
Bild abgeben und sich nicht zu Symbolen verdichten. Indem
sie die Individuen aus solchen Bildern in blickdichte Räume,
Zwischenzonen, Durchgangsorte, unspezifische Topographien
entlässt, entpuppt sich die Desymbolisierung als bestimmende
Kraft.

Man geht in Verhältnisse – gleich, welche Verhältnisse – so
lange hinein, wie sie »Ja« sagen, angezogen nicht von jenem
Moment, in dem sie ins »Nein« umschlagen, sondern in dem
das Ja verblichen, unfühlbar geworden ist. Dann holt der Mann
seine Frau am Bahnhof nicht mehr ab, sondern er nimmt sie
bloß noch in Empfang. Nein sagt sie dazu nicht, und er schon
gar nicht, aber sie wird in sein werktätiges Gesicht sehen und
leise klagen:

»Du freust dich ja gar nicht.«

Und denken:

»Er kann sich an meinen Namen nicht mehr erinnern.«

Die Ehefrau am Bistrotisch mit einem tätowierten geflochtenen Stacheldraht um den Oberarm. Er ist mit ihr alt geworden, und als die Haut lappig wurde, hing auch der Draht durch und zeigte eine merkwürdig poröse Oberfläche wie bei einem alten Gummiband. Dass er die Bedienung schon wieder in ein Gespräch verwickeln muss, lässt sie seufzen:

»Du kannst eben nicht aus deiner Haut.«

»Es ist nicht meine«, erwidert der Ehemann.

Es ist ihr egal, sie ist nicht einmal eifersüchtig, aber sie verliert nicht gern. Und bloß um sich besser fühlen zu können, sagt sie böse:

»Das machst du aus einem einzigen Grunde: Du bist kein nennenswerter Mensch.«

»The hero is he who is immovably centred.« Auch Rainer Maria Rilke staunte in diesen Satz von Ralph Waldo Emerson hinein – aus Konträrfaszination? Der Held muss bis in seine Reflexe heldenhaft sein. So genügt er dem Bild des Helden und bleibt zweidimensional.

Der Schwärmer streunt. Der Zaudernde vervielfältigt sich. Der psychologische Mensch wird polyperspektivisch. Nur der Held agiert aus der immer selben Mitte seines Ich. Anders gesagt: er ist dumm genug, nicht klug zu sein.

Im Augenblick ihres Heldentums haben Helden keine Psychologie, sie sind mit ihrem Handeln identisch. Ihre Besessenheit ist eine Fähigkeit, die ganze Person hinter ihre Sache zu bringen. Diese bewundernswürdige Begabung, schlicht zu werden, eindimensional, sie fehlt den Zweiflern und den Alten. »Die einzige rhetorische Form, die ich kenne«, sagte Napoleon, »ist die Wiederholung.« So sprechen die Robusten, Unangefochtenen.

Im Knacks aber, wo sich das Drama der Antastbarkeit der

Person abspielt, wird diese erst anfällig, dann durchlässig. Vielleicht sinkt sie, vielleicht assimiliert sie sich leichter. Durch seinen Knacks wird der effiziente Mensch verneint, er bewegt sich nicht mehr im Ganzen, sondern von widerstreitenden Impulsen geleitet, im Angesicht der Erschöpfung.

Diffus, ein gemischter Charakter, im Weg voran den Rückweg suchend, zielgerichtet in Umwege abbiegend, wird es ihm unmöglich, sich ganz hinter sich selbst zu versammeln. Seine Motivation ist gestreut. Was er sein müsste, kann er unmöglich sein. Seine Handlungen sind kontaminiert von Zweifeln, offen für Deutungen, sie fordern seine Spaltung, seine Vervielfältigung, und so wird er sich schließlich ins Uneigentliche retten: »Was mich vor den Ausschweifungen und dem Laster bewahrt hat«, schrieb einmal Flaubert, »war nicht die Tugend, sondern die Ironie.«

Die Liebe zum Stoff hat man nur im Film und in der Literatur. Im eigenen Leben kann man weniges so schlecht identifizieren wie den Stoff. Die filmische Welt verfeinert zwar die Gabe, das eigene Leben in Bildern zu erkennen. Doch greift die Selbsterkenntnis nur widerwillig nach Bildern vom eigenen Leben. Eher schreckt sie vor ihnen zurück, so wie Jean-Luc Godard schreibt: »Die meisten Menschen haben den Mut, ihr Leben zu leben, aber nicht den Mut, sich ihr Leben vorzustellen.«

Wo kämen sie an: beim Angestellten, Sommerfrischler, beim Buffo, beim Arzt, der Rezepte ausstellt und sich die Hände wäscht, beim untreuen Ehemann. Die Bilder, deren Gattungsnorm man erfüllt, sind schreckliche Bilder. Das Lebenstempo erhöht sich auch, um die Gegenwart auszulöschen und nicht in solchen Bildern zu erstarren.

Der Gast hat noch kein Wort gesagt, der Kellner hat ihn noch gar nicht ins Auge gefasst, schon verachtet dieser ihn. Dafür, dass der Gast sich ernährt? Dass er die Zeit zum öffentlichen Essen findet? Die Verachtung ist manchmal ein Indiz der Überlegenheit des Kellners über die Dienstleistung, eine Abspaltung aus seinem Berufs-Ich, ein Durchbruch des Privat-Ichs. Der Gast bildet bloß die Voraussetzung für diesen Beruf. Es handelt sich eher um umgeleiteten Selbsthass.

Uns nährt der Fatalismus, sagen auch die Augen des Kollegen. Auf der ganzen Welt ist das Bewusstsein kontaminiert von den Vorbildern der unbeeindruckten Psychologie. Bevor du glaubst, hier irgendwas werden zu können, wirst du nichts, nicht hier, nicht mir. Das muss man gelernt haben: unter dem Druck der Ereignisse unbeeindruckt leben zu können. Ein Verhalten wie direkt aus der Katastrophe abgeschrieben, in der immer jener der Held wird, der kalt bleibt. Man sieht ihn bei lebendigem Leibe nicht sein. Als wüsste er, gerade im Anblick des Ernstfalls am wenigsten, wie kurz das Leben ist.

Sie blickt in den Spiegel und denkt: Ich folge meinem Gesicht. Es ist mir unvergesslich, weil es angesehen wird wie das einer Einbeinigen, einer mit Silberblick, einer, die öffentlich mit sich selbst redet. Die Augen traurig, die Mundwinkel hängend, Enttäuschung, Bitterkeit ausstrahlend. Es ist das Gesicht der Kehrseite. Sie möchte sagen »ein Gesicht« und muss doch sagen »meines«, das einer Frau im Zustand des Verlusts. Immer noch verlierend.

Sie sagt: »Du liebst mein Gesicht? Das ist seltsam. Ich habe es noch nicht lange. Der Ausdruck zum Beispiel, den es in der Entspannung annimmt, ist vor kurzem erst eingetroffen. Was du jetzt siehst, ist wohl im Wesentlichen aus Erniedrigung, Kränkung, Verletzung entstanden. Diesen Mund habe ich, seit er küssen musste, was er nicht küssen wollte. Diesen Augenausdruck habe ich von der Enttäuschung, und ich sage dir, alles, was jetzt den Schnitt, den Einklang der Teile ausmacht, kam erst spät hinein, die Resignation hat es zu diesem Gesicht werden lassen. Es wird so, wie du es jetzt siehst, nur kurz blühen. Nimm es dir also jetzt zu Herzen. Wenn es so weitergeht mit der Entwicklung meines Gesichts, werden seine Züge bald entgleist sein.«

Jeder Charakter ist obsessiv und setzt sich aus Zwangsvorstellungen zusammen. Mit der Zeit wird man gewahr, dass der Charakter den Menschen als Geisel mitführt. Keine Disziplin und keine Reflexion können verhindern, dass sich Impulse durchsetzen, die stärker sind und von keiner Bewusstheit entgiftet werden können.

Seine Gedanken führen den Menschen spazieren, die Richtung bestimmen sie oft selbst. Wer sich je seinen Gedanken überlassen hat, merkt zuerst, wie wenig es die seinen sind. Es ist ja nicht einmal ein konsistentes Ich da, eine zentrale Instanz, die denkt. Und wenn diese doch einmal bewusst eingreift, dann interpretiert sie wohl nur verspätet und persönlich, was vorher unpersönlich da war. Der Fluss der Impulse und der sie interpretierenden Ideen, Ordnungsbegriffe, Passformen entzieht sich weitgehend der Kontrolle. Also umgekehrt: Etwas versucht, diese Masse der Impulse in ein Ich zu kneten, ihm Gestalt und Notwendigkeit zu geben? Das ist die Persönlichkeit.

Was »bewusst« genannt wird, ist eine Masse von Impulsen, für die verschiedene Fassungen bereitliegen: Sorge, Trauer, Pflicht, Trost – nimm sie alle weg, und das Ich wird genauso agieren: Hürden finden, Sorgen auswerfen, Hindernisse überqueren, Kümmernisse tragen. Also sind die Anlässe nur die Symbole der Impulse.

Ich sah eine Hippie-Frau in Goa, auf der Endlosschleife ihres LSD-Rausches gefangen, lachend-verdüstert-schluchzendjuchzend, alles in einem, dauernd erschüttert von sich, doch dieses Ich war wie das Wetter, und wenn es sich wandelte, lag der Grund nicht in der Psychologie, eher in der Thermik. Ihr Ich war das Produkt einer Störung, und doch hätte sie sagen können, wie der Verwirrte, den ich kannte: »Ich bin das Persönlichste, das es auf der Welt geben kann.«

Ankommen in der Vergangenheit der Zukunft, wenn auf diese Zeit das Licht der Retrospektive fällt: Wir werden uns in dem erkennen, was wir geworden sein werden, und in dem, was verdammt war, zu verschwinden.

Es gibt, wo der Knacks seinen Abdruck im Bewusstsein findet, immer dieses Endgültige, nicht mehr zu Wendende, etwa in Sätzen wie: Nie wieder sollte ich eine Frau so lieben. Man überquert Höhenlinien. In solchen Sätzen wird die Ökonomie des Begehrens außer Kraft gesetzt. Eine Unfähigkeit, etwas zu wollen, eine Annullierung des Wünschens tritt hier ein. Ja, vielleicht ist das Wünschen als Haltung selbst unerreichbar geworden. Man weiß nicht mehr, was man will, noch, was man wollte. Waren das die anverwandelten Wünsche anderer Leute? War es der Versuch, in die Welt der auratischen Bilder einzutreten? War das ein angenommenes Ich, und wäre dieses lebensfähiger gewesen?

Der Selbstverlust wird erkennbar in der Unfähigkeit, etwas zu wollen. Sein letzter Reflex ist eine ziellose Aggression, unfähig, von etwas Besitz zu ergreifen, und sei es durch Abwehr.

Ich sitze mit Ethel auf einer Bank in Konstanz. Der Ort verschwindet, ihr Nachdenken bildet einen eigenen Raum. Man kann sehen, wie sie ihn entwirft, sich in ihm auskennt. Wir sprechen über Tunda, den Nicht-Helden bei Joseph Roth. Er ist ein Vorübergehender, einer ohne Schauseite, ohne Zugang selbst zur eigenen Trauer.

»Für die Psychoanalyse«, sagt Ethel, »steht das Begehren nicht still. Hier aber ist ein Wesen, das nicht mehr weiß, was es wünschen soll. Versuch dich doch ein letztes Mal zum Wün-

schen zu überreden, so sagt es sich selbst. Doch als sprach-
liches Wesen ist man ein Mängelwesen. Warum also gestalten,
warum Profil erhalten? Warum das Aufschreiben eines Verschwindens? Warum dem Paradoxon Kontur geben: Festhalten, was verschwindet, mehr noch: Festhalten, damit etwas
verschwinden kann?«

Während Ethel mit den Augen vor sich auf der Tischplatte
dem Gedanken folgt, skizziert sie das Profil des wandernden
Menschen ohne Anhaftung. In nichts geht er auf, nicht in der
Liebe, nicht in der Heimat, nicht in einem Beruf.

»Es sind Helden wie Tunda, in denen der Protagonist anders
gesehen wird«, sagt sie, und später werde ich in der Lektüre
staunen, wie tief sich dieses Werk in den Knacks eingeschrie-
ben hat. »Da ist der Mensch in der Unauffälligkeit, in Umlauf
gebracht, bewegt und weiter geschoben, gewendet und gerichtet. Kaum irgendwo ist seine Prägung an das Ereignis gebunden, vielmehr liefert er sich stoisch der Formung aus und
bleibt dabei ein Übersehener.«

Der Lebenslauf eines Menschen, von Anbeginn angezogen
von der Vergewisserung der eigenen Nichtigkeit. Man kann
diese Biographie so erzählen, dass die Ausleerung das eigentlich dramaturgische Prinzip bildet, also vom Ergebnis, vom finalen Zustand aus. Der so erzählte Mensch wäre der Antiheld
des Bildungsromans, gesehen nicht als ein sich erhebender,
emanzipierender, mündig Werdender, sondern als Einer, in
dem sich sukzessive die Nichtigkeit entpuppt. Dieser so von
seinem Ende aus erzählte Mensch ist Joseph Roths Held, und
der letzte Passus des Romans »Flucht ohne Ende« vervoll-
kommnet seine Biographie, indem er endlich fasst, wovon
sie angezogen war: »Es war um diese Stunde, da stand mein
Freund Tunda, 32 Jahre alt, gesund und frisch, ein junger starker Mann von allerhand Talenten, auf dem Platz vor der Ma-
deleine, inmitten der Hauptstadt der Welt und wusste nicht,

93

was er machen sollte. Er hatte keinen Beruf, keine Liebe, keine Lust, keine Hoffnung, keinen Ehrgeiz und nicht einmal Egoismus. So überflüssig wie er war niemand in der Welt.«

Die erste Ermüdung: die Unfähigkeit, sich zu revidieren. So stößt man auf Menschen, die, ginge es nach ihnen – sie heben immer abwehrend die Hände –, nicht leben müssten, eher von der Natur zusammengehalten und dann im Stich gelassen worden sind.

Die Nie-Identischen, die sich immer spalten, vervielfältigen, abseits von sich leben, dezentral. Gibt man ihnen Widerworte, sind sie selbst das Widerwort. Opponiert man ihrem Standpunkt, hat er sich schon verflüchtigt. Sie sind immer wieder Teil der Handlung, die sich gegen sie richtet, doch auch die Handlungen, die sie selbst begehen, dringen nicht zu ihnen durch. Sie gelangen einfach in nichts zu sich selbst. Also handeln sie manchmal sogar nur, um endlich einmal auf die Höhe ihrer Handlung zu gelangen. Sie wandeln sich von der Peripherie aus, im Zentrum aber waltet eine Kraft, die alles veräußert, was nah sein könnte. Ihr Knacks ist das Prinzip ihrer Verflüchtigung.

Der Mensch, der nicht Krone der Schöpfung sein muss, nicht Monade, nicht Ganzes, der angefochtene, inkohärente und widersprüchliche Mensch, findet eines Tages seine Beruhigung in der fragmentarischen Selbstbeschreibung. Friedrich Hebbel schreibt ins Tagebuch: »Der Finger, der schmerzt, individuiert sich. Könnten wir nicht in diesem Sinne die Schmerzen Gottes sein?«

Bewusstsein wäre also Medium der Individualität wie des Leidens, und alle Besonderung wäre beides: Schmerz und Offenbarung, Vereinzelung und die eigene Aufhebung. Der fragmentarische Mensch, der seit Platons »Gastmahl« die

Geschichte durchwandert, unerfüllt und suchend, erkennt in Gott das Prinzip seiner Teilung, seiner Brechung.

Wilhelm von Humboldt hat die Sprache ähnlich betrachtet, die Sprache, »die auch verbindet, indem sie vereinzelt, und in die Hülle des individuellen Ausdrucks die Möglichkeit allgemeinen Verständnisses einschließt. Der Einzelne, wo, wann und wie er lebt, ist ein abgerissenes Bruchstück seines ganzen Geschlechts, und die Sprache beweist und unterhält diesen ewigen, die Schicksale des Einzelnen und die Geschichte der Welt leitenden Zusammenhang«.

Der Einzelne und seine Sprache, sie werden hier in der Horizontalen bestimmt, durch ihren Zusammenhang, im Verhältnis und in Abgrenzung nach außen. Nicht aber in der Vertikalen. Sprache bricht, wo sie ihren Ausdrucksimpulsen zu nahe kommt, dort möchte sie Seufzer, Jauchzer, Schrei sein, sich auflösen in Musik, in Nonsens. Für Humboldt aber überlebt im sprechenden Menschen vor allem das Idealbild der vielfältig kommunizierenden Gesellschaft, des Sprachwesens Gemeinschaft.

Nicht, weil er ein Zweifler wäre, eher, weil es nichts Wirkliches gibt als Zweifel, büßt er allmählich Sicherheit ein. Sofort wird er moralisch durchlässiger, flexibler, ja, zarter. »Die Welt des Werdens ist keiner wahren Gewissheit fähig«, liest er bei Aristoteles. Und fühlt sich sofort erfasst von einem Sehnen – und was ist das schon anderes als nicht zu wissen, wohin man möchte, sich nicht lassen zu können? Mitten im Satz macht sich sein Zweifeln an die Eroberung seiner persönlichen Ortlosigkeit und ist zufrieden.

Was besitze ich? Ich weiß nicht. Haar, Kraft, Hämoglobin, Gleichgewichtssinn, Geistesgegenwart, eine Wohnung, eine Vergangenheit, Souvenirs. Ich weiß nicht.

»Ein Tor erkennt, was er in Händen hielt, als trefflich erst, wenn es verloren ist.« Das klingt so klar bei Sophokles, aber wie sollten wir kennen, was wir haben, bevor wir es verlieren? Bewusstsein ist Bewusstsein von Mangelndem. Es gruppiert sich um das, was fehlt, und Weniges besetzt Leerstellen wie der Besitz. Vielleicht entstehen Statussymbole auch so: als die penetranten Erinnerungen an etwas, das nicht vergessen werden möchte.

Aus dem Leben der Paare

Ein Abgrund, so August Strindberg zu der Schauspielerin Harriet Bosse, klaffe zwischen ihm und der Welt. Eine Frau müsse sich finden, hinabzuspringen, die Kluft zu schließen. Ein Legendenstoff, um das Allheilmittel der Jungfräulichkeit gewoben, die virgo intacta. Strindberg, als suche er seine Eingliederung in diesen Stoff, schließt denn auch folgerichtig mit der Frage:

»Möchten Sie ein Kind von mir, Fräulein Bosse?«

Sie erwidert vorbildlich: »Ja, bitte.«

Ihre Ehe wird sich als unrettbar erweisen.

Die Umarmungen der Unglücklichen, jede wie eine Rettung im Augenblick. Sabine ist durchdrungen vom Gefühl, es nicht wert zu sein, einen Körper zu haben. Sie fühlt sich ganz anders, als sie aussieht, sie passt nicht in diesen Körper hinein, findet sie, und schleppt ihn mal als Fracht, mal als Geisel mit sich.

Man kann ihren Körper folglich nicht umarmen, dazu eignet er sich nicht. Aber das Symbolische in der Umarmung trägt weit. Man umarmt ihre Existenz, umarmt die Mesalliance in ihrer Person. Ihr Blick flackert, während es geschieht, sie will gar nicht mehr heraus aus der Umarmung, schließlich hat sie so lange nicht umarmt, dass sie kein Zeitgefühl mehr besitzt für diese Geste.

Sie hatte mal einen Freund, der alles mit ihr machen durfte. Das musste so sein, »sonst hätte er mich ja gleich verlassen«.

Sie hämmerte diesen Mann in ihr Leben wie einen Nagel. In der Liebe verbog er sie, wie es ihm gerade passte, und sie ließ ihn gewähren. Nur zum Vater durfte sie ihn auf keinen Fall machen. So benutzte sie vor jeder Liebesnacht einen Vaginalschaum und wartete ab. Aber bevor dieser wirken konnte, war der Freund immer schon eingeschlafen. Sie musste ihn also wecken, was ihn so wütend machte, dass er nur wütend mit ihr schlief; die Vehemenz seiner Empörung nahm sie für Liebe. So ist das Einzige, was ihre Sentimentalität in Herzensdingen noch verrät, ihre Umarmung, ihre Sanftmut in der Ergreifung anderer. In all den Jahren ist daraus die Umarmung einer Ertrinkenden geworden, die an der beliebigen Brust eines Umarmenden ruht wie im glücklichen Sekundenschlaf.

Ein Erloschener, ein Aufgegebener, eine Persönlichkeit voller Reste, ein Abwesender, der sich im Strudel der Zeit kaum noch festhalten kann, eine unterspülte Existenz, ein Amorpher, ein vergeblicher Mensch. Er trifft Eine, die wirkt, als sei sie eben erst ins Leben gestoßen worden. Sie sieht erstmalig jemanden essen, betrachtet erstmalig eine Frisur, einen Anzug, eine Sonnenbrille. Nichts bezaubert, alles verblüfft sie. Er ist genau der Richtige, der einzig Richtige für sie.

Sie, Typus romantische Nymphomanin, zu ihm, Sachbearbeiter von Emotionalem:

»In welchem Zustand möchten Sie mein Gesicht sehen?«

»Ich denke, es gäbe nur einen Zustand, in dem dieses Gesicht interessant wäre: die Entgrenzung.«

»Der Orgasmus?«

»Meinetwegen.«

»Das müssen ausgerechnet Sie sagen! Ihnen fehlt doch wirklich auf dramatische Weise jede Art von physischem Magnetismus.«

Er erlebt einen Temperatursturz seiner Selbstzufriedenheit, meint er doch, jede Lieblosigkeit beziehe sich auf etwas Objektives. Respektlosigkeit, Gereiztheit, Überforderung, Erschöpfung, Humorlosigkeit seien also keine Launen, keine Konsequenzen innerer Bequemlichkeit, sondern Folgen einer Erkenntnis.

Am Ende aber scheitern sie beide bloß am Versuch, etwas so Unordentliches wie die Liebe mit der Welt von Pedanten synchronisieren zu wollen.

Zwei, die sich küssten, ohne sich zu brauchen. Frauen küssten ihn nicht, denn dazu hätte er anwesend sein müssen. Weil er aber gedankenverloren war, küssten sie sich auf ihn zu. Ein Kuss ist nie statisch, er ist immer unterwegs.

»Du küsst nichts«, sagte die Frau, die ihn küsste.

»Schwer vorstellbar, dass der Kuss kein Gegenüber haben soll.«

»Du küsst los und setzt einen Menschen an die Stelle, wo er ankommt. Der Kuss erschafft sich sein Gegenüber.«

Er sieht sich um auf dem Flughafen, wo diese Sätze gewechselt werden, und blickt über die Küssenden ringsum. Tatsächlich, alles da: der Kuss und das Zeigen des Kusses, und dann kein Kuss, eher eine Abstoßung, dann ein Suchen, das wie fanatisch nach dem Kuss greift.

Andererseits: die Zerstreutheit im Blick der Abschiednehmenden. Sie sind schon weg. Der Abschiednehmende steht ihnen nur im Weg. Sie werden ihn gleich erschaffen müssen, und das bis in die Gesten seines Abschieds hinein.

Da steht er, der Nackte, der in diesem Zustand nicht mehr weiß, was er mit seinen Händen machen, wo er sie lassen soll – ein Monument der Ratlosigkeit. Sie bemerkt das ohne Häme. Jetzt wäre etwas Trennendes gut, damit sie beide sich besser vereinigen könnten.

99

»Du bist so ganz«, sagt ihr Liebhaber anerkennend, als sie an die Bettkante tritt, zögernd ihre Textilien ablegt.

Aber ihr ist anders, sie kann in seinem Begehren die Vorliebe für das Abgearbeitete ihres Körpers wittern. Alle Liebe berührt etwas Trauriges, und dies war das ihre: Dauernd berührt sie die lieblose Existenz, lässt eine ungerührte Welt ein. Dauernd ist sie nicht mehr, ist sie zu wenig. Sie zittert dauernd in ihr Jenseits. Oder sie wird flüchtig.

»Lieben«, sagt sie, »heißt sich aussetzen.«

Sie sagt das wie jemand, der auf einer Insel ausgesetzt wird und hofft, dass Gott ihn sieht. Aber ihr Liebhaber hört nicht zu.

»Mein Sinn des Lebens«, fügt sie hinzu.

Da packt er sie an ihren starken Oberarmen und lacht:

»Und wie viel Sinn verträgt dein Leben?«

Sie wird sich von ihm trennen. Am Ende aller Brüche und der Blessuren, die sie ihrer Lebensfähigkeit beibringen, wünscht sie sich nur noch das Ende der Geschichte im Sinne von Aufhebung, Erlösung. Jede und jeder will, dass das Auge eines Höheren auf sie falle, damit sie aufgehoben würden. Sie beschreibt ihm diesen Zustand:

»Die Liebe ist ein Surrogat dafür«, schließt sie, zu ihrem Geliebten gewandt.

»Ich fürchte, für mich ist der Jetlag das stärkere Gefühl«, erwidert der.

Eine Freundin, zur Furie geworden angesichts der Trennung von ihrem Freund, schleudert in ihrer Wut immer neue Brocken der unglückseligen Geschichte ans Tageslicht. Ich sehe diesen Mann kubistisch, ausgestattet mit vielen Mündern, Nasen, Genitalien. Sie hängt an ihm, sie kreist nur in ihm, ihre Anstrengung, sich zu lösen, hakt sich nur in ihn. Hilflos frage ich:

»Und wer bist du in alledem?«

»Wer bin ich?«, ruft sie, »eine, die sich nicht erinnern und die nicht vergessen kann.«

Jetzt zieht sie den Knacks auf sich, aber welches war der seine?

»Der Allerwelts-Knacks«, sagt sie. »Ich liebe dich, aber ich interessiere mich nicht für dich.«

»Dufte nicht so«, sagt der langjährige Freund, als die Freundin ausgehfertig aus dem Badezimmer kommt.

»Es sind Lockstoffe«, sagt sie kokett.

»Es ist eine Überdosis an chemischen Informationen!«

Als sie ein Jahr später getrennt sind, kann sie sich nicht mehr erinnern, wann und warum ihre Trennung begann. Aber sie duftet nicht mehr.

Am Morgen nach einer kurzen Nacht setzte sich meine Freundin im Bett auf, zog zwei Kissen vor die Brust und sagte:

»Ich werde dir jetzt wehtun.«

Der Moment vor dem Schmerz – schon die Wucht des Aufpralls kündigt an, in welche Tiefen sich der Schmerz gleich bohren wird. Dann trifft er ein, frisst sich durch, herrscht.

Sie setzt sich also auf. Der Mutwille in ihrem Gesicht kündigt den Ernst an, der mich erwartet. Die Verpanzerung hinter den Kissen tut ein Gleiches. Sie sagt:

»Ich werde dich jetzt verlassen.«

Keine Bahnhofsszene, kein Sich-Umdrehen in der Tür, kein Mit-erhobener-Hand-am-Fenster-eines-anfahrenden-Busses-Sitzen-und-die-Hand-nicht-mehr-Senken, kein waidwundes Lächeln, keine Beschwörungen. Ein protokollarischer Satz, dem viele folgen, die nicht mehr gehört werden, bis der andere Protokollsatz kommt:

»Ich liebe dich nicht mehr.«

Entlassen zu werden aus einem Verhältnis ist eine Vergewisserung über das eigene Nicht-Sein, aber auch über jene Verhältnisse, aus denen man sich nicht selbst entlassen kann, die einseitig dauernden, in denen man fortlebt als Überwundener. Der Freund rekapituliert:

»Man muss sich einem bestimmten Menschen nähern, nicht einem beliebigen; man muss sich ihm sehr annähern, um die Verschränkung, später die Osmose kennenzulernen, man muss das délire à deux bis an die Grenzen seiner Steigerbarkeit geführt haben.«

»Warum?«

»Um in der Trennung dieser Liebenden die Unvereinbarkeit aller erkennen zu können.«

So redet er, selbst herangewachsen in der Überzeugung, den Seinen nur extrovertiert angenehm zu sein. Kaum wechselte er das Temperament, musste er Angst haben, Zuneigung zu verlieren. Die erste große Liebe seines Lebens entwickelte sich deshalb zwangsläufig in der größten Stille, wo er ernst und beschaulich sein durfte. Als das Verhältnis drei Jahre später zerbrach, kehrte er lange nicht in den stillen Zustand zurück.

»Wie soll man leben?«, hatte er gefragt. »Aufgeregt.«

Also war seine Liebe eine Form von Fundamentalismus, der Versuch, ganz zu werden, die Brüche nicht zu spüren, sich in den Schatten eines Gefühls zu retten, das ihm Totalität abforderte.

Ich aber wusste nicht, wie mir helfen, nahm in den nächsten Monaten ein paar Kilo ab und dachte: Das muss die Seele sein, sie wiegt ein paar Kilo.

Dann assistierte mir Joseph mit Kafka: »Im Kampf mit der Welt sekundiere der Welt.«

Das half, auch als Wegweiser in die Philanthropie.

Sie ist Informatikerin, er religiös. Dann verlässt sie ihn. Er sieht ihr nach mit einem Blick, mit dem der Hammerwerfer seinem Gerät folgt, mit Augen brüllend. Sie will den Untröstlichen trösten, doch der mobilisiert einen letzten Vorschlag zur Güte:

»Wo ist schon der Unterschied, ob jemand sein Zuhause im Internet hat oder im Jenseits?«

Sie blickt ihn verächtlich an.

Aus ihrem Leben entlassen: Da steht er noch in einem Türrahmen in seinen hellen Kleidern und wird blasser und blasser, und sein Blick ist das Letzte, was fahl wird und dann verschwindet. Der Atem, der in seinem Körper stand, bleibt allein zurück.

Es gibt immer Momente, in denen die gleich Verheirateten ahnen, wie ihre Ehe aussehen wird. In einer Erzählung von Richard Yates – einem Schlüsselautor für alles, was Knacks ist – bereiten sich Frau und Mann auf ihre Hochzeit vor. Die Freude des Fests, die Größe des Sakraments der Ehe, die Erwartungen an die bleibende Liebe, die Familiengründung – all dies Große, Weihevolle ist im Raum, lässt sich aber kaum fühlen. Fühlen lässt sich dieser Blend aus Stimmungen, in denen viel Abwehr, Reserve, auch Widerstreitendes frei wird.

Doch das Arrangement ist besiegelt. Weiter geschoben von den Ereignissen, treibt das Paar der unvermeidlichen Eheschließung entgegen, und immer noch ist das nichts individuell Erfahrbares. Nicht einmal die beiläufigen Gesten zittern in den seismischen Stößen der glücklichen Erschütterung. Dann übergeben die Freunde dem künftigen Ehemann am Junggesellenabend ihr Geschenk, eine Aktentasche, und von dieser Tasche ist der werdende Gatte stärker gerührt, ja erschüttert, als von seiner Lebensentscheidung, die eben jetzt, im Anblick der Tasche, ihre ganze Tristesse verströmt.

Sie kommt über den Platz, sie geht nicht, sie schreitet. Die Männerblicke heften sich an ihre Silhouette, schaukeln mit dem Rocksaum, verweilen auf ihren freien runden Schultern, bewundern den Kopf, den sie gekonnt balanciert, stellen sich alles Mögliche vor. In ihr selbst aber fühlt sich die eigene Bewegung an, als schleppe sie sich heim: Sie sieht die Leere ihres Fernsehzimmers, sieht die Flechte oberhalb ihrer Leiste, sieht ihre Gebrechen.

Befrachtet wie ihr Blick ist, lebt sie abgelenkt vom Bild, das sie abgibt, und so gibt gerade das Leiden ihrer Erscheinung etwas Phlegmatisches, so, als läge ein eigener Reiz darin, nicht bei sich zu sein. Doch sie ist es, mit spezialisiertem Blick für das Misslungene.

Sie geht weiter, immer noch über den großen Platz, lächelt plötzlich, strahlt, macht kindische Bewegungen, mit dem Zeigefinger die Luft vor sich kratzend. Sie läuft auf ein Baby zu? Nein, es ist ihr Freund.

Im »Finger«, dem Zubringertunnel zum Flugzeug, warten die Reisenden. Eine Mittvierzigerin mit prachtvoller schwarzer Frisur, in der nur die im Bernsteinton überfärbten Strähnen das darunterliegende Grau verraten, wird von einem jüngeren Hasardeur treuherzig von hinten in die Arme geschlossen. Es ist die Umarmung eines Liebenden, jugendlich Liebenden. Sie lächelt stolz, demonstrativ, vor allen. Er ist jung, sie nicht, er ist stürmisch, sie nicht. Sie gurrt und lässt es geschehen, bis alle es beobachtet haben.

Dann küsst er ihr Ohr. Sie löst sich abrupt: »Nicht das Ohr!« Er lässt ab, verlangsamt. Sie wischt sich mit dem Handteller die Ohrmuschel ab und unterstreicht laut: »Nicht das Ohr, das weißt du doch!« Er zuckt noch weiter zurück, verletzt. Die Schlange ruckt einen Schritt weiter. Er bleibt stehen, geht jetzt hinter ihr. Sie dreht sich noch einmal um.

»Ich hatte ausdrücklich gesagt: Nicht das Ohr!« Sie sagt es laut.

Erst hat die Menge die öffentliche Zärtlichkeit beobachtet, jetzt ihre Havarie. Der Triumph in den Augen der Zuschauer. Sie hört nicht auf: »Nicht das Ohr!« Der Vorwurf fesselt sie mehr an die ganze Szene als die vorangegangene Zärtlichkeit.

Dezentes Gelächter entsteht über den Kollaps des Paars. Alle kennen das Gesetz, wie eine Liebesgeschichte gehen könnte, wie ein Kuss zu sein hätte, und plötzlich stürzt diese Episode in einen Schacht neuer Möglichkeiten. Ihre Schallwellen reichen in den Raum derer, die drumherum stehen und gaffen und finden: Zärtlichkeit im öffentlichen Raum darf nur demonstriert werden, wo sie flüchtig ist. Die innige aber, die unbeherrschte, die muss wechselseitig sein und bruchlos. Die Gaffer werden also vom eigenen Bild gekränkt. Sie hätten gerne das Liebespaar beglaubigt, stattdessen werden sie gezwungen, den Selbstverzehr der Liebessubstanz zu bezeugen.

Als ich Joseph von dem Vorfall erzähle, verweist er auf ein neues Phänomen in US-amerikanischen Liebesszenen: Alle Szenen der Intimität lösen sich in Gemeinschaften auf. Doch geht es dabei nicht um ein voyeuristisches Verhältnis zum Akt, sondern um seine Ratifizierung durch den Nachbarn, Kumpel, Vorgesetzten. Keine Kuss-Szene, die nicht von Freunden, Kollegen, Umstehenden akklamiert würde. Wo immer er geschieht, handelt es sich um den beglaubigten Akt – der Beleg dafür, dass sich die Liebe endgültig verflüchtigt hat. Die Liebesszene wird also nicht durch die Liebe selbst bestimmt, sondern dadurch, dass man in der Liebe gesehen wird, ein Bild der Liebe darstellt. Sie manifestiert sich in den Augen der Betrachter. Weil es Zeugen gibt, gibt es etwas, das zu bezeugen war.

Nur als Fremderleben also wäre die filmische Liebe noch genießbar. Wäre sie darin Spiegelbild der Situation im Kinosaal? Ich setze mich in den Augen der Betrachter fort, ich liebe als Betrachteter. Darin steckt die Partizipationslogik des Boulevards, der uns sagen möchte: Das Bild des glücklichen Paars verbirgt etwas Eigentliches. Zeigen wir also Lebensläufe mit gutem Ausgang, wohl wissend, dass sie samt Knacks wiederkehren werden, wenn sie gescheitert sein werden.

Man richtet sich in Formen der Disharmonie ein: in der Musik, in der Kunst, im Stadtbild. Da wird die banale Szene von der Frau, die den Kuss auf das Ohr verweigert, zum Drama der multiplen Täuschung. Die Vertrauten, die sich gerade innig aneinander adressierten, werden die Fremdesten. Und die Betrachter beobachten eine Vervielfältigung der Adressen: Derjenige, der diese Frau gemeint hat, und diejenige, die sich als Empfängerin wahrgenommen hat, sie sind multipel geworden. Sie hätte sagen können: Du meintest mein Ohr, aber ich war gerade nicht da. Statt ihrer findet sich ein Sammelsurium von Motiven. Das Ich taucht erst wieder tragisch auf, denn jede Tragödie mündet – wie hier – in den Satz: Das habe ich nicht gewollt!

Der Liebende hat sich an etwas gerichtet, das Verfehlung bedeutet. Er wird zu demjenigen, der sich immer verfehlt hat, sich nur noch blenden kann und zuletzt erkennt: An diesem Ohr hat die Liebe nie existiert. In einer Erzählung wäre diese Episode der Wendepunkt.

In diesem Augenblick taucht eine Zukunft auf, die die Beteiligten noch nicht begriffen und nicht ergriffen haben. Denn wäre es nicht erfreulich, diesen zurückgewiesenen Mann in seine Zukunft stolpern zu sehen, und wäre es nicht interessant zu verfolgen, dass der Knacks nicht suizidäres Programm allein sein muss? Er könnte doch auch das sein, was man vergessen kann. Denn vielleicht überschätzt sich der Mann, indem er sich hier gemeint fühlt, und erhält mit dem Knacks eigentlich eine Möglichkeit sich zu bewähren.

106

Ein Paar sitzt am Tisch. Ein zweiter Mann kommt hinzu, verbeugt sich, küsst der Frau die Hand und geht weiter. Man kann jetzt fünf Minuten lang zusehen, wie der Kuss auf ihrem Gesicht verebbt. Ihr Lächeln lässt die Erinnerung an diese Geste nicht los. Sie zieht den Rocksaum herunter, hört nicht auf, mit einem Fuß übertrieben zu schlenkern. Streicht die Haare mit erhobenen Armen hinter die Ohren, streicht an ihren Schienbeinen auf und ab, dabei schweift ihr Blick blicklos durch den Raum. Dann lobt sie überschwänglich dies Gewölbe, dies wunderschöne Gewölbe, in dem sie sich, ach, wie wohl sie sich hier fühlt. Sie schafft es, einen ganzen Raum zu illuminieren. Dann ebbt die Bewegung ab. Sie blickt sich um und sagt ein bisschen zu laut: »Jetzt aber mal zurück zum Ernst des Lebens.«

Sie kommt durch den Mittelgang des Flugzeugs mit ihrem zerklüfteten Gesicht, ihrem zerarbeiteten Leben, in der ungeschickt munter gewählten Bluse, eine Greisin eigentlich, grob mit anderen, unbarmherzig mit sich selbst. Setzt sich erst in die falsche Reihe, dann auf den falschen Platz, dann auf die eigene Reisetasche. Alles ist falsch, anstrengend, verboten. Sie wuchtet ihr Gepäck mit sich, starrsinnig, ist nicht davon zu trennen, ihre Bluse hängt schon hinten raus, rücksichtslos ist sie, aber aus Kraftlosigkeit. Sie boxt sich den Weg frei, vor ihrem inneren Auge die eine Situation fixierend, in der sie, schwer seufzend, zu Hause am Küchentisch zusammenbrechen wird. Dann geht es. Dann kann sie leben. Das ist ihre Ursituation.

Auf dem Flughafen wird sie auf einer Trage an mir vorbeitransportiert. Ich drücke ihr eben noch die Hand. Sie blickt erstaunt, versteht nicht. Sie wird später sagen:

»In diesem Augenblick fiel mir auf, dass ich in meinem ganzen Leben noch niemals etwas für die Allgemeinheit getan hatte.«

Die Tränen in ihren Augen meinen den Rettungsarzt, der zwar sein Display kontrolliert, aber wenigstens körperlich gegenwärtig ist, den Zivildienstleistenden, der ihre Sachen am Fuß der Trage verstaut. Diese Menschen sind nicht da, aber immerhin anwesend. Damit haben sie es nicht weit in die Innenwelt ihres Lebens geschafft, aber für wen wäre sie je so weit gegangen?

Zäsuren

In Arthur Schnitzlers »Professor Bernhardi« möchte der Arzt die Euphorie einer Sterbenden, die ganz zuletzt noch einmal eine Art Lebensgenuss erfährt, nicht durch die Letzte Ölung brechen. Er verweigert dem Priester folglich die Verabreichung des Sterbesakraments, folgt dabei aber weniger einem antireligiösen Impuls als vielmehr einem moralischen Reflex.

Gleich, um was es sich handelt, in diesem Reflex nimmt die Tragödie ihren Ausgang. Denn die impulsive Entscheidung verweist auf eine Schadhaftigkeit, eine Unzuverlässigkeit, eine skandalöse, unerlaubte Stelle: den Knacks, den Ort, an dem sich die Tat erst entscheiden muss. Das aber darf sie nicht.

Kern der tragischen Verwicklung ist oft dieser Impuls, die Zeit, in der sich die Person aufspaltet, sich widerstreitet, sich vervielfacht. Schauplatz ist der gemischte Charakter, aufgelöst in gemischten Gefühlen. Die Persönlichkeit ist jetzt in ihrer Unabgeschlossenheit sichtbar, ist vergangene und kommende nicht in einer Person, sondern in einer Tat.

Der schottische Historiker Thomas Carlyle, wahrhaft ein Kenner von Heldenfiguren, formulierte es als heroische Maxime: »The whole man must move at once.« Was, wenn er es nicht tut, was, wenn er Hamlet wird, sich teilt und teilt, zögert, etwas wird, und es nicht geworden sein will, am Ende zur Eindeutigkeit der Tat gar nicht mehr finden kann? Was, wenn er der Moses des Michelangelo ist, so wie Joseph ihn deutet, nicht der Unentschlossene, sondern einer, der »das Gedächtnis des Nicht-Gewesenen« beschwört, »eine Vorerinnerung an jene Handlungen und Aktionen, die nicht oder noch nicht geschehen werden«?

Leonardo da Vincis Aufzeichnungen lassen manchmal das Dunkel des Nichtverstehens ein. Es überschwemmt seine Sätze wie eine eigene Kraft und bringt sie nur halb zum Vorschein. Als er die folgenden Zeilen schrieb und ihnen ihren dunklen Widerschein gab, fragmentierte er da den Mann, den Gedanken oder sich selbst? »Man wird häufig einen Mann drei werden sehen, und sie alle werden einander folgen, und oft wird der eine, der wirklichste, es aufgeben.«

Immerhin kapituliert im Satz mit dem wirklichsten Mann zugleich die Wirklichkeit, und diese Kapitulation greift nach dem gebrochenen Satz, der wohl nur dunkel vom Knacks sprechen konnte – einem Phänomen, in dem sich die Wirklichkeit an das Drama der Kapitulation bindet.

Der Knacks ist eine unbekannte Variable im Konzept vom ökonomischen Menschen, jenem Typus, auf dem sich juristische, politische, moralische Konzepte abstützen lassen. Die »Maschine Mensch« als Gegenstand von Staatskunst, Gesetzgebung und Bürokratie wird durch den Knacks in einem Zustand entblößt, der sie nur bedingt effektiv erscheinen lässt. Der »Qualitätsunterschied« eines Menschen mit oder ohne Knacks wird zur Auskunft über seine mögliche Verlässlichkeit. Er kränkt damit nicht allein die Idee seiner Leistungsfähigkeit, sondern auch die seiner Vollendung zum humanistischen Menschen. Der Knacks setzt sich gewissermaßen in beiden Sphären fort.

Im Knacks erlebt der Mensch seinen Kurssturz. Ist er klaustrophobisch, verliebt, nicht flexibel, süchtig, nicht rund um die Uhr erreichbar, verfügbar, einsatzbereit, so setzen diese Indizien seiner Individualität seine Leistungsfähigkeit herab.

Seine Unterwerfungsfähigkeit unter Marktgesetze steht in Frage, seine Bereitschaft zur Selbstausbeutung tritt an Grenzen. Er verfügt über nicht aktivierbares Humankapital und erscheint nun, etwa vom Arbeitsmarkt aus betrachtet, als defizient, schadhaft. Der Knacks erscheint nicht als Folge innerer Bewegung, auch nicht als Phänomen der Kapitulation vor der Zeit, in ihm wird lediglich ein Mangel frei.

Je weiter die Arbeitswelt sich ausdehnt, hohe Belastbarkeit, ganztägige Verfügbarkeit, Nachordnung aller privaten Interessen verlangt, je vollkommener sich der arbeitende Mensch in die Maschine verwandelt, die ohne individuelle Abweichungen und Neurosen, Absichten und Erwartungen arbeitet, desto entschiedener rückt das individuelle Versagen in den Bereich des Unaussprechlichen.

Persönliches Leiden, Angst, Zwangsvorstellung, Verzweiflung und dergleichen werden zu Indizien für die Unzuverlässigkeit des Arbeitenden und sind deshalb nur noch ironisch auszusprechen, als etwas Uneigentliches. Die Ironie wird zur Sprechform für den Knacks: Sie will nichts gemeint haben und bildet so den Knacks anschaulich ab, als etwas, das namenlos, anonym, schwer fasslich, unbegrifflich ist und sich wie ein Raum verändert, aus dem sich die Zeit verabschiedet.

Einmal brach es aus einem Journalisten, mit dem ich in Hamburg an einem Tisch saß, heraus:

»Jedes Katastrophengebiet zieht mich an, jede Elends-Szenerie nimmt mich gerne auf, und sei es auch nur, weil der Quatsch genau vor ihnen haltmacht. Aber welchen Weg gehen diese Bilder? Bald wird alles nur noch Farbenlehre sein. Dann ist die Politik violett, die Katastrophe blau, das Ausland Zimt und die Talkshow gelb, und die Ärzte werden sagen: Sie brauchen viel Gelb in Ihrem Leben, aber hüten Sie sich vor der blauen Überladung. Wir haben nur noch mitten im Ernstfall Anspruch auf Ernst.«

»Heißt das, du heilst dich durch den Anblick des Unglücks anderer?«

»Es ist ja auch mein Unglück.«

Seine Texte stellte er her aus Enttäuschung, sein Schreiben war idealistisch verblendet unter Desillusionen. Da er der alte nicht mehr sein konnte, wollte er keiner mehr sein. Junge Kollegen steckten sich an ihm an und verließen ihre Jugend. Am Ende einigten sich alle auf den Königsweg: Toleranz gegenüber der Zerstörung, also Zynismus.

Die Idealisten geben die besten Zu-kurz-Gekommenen, ist ihnen doch die Welt immer etwas schuldig geblieben. Sie räsonieren, weil sie glauben, schon durch ihren Idealismus einen Anspruch auf Glück zu haben. Sie sitzen da und halten kaum mehr Schritt mit ihrem Dasein.

Nichts aber breitet sich so rasch und rücksichtslos aus wie eben dies Gefühl, dass es egal ist. Der letzte, vermeintlich unzerstörbare Wert, das ist die Gleichgültigkeit allem und allen gegenüber, ein Rückzugsort bitter gewordener Egoisten wie Idealisten, ein Wolkenkuckucksheim für die vermeintlich hart Gewordenen.

Der Aushöhlung ihres moralischen Haushalts begegnen sie mit ihrer Marktwerdung: Was ihnen bleibt, ist die Unanfechtbarkeit des Besitzers symbolisiert im Besitz, auch »Status« genannt, und gegen die große »Egalité« in Stellung gebracht. Lauter angebrütete Verhältnisse.

Die Vorliebe für Marken, Labels, Embleme, Symbole, Status-Indizien: Man möchte sich zur Erscheinung bringen, sich ausstellen durch eine Produktwahl, sich, aber als Etwas, als Teil des Stroms von Menschen und Waren, aus denen sich nur das Warenartige emanzipiert.

Zugleich ist man gefangen in Beschreibungen mit Produkt-charakter: Ich bin Löwe, Jungfrau, Deutscher, Christ, Katholik, Steuerflüchtling, ein Kuschel-, ein Frühlingstyp, konfliktscheu, harmoniesüchtig, so erzogen worden … Wenn man das alles gleichzeitig sein muss, kann man das andere nicht mehr sein: Offen, gebrochen, fragmentarisch. »Ein freier Bürger«, sagte Orson Welles, »ist für den Polizisten immer ein größeres Übel als ein krimineller – bei dem Kriminellen weiß er, was er zu tun hat.«

Die Reibungslosigkeit als Ideal, die hat man aus der büro-kratischen und aus der Warenwelt. Die Eindeutigkeit als Ver-pflichtung gegen das Inkonsistente, Widersprüchliche, Akau-sale, die hat man aus der Berufs- und aus der staatsbürgerlichen Welt, überdefiniert vom Firmen-Ich, genannt »Identity«.

Aber der bürokratisch existierende Mensch lebt auch jen-seits seiner festen Formen und wird erreicht von seinen unein-gelösten Möglichkeiten, Erwartungen, Entwürfen. Dort fängt ihn die Verführung auf, die Liebe, die persönliche Utopie.

Mal aimée sei sie, sagt ein Mann zu seinem Freund: »Was soll das sein? Ich glaube, ich lasse es. Ich kann nicht korrigie-ren, nur annullieren.«

Wie kann man Ich-Sätze ausprobieren in der Krise? Krisen betreffen für lange Zeit nur unsere Filial-Existenzen. Plötzlich erreichen sie das Ich, nachdem man zuvor immer nur »Man«, »Er« oder »Sie« oder »Jene« gesagt hat. Man hätte sich zu je-nem Zeitpunkt noch als »Er« beschreiben können. Dann tritt das Ich ein. Das Personalpronomen tritt auf, und man müsste versuchen, es richtig einzusetzen.

Das Ich entsteht in der Revision, so wie es bei Kafka heißt: So lange du »Er« sagen kannst, ist alles gut. Sobald du »Ich« sagen musst, ist alles vorbei.

Es ist der Moment, in dem man plötzlich vom eigenen

Leben gemeint ist, und dieses Leben spricht das Verdikt: Du bist nicht oder du bist vorbei. Der Ernstfall, das heißt also, gemeint zu sein, so persönlich, wie einen die Krankheit persönlich meint.

Oder aber es öffnet dieses Ich-Gebilde, das letztlich durch Fremdzuschreibungen definiert ist, einen Raum, in dem das Ich steht: tödlich getroffen. Alles, was nun folgt, sind Versuche, den Knacks zu kitten. Im Kern handelt es sich um Überlebensversuche. Unter Subjektdramaturgie heißt das: Zwei Zeiten müssen zueinander gebracht werden, die Zeit, in der dieses Subjekt funktionierte, ohne Ich zu sein, bezogen auf eine Zukunft, in der dieses Ich nur noch im Futurum II existieren wird: Ich werde gewesen sein.

Doch dazwischen: Wer hat gehandelt? Meist wird doch gehandelt, ohne dass große Teile des Ich-Programms beteiligt sind, und bei der Recherche nach dem Ich hinter der Handlung gerät man zu endlosen Zellteilungen. Wo ist eigentlich dieses ominöse Ich unmittelbar beteiligt?

Bei Robert Musil tötet der arbeitslose, Stimmen hörende Moosbrugger eine kleine Prostituierte, indem er sie mit zahllosen Messerstichen förmlich von sich abtrennt. Wie können Sie, ein starker Mann, Angst haben vor der kleinen Frau?, will der Richter wissen.

»Mir schien sie gefährlich«, lautet Moosbruggers Antwort. Dieses »Scheinen« bezeichnet seine Hoheit gegenüber dem Gericht. Die Psychiatrie kann in keinem der Handlungselemente dieses Mords noch die Spur des Ich erkennen. Der Knacks erscheint als Wendepunkt einer lange Zeit unklaren und in Zukunft tödlichen Ich-Zuschreibung. Die Grundfrage, die er aufwirft, lautet: Wie viel Ich-Substrat ist eigentlich im Knacks enthalten?

Gemeinsinn

Die Wiesen, die hier nicht mehr existieren, die üppigen, wilden, mit Hunderten verschiedener Pflanzenarten, die Mischwälder, die verstrüppten, die verschwindenden, deren Unterholz gekämmt und dann beseitigt worden ist, die morphologische Vielfalt der Blattformen, Stämme, sie sind die Antiquitäten der Naturlandschaften, die Flora der Vergangenheit, und während wir es wissen, beginnen wir die Pflanzen bereits im Prozess ihres Sterbens zu betrachten, als Exemplare einer Spezies, die noch da ist, den eigenen Abschied aber schon angekündigt hat.

Oder Reptilien, Elefanten, Giraffen: Sie sind keine Zeitgenossen mehr, diese Tiere. Wir bedauern, sie zu sehen, denn wir müssen sie im Sterben betrachten. Sie weichen »höheren Zwecken«. Aber weil die Umstände, unter denen sie sterben, komplex sind, ringen wir uns zu der Überzeugung durch, wir könnten uns diese Kreaturen nicht mehr leisten, und sie haben sich ja auch, in Schach gehalten von unseren Bedürfnissen, längst als verzichtbar erwiesen.

In der Gegenwart geht der größere Schaden wohl nicht von dem aus, was Menschen tun, sondern was sie geschehen lassen. Es gibt keine Moral auf der Höhe dieses Sachverhaltes, keine praktische Philosophie des Mitläufers, Gaffers, Achselzuckers, »innocent bystander« und seiner Verstrickung, seiner Arbeit an der Veränderung der Zeit. Aber es gibt eine Nichtraucher-Moral.

Wer etwas will, ist in einer Welt, die nichts will, eine groteske Figur.

115

Charles Dickens schrieb, anders als Balzac, nicht über die Welt, in die er hinein strebte, sondern über jene, die er hinter sich gelassen hatte: das Waisenhaus, die Kinderarbeit, die soziale Misere. Sein Schreiben balancierte dauernd sein eigenes Altern aus, konfrontierte seine Ambition mit der Verwurzelung in der Welt seines Herkommens. Es zeigte dauernd in zwei Richtungen, und von der Welt des Elends hätte er wohl am liebsten anders geschrieben als unter der Perspektive seiner Überwindung.

Zur selben Zeit aber verändert sich auch der obere Teil der englischen Gesellschaft, der Stände-Pyramide: zahllose unmerkliche Veränderungen, die später summarisch auf die Formel gebracht wurden: Das Bürgertum löste die Feudalgesellschaft ab. Der französische Publizist Jean d'Ormesson wird im Rückblick schreiben: »Jede Nation, jede Familie, jeder Mensch lebt mit einer Mythologie, die sein Leben prägt. Unsere Mythologie war das Schloss.«

Der Knacks erreicht diesen Mythos, legt sich über seine Bilder, bringt Ruinen hervor. Er formt auch die Menschen um, die diesen Mythos trugen und dabei selbst ein wenig mythisch wurden. Die glanzlose neue Zeit bringt soziale Ideale hervor und einen neuen Pragmatismus. Da wird der Kampf jener, die ihren Mythos wahren wollten, auch zum Kulturkampf, wie d'Ormesson feststellt: »Mein Großvater war der Überzeugung, dass Fragen schwach machen (...) Und zu allen Zeiten hatten wir mit frohem Herzen den Fragen ohne Antworten die Antworten ohne Fragen vorgezogen.«

Für Balzac lag die zersetzende Kraft der Gegenwart im Geld, für Dickens im Idealismus, für den adligen Großvater d'Ormessons lag sie im Zweifel.

Einmal ist ein Knacks schon in den Außenraum gekommen, als dieses Neue in die Welt kam: Die Menschen wurden teurer. Anders gesagt: dass er nicht wichtig war, verbarg man dem Menschen dadurch, dass man ihn teurer werden ließ. »Unsere Gesellschaft«, schrieb ehemals der Philosoph und Soziologe Lucien Goldmann, »ist eine Gesellschaft, in der der Einzelne an sich und damit auch der Ablauf seines Lebens und seine Psychologie jede echte Bedeutung verloren haben und auf das Niveau der Anekdote oder der Ausnahme gesunken sind.«

Heute sagt der Analyst:

»Der Motor der Wirtschaft stottert.«

»Also hat die Wirtschaft menschliche Züge nur, wo sie Gebrechen zeigt?«

»Umgekehrt, daran, dass sie eine menschliche Metapher bekommt, erkennt man, dass sie stottern muss.«

Bettler, die das Herzzerreißende beherrschen wie ein Kunsthandwerk. Sie können einen Ausdruck aus ihrer Tiefe ablösen, nach oben, nach außen bringen, und da schwebt er dann, vor ihrem Gesicht, theatralisch erschütternd wie nur das künstlich Produzierte ist. Sie spielen Ziehharmonika oder Mundharmonika gerne ekstatisch, mit einer Virtuosität, die peinlich-rührend ist, Scham auslöst, nicht über die Armut, sondern über das Spiel. Man legt etwas in das Kistchen nicht um die Armut, sondern um seinen Ausdruck ungeschehen zu machen. Erinnere mich nicht an dich, bitte.

Thomas Morus machte sich zu Anfang des 16. Jahrhunderts lauter konstruktive Gedanken über eine ideale Gesellschaft, und bis in die Arbeitspläne und die Feierabendgestaltung hinein suchte er die Vision eines freiheitlichen und gerechten Staates zu umreißen. In einem besonnenen Schritt schaffen die Utopier zunächst das Gold ab und sich selbst damit eine Menge von Problemen und Hierarchien vom Hals. Gold bleibt künftig den Kindern und den Einfältigen zum Spielen vorbehalten, es ist jeden Tauschwertes beraubt.

Als nun eine politische Delegation aus einem Nachbarland anreist, haben die hohen Repräsentanten der fremden Nation viel Gold und Schmuck angelegt, während die Sklaven schmucklos und unauffällig gewandet daherkommen. Entsprechend halten die Utopier die Delegationsleiter mit all ihren goldenen Ketten für gefesselt, für kindisch oder närrisch und wenden sich an die ungeschmückten Sklaven, die sie in ihrer Schmucklosigkeit als die wahren Herren willkommen heißen.

Mir erscheint die Hinwendung zu den Sklaven in dieser symbolischen Erzählung als Gestus der humanitären Vernunft, und man muss nicht wie die Utopier die Nichtigkeit des Besitzes propagieren, um sich mit ihnen zu wundern, »dass es einen Menschen gibt, dem das trübselige Funkeln eines winzigen Splitters oder Steinchens Spaß macht, wo er doch die Sterne oder selbst die Sonne betrachten kann, oder der so unsinnig ist, dass er sich wegen eines feineren Wollfadens für vornehmer dünkt, während doch diese Wolle selbst, wie fein auch der Faden sein mag, einst ein Schaf getragen hat, das dabei doch nichts anderes gewesen ist als ein Schaf. Sie verstehen es genausowenig, dass das von Natur aus unnütze Gold heutzutage überall in der Welt so geschätzt wird, dass selbst der Mensch, durch den und vor allem für den es diesen Wert erhalten hat, viel weniger gilt als das Gold, ja dass irgendein Bleischädel, der nicht mehr Geist als ein Holzklotz besitzt und ebenso schlecht wie dumm ist, dennoch viele kluge und wackere Männer in seinem Dienst haben kann, nur deshalb, weil ihm ein großer Haufen Goldstücke zugefallen ist.«

Dass dies wie verkehrte Welt klingt, macht die Vision erst menschlich. Die Sklaven, die Armen, die Erniedrigten und Beleidigten, sie stellen der Gesellschaft ihr Wissen, ihre Erfahrung, ihre Vitalität zur Verfügung, und diese Gesellschaft muss erkennen, dass ihr eben das fehlt, was die Ärmsten besitzen. Wo immer nämlich diese Gesellschaft nicht funktioniert, wo immer sie versagt, wird ihr Versagen an den Ärmsten offenbar.

Jede Veränderung im sozialen Raum, jede Verschärfung des Wettbewerbs, jede Zunahme an Gewalt im öffentlichen Leben, jede Kontaminierung billigen Essens hinterlässt in der Lebenserfahrung von Armen ihre Spuren. Auch wie Gesellschaft sich verändert, in ihren Klassen- und Geschlechterverhältnissen ebenso wie in ihrer Mitmenschlichkeit, das erfahren die Armen zuerst. Sie werden deshalb eben nicht nur materiell und gesundheitlich, sie werden auch psychologisch und moralisch am empfindlichsten von den Einbußen der Gesellschaft getroffen.

In der Armut wird das Selbstbild der Gesellschaft gekränkt und bestätigt: gekränkt, weil sie ihre idealen Bilder ohne Rückstände produzieren möchte, bestätigt, weil sie diese Armut ja selbst herstellt, die Produktion von Armut also genau so forciert wie ihr Pendant, den Wohlstand.

In dieser Kultur, und das heißt auch in den Beziehungen der Menschen untereinander, hat sich der Wert der Verkäuflichkeit und Käuflichkeit derartig verselbständigt, dass Menschen schon degradiert werden, weil sie nicht am Warenverkehr teilnehmen können oder wollen. Jede Gesinnung, jedes Phänomen, jede Erscheinung, jede menschliche Hervorbringung, jede Leistung wird auf optimale Verkäuflichkeit untersucht und abgerichtet. Unvorstellbar, welche Kultur sich entwickeln könnte, wenn nicht jede Lebensregung an ihrer Markttauglichkeit gemessen, wenn Zugang zur Öffentlichkeit nicht nur Dingen verschafft würde, die sich verkaufen lassen, wenn, mit einem Wort, jeder täte, was er gesellschaftlich für wichtig, und nicht, was er für profitabel hielte. Eine Utopie mehr.

In dieser Anstrengung wäre der Arme – der Statthalter einer gesellschaftlichen Defizienz, eines Scheiterns aller – vielsagend, kennt er die Wirklichkeit doch wie der Kranke die Gesundheit kennt.

Am 27. April 1986 sitze ich in Starnberg in meiner kleinen Souterrain-Wohnung mit Blick in den Garten, sitze schon seit Tagen so, weil ich an einem widerborstigen Text schreibe. Ich besitze weder Fernseh- noch Rundfunkgerät, habe das Haus seit Tagen nicht verlassen, nicht telefoniert, keine Post empfangen.

Das Telefon klingelt. Mit einer Freundin, einer Malerin, spreche ich kurz über ihre Arbeit. Sie befindet sich im Kreise der Familie. Ich frage:

»Was macht ihr?«

»Wir gucken Tschernobyl.«

Ich habe keine Ahnung, was das ist.

»Und? Ist es gut?«

»Das kann man so nicht sagen.«

»Warum guckt ihr es dann?«

»Na hör mal, man muss doch informiert sein.«

»Nicht über alles.«

»Aber darüber doch nun wirklich.«

»Ich weiß nicht, ich guck es doch auch nicht.«

»Wie kann dir das so gleichgültig sein?«

»Ich kann nicht mal sagen, dass es mir gleichgültig ist, ich brauche es einfach nicht, ich sitze hier, ich schreibe …«

Sie unterbricht mich.

»Du bist ja kaum noch Zeitgenosse.«

»Hängt das davon ab, von, wie heißt das, was ihr guckt?«

»Tschernobyl.«

»Ihr guckt das mitten am Tag?«

»Im Augenblick läuft doch kaum was anderes.«

»Das gucken alle?«

»Weißt du überhaupt, wovon ich rede?«

Sie erklärt es mir.

Ich werde das Haus verlassen und die Wiesen ansehen. Die Bauern haben schon das Vieh von den Feldern geholt, die Milch wird sicherheitshalber nicht mehr getrunken. Die Begriffe »kontaminiert« und »Halbwertzeit« geraten erst in den Wortschatz, von da ins Bewusstsein. Die Außenwelt ist von etwas erreicht, das man als Knacks bezeichnen könnte. Unsichtbar, unfühlbar. Die Natur ist gerichtet, sie hat jetzt eine tödliche Seite und wendet diese immer häufiger nach außen: der schütter gewordene Wald, der saure Boden, das kontaminierte Wasser, das Misstrauen in das schöne Wetter. Plötzlich ist alles mit dem Verdacht belastet, es sei nicht, wie es scheint. So wurde der Knacks bewusst.

Der Knacks der Außenwelt: Als im Kalender der 11. September und in den notorischen »Geschichtsbüchern« ein neues Kapitel der Deutungen aufgeblättert wurde, erwies sich gleich der erste Moment, so wie er vom spontanen Erleben verarbeitet wurde, als geradezu anstößig, unpatriotisch und blasphemisch. In diesem ersten Reagieren nämlich war alles noch ein »Zwischenfall«, ein aus der Regel fallendes Ereignis, offen zur Verarbeitung durch jedermann.

Am Tag, als es passierte, gab es keine Pietät den Bildern gegenüber, die als Rückprojektionen in Endlosschleifen durch die Fernsehstudios und ihre Gesprächsrunden liefen. Es gab auch keine Pietät den Menschen gegenüber, die da stürzten, man zoomte sie heran, Grauen formulierend, Bildern gegenüber, die nicht nur grauenhaft gefunden wurden, sonst hätte man sie nicht so ausdauernd gezeigt. Das Ereignis war nicht geronnen. Die Stereotypen standen noch nicht bereit, das Arsenal der Gemeinplätze hatte seine Floskeln noch nicht entlassen. Das Gefühl hatte sich nicht verfeinert, Schaulust dominierte, und sie war noch nicht verboten.

Constanze, die in dieser Zeit in New York lebte, berichtet: Der 11. September war der Tag der New Yorker Bürgermeisterschaftswahlen. Die Flugzeuge schlugen Stunden vor Schließung der Wahllokale im World-Trade-Center ein. Sogleich riefen die Wahlkämpfer: Wir brauchen einen neuen Bürgermeister, damit so etwas nicht wieder passieren kann! Man nahm dies noch als städtische Katastrophe. Es gab Menschen in New York, die mitten im Chaos der Straßen standen und fragten: Kann man das nicht endlich mal löschen, aufräumen und weitermachen? In Europa wurde ein Fußballspiel der Champions League noch angepfiffen, und die Verantwortlichen mobilisierten das Generalschlüssel-Argument: Setzten wir das Spiel nicht an, hätten die Terroristen gewonnen. Samt und sonders Pragmatiker der Notlage, die heute wie Staatsfeinde klingen.

Dann endlich erhob sich die große rhetorische Überformung, die Deutungen setzten ein, Sätze donnerten nieder, Verhaltensnormen wurden verordnet, das Erlebnis koppelte sich von der unmittelbaren Erfahrung ab, und man erfuhr, wie man zu erfahren gehabt hätte.

»Nichts wird sein wie zuvor!«, hatte man zu sagen, und schon die Frage nach der politischen Bedeutung der getroffenen Gebäude war unstatthaft, subversiv, unsolidarisch.

Kathedralen wurden auf dem Ereignis gebaut, rhetorische Panzer aufgefahren, die Moral rüstete hoch und wurde erst aggressiv, dann kriegerisch. Was als Knacks durch die politische Welt zucken sollte, war in seiner ersten, noch undefinierten und von keinem Kollektiv-Ich vereinnahmten Rezeption von Schrecken besetzt, nicht von Moral. Dass die Moral entstand – eine Moral, die Friedenszeiten kriegerisch machen sollte –, war ein Indiz dafür, dass sich der Schrecken der Unmittelbarkeit verzogen hatte.

Die Wachen in Guantánamo warnen die Häftlinge mit der ultimativen Drohung:

»Wenn ihr die Wahrheit nicht sagt, werden wir euch brechen, und niemand wird geistig intakt dieses Lager verlassen.«

Die Häftlinge haben zahlreiche Mitgefangene verwirrt werden sehen, haben die bizarre Sprache der mentalen Störungen in eigener Anschauung erlebt. Nun blicken sie ängstlich auf die Stelle, durch die der Bruch in ihr Leben treten könnte: den Koran natürlich, die Familie. Die festesten sind die anfälligsten Bindungen. Da bedauern sie, feste Bindungen überhaupt zu besitzen.

Vor den Augen der Opfer wendet sich alle Welt ab, als seien die Schreie nicht laut genug. Weit weg. Als hätte der Schmerz eine Staatsangehörigkeit! Es gehört zur Folter, dass sie sich in einem Klima der Heimlichkeit entfaltet. Diese Heimlichkeit und der allgemeine Wunsch, nicht von Folter allein, sondern auch von den Bildern der Folter verschont zu bleiben, arbeiten einander zu. Man will sich den Tag nicht durch die Bilder von Menschen versauen lassen, die ihre Eingeweide herauskotzen oder schreien, bis ihnen die Stimmbänder versagen. Die Indifferenz im Umgang mit Folter verrät sich in allen Bildern, die unter den öffentlichen Bildern nicht toleriert, und in den Bildern, die aufgebaut werden, um jene anderen nicht zu sehen.

Wo man sich der Folter zuwendet, kann man der menschlichen Phantasie bei der Arbeit zuschauen, beim Erfinden von Geräten, die den schlimmsten Schmerz erzeugen können, bizarren Geräten mit eigener Logik und Funktionalität. Man kann Erörterungen über Methoden lesen, wie man den Körper eines Menschen als Instrument bedient und wie man seine Ohnmacht verhindert, die ihn für kurze Zeit schmerzunempfänglich machen könnte.

Es lässt sich begreifen, dass es nie darum ging, Menschen zur Wahrheit oder zum Sprechen zu bringen, sondern dass es um die Willkür einer Zerstörung der Körper und Seelen ging, die ihre Logik ausschließlich in der Fabrikation der größten, dem Menschen erreichbaren Schmerzen besaß. Wer solche Orte gesehen, wer sie sich zumindest erlesen hat oder Berichten darüber gefolgt ist, wird sie nicht wieder verlieren, aber feststellen, dass sie große Teile jener Bestrebungen, die man im Leben verfolgt, nicht nur begleiten, sondern irrelevant erscheinen lassen.

Dieser Bruch ist immer, nur das Bewusstsein um ihn schwankt. Die Moral dazu ist die des Kartoffeldrucks: so simpel, dass es gedanklich unbefriedigend gefunden wird, sie zu bemühen. Trotzdem ist der Bruch, den sich Menschen zufügen, der seine Rechtfertigung in den Verfassungen von Staaten, in den Weltbildern von Individuen findet, kein Gegenstand ästhetischer Reflexion allein, er ist brachial und aussprechbar, er begleitet, was immer sonst noch gehandelt oder geduldet wird, und auch er verflüchtigt sich in der Gewohnheit und findet keinen Zugang mehr zu den sich Wegwendenden.

Vor dem Gefängnis, in dem er selbst interniert worden sei, so erzählte mir einmal ein vietnamesischer Journalist aus Bagdad, befand sich ein Hühnerstall. Die Schergen folterten ihre Opfer so lange, bis, animiert von den Schreien, der Hahn zu krähen anfing. Krähte der Hahn rasch, blieb dem Opfer das Schlimmste erspart, krähte er nicht, folterten sie es bis in den Tod.

Der Hahn sind alle. Mal reagieren wir auf einen Schrei, mal nicht, mal erretten wir jemanden, mal haben wir es versäumt zu reagieren. Die Tatsache, dass es schwerfällt, Bilder gefolterter Menschen anzusehen, wird zur Rechtfertigung dafür bemüht, dass man sich abwendet. Die Gaffer haben nur die Bilder, nicht die Schmerzen zu ertragen, und die Großherzigkeit, die man von ihnen verlangt, ist in erster Linie die Bereitschaft, zur Kenntnis zu nehmen, wo und in welcher Form und welchen Opfern gegenüber Folter praktiziert wird. Es reicht, zu wissen.

Es gibt eine Zeit, da man die eigenen Verluste auf die Außenwelt projiziert und politisch wird. Es kommt eine andere Zeit, in der man souverän wird und weiß, dass Politik, auf die man Einfluss hat, keine ist. Der Rest heißt »Protest gegen Guantánamo«, eine Art »Vergangenheitsbewältigung« zu Lebzeiten.

In Deutschland bringt sich 1933 ein Mädchen aus Schmerz über den Reichstagsbrand um. Der Sturz Mussolinis lässt einen Gemüsehändler Hand an sich legen, treibt eine kleine Näherin in den Suizid. Was ist das? Die Insignien der Politik waren lange unterwegs zu den Menschen, jetzt sind sie in ihrem Innenleben angekommen, wo sie immer hinwollten. Die Näherin ratifiziert ihr Nicht-Sein, indem sie sich an etwas Großes bindet und ihrem sklavenhaften Sterben den Überbau des Opfertodes verleiht. Sie ist das Volk. »Du bist Deutschland« – stirbt es, stirbst du.

Wenn Kinder um Nichts spielen, spielen sie um die Ehre. Wenn Politiker aufs Ganze gehen, geben sie ihr Ehrenwort. Kein Widerspruch, denn wenn es um alles geht, setzt man besser wenig ein, und wenn sich jemand auf die Ehre berufen muss, ist sie meist bereits gefährdet. Weil die Ehre in dieser Funktion aber nur von den Stützen der Gesellschaft benötigt wird, steht sie offenbar ausschließlich Männern zu. Oder hat man je eine Politikerin ein Ehrenwort geben hören? Die ehrenwerte Gesellschaft ist nun einmal eine Herrenrunde, und wer sich von hier aus auf etwas so Verpflichtendes und der Zeit Entzogenes wie das Ehrenwort beruft, sucht seinen Halt in einer alten Werteordnung mit Überlegenheitsanspruch gegenüber dem jüngeren System des Staates und nährt den Verdacht, die Ehre sei nichts weiter als ein Verwesungsrückstand, der beim Verfall ehemals intakter moralischer Systeme frei wird und sich schließlich verflüchtigt. Wird es dann gebrochen, ist wenigstens auch die Wahrheit auf dem Feld der Ehre gefallen.

Die Zeitungen kennen sie alle: Die Verlierer der Einheit, der Globalisierung, der Bildungsreform, der »Agenda 2010«. Sie fotografieren die Verlierer mit enttäuschten Gesichtern, statten sie mit Bitterkeit und Resignation aus und lassen ihre Bilder unter den Gewinnern zirkulieren wie unter der Mehrheit all jener, die nicht in die Kategorien des Gewinnens oder Verlierens fallen.

Der Verlierer hat für die Volksseele hygienische Funktion. Sein Bild mobilisiert nicht so sehr Empathie, sondern eher die wenig sympathische, doch unbezwingbare Genugtuung, selbst nicht zu den Verlierern zu gehören, mit anderen Worten: kein Verlierer und damit schon Gewinner zu sein.

Das öffentliche Leben stellt solche Verlierer her als ein Kontrastmittel. Wir erinnern uns: Gerade tritt jemand über die Schattenlinie, gerade setzt sich unsere Form der Lebensführung als Scheitern in den Biographien anderer durch.

Wir erinnern uns: Die Gewinner–Verlierer-, die In-und-out-Listen, die Notenverteilung in den Tageszeitungen, die Strafräusche der Rezensenten, sie alle produzieren Verlierer und mit ihnen einen Konsens über das, was Kriterium des Verlierens sein soll. Dabei sind die Genannten doch nur die im Prozess des Verlierens Vereinzelten, Herausgehobene mit dem Stigma, öffentlich zu verlieren.

Sie aber blicken aus der Froschperspektive ihrer persönlichen Niederlagen hinauf zum kollektiven Ich der Nation in seinem Scheitern und wissen: Politik organisiert unsere Verluste.

»Was macht Ihnen mehr aus«, fragte ich mal Wolf Wondratschek, »der Verlust Ihrer Haare oder der Verlust der Wälder?«
Verführt vom schönen Schein der Amoral, erwiderte er: »der
Haare«. Auf diesem Punkt angekommen, hätte er eigentlich
sagen müssen: »Ich kann die beiden gar nicht voneinander
unterscheiden«?

Lebensgeschichte

Im Knacks schlägt sich eine Erfahrung nieder, die amorph besteht, aber nicht als Gegenstand erkannt wird. Will man die Bauprinzipien, nach denen sich Persönlichkeiten bilden – also diese Kette von Ereignissen, aus der man die Plausibilität des Charakters ableitet und diesen auch entschuldigt –, verlassen, kommt man auf die andere Seite. Dann entdeckt man die Unmerklichkeit von Prozessen des Übergangs, der Disqualifizierung, des Nicht-mehr-Seins, des Lebensentzugs, des Brechens, der Enttäuschung, des Maschine-Werdens oder der gestörten Effizienz – man muss den Blick ändern, um zu bemerken, wie aus dem Nicht-Ich dieses Ich heraustritt, sich durch all dieses Unpersönliche hindurch rettet.

Wo man vom »Knacks« spricht, behandelt man eigentlich eine Biographie, die nackt wird unter der Bedingung, dass bestimmte Codierungen, die üblich sind – Entscheidungen, Schulwege, Allianzen, Verträge, Schocks –, wegfallen. Die Biographie wird insofern nackt, als sich die Spuren verlieren, sich die Ordnung auflöst, die kausalen Begründungen verflattern und ausgewaschen werden. Denn ein Leben setzt sich nicht zusammen aus aufgerissenen Augen und abgeworfenen Pelzen, stehengelassenen Gesprächspartnern, zugeschmissenen Türen und treffenden Antworten.

Die Biographie wird gerne behandelt wie eine experimentelle Anordnung. Um überhaupt einen Rest an Selbstbewusstsein zu bekommen, werden Lebensläufe codiert im Zeichen symbolischer Ereignishaftigkeit: Aus lauter sprechenden

Partikeln der eigenen Geschichte werden die Bauprinzipien des Lebenslaufs gewonnen. Alles erklärt sich in der Summe solcher zusammenwirkender und auseinander resultierender Faktoren. »So wurde ich«, sagt man. »Deshalb wurde ich.« Der spätere Schokoladenfabrikant wird sich versenken in den Augenblick, als der Zucker in sein Leben kam. Der Politiker wird den gleichen Moment vergessen oder irrelevant finden.

Auf diese Weise hat es sich eingebürgert, Biographien zu organisieren in der narrativen Logik etwa des Karriere-Modells: Darin wird jedes Ereignis als Basis für das daraus folgende kapitalisiert – eine vulgarisierte Form von »Karma«. Ich bin die Summe meiner Entscheidungen. Selbst die Fehler, die ich mache, selbst die Misserfolge, lohnen sich, helfen und bauen auf. Doch in dem Augenblick, da man den Pfad der Ereignisfolgen über Schwellenerlebnisse und Initiationen verlässt, was bleibt da übrig? Die nackte Biographie, ein undurchdringliches Gangsystem, ein Feld, eine Vielfachbelichtung übereinanderliegender Bilder. Deshalb ist ein Kausalitätsmodell hier nicht mehr hinreichend.

Nicht mehr gilt: Das Frühere ist das Spätere, aus diesem hat sich jenes entwickelt. Der Knacks macht eine kausale Lebensbeschreibung, macht diese Form der epischen Entwicklung des Einen aus dem Anderen unmöglich. Die Biographie muss anders ausgebreitet werden. Als Zeichenfeld?

Gäbe es eine Gegenbewegung zum Knacks, sie wäre ein Verglühen. Da kommt etwas hoch, nach Präsenz verlangend, auf seinen Durchbruch in der Wirklichkeit fixiert, und dann ist sie da: die Lust an der Stadt, die Erfüllung der Begierde, das Verschmelzen in der Natur, das Kollabieren. Verglühen, das ist eine Erfahrung, die nicht verblasst und bleibt, sondern die sich vollendet und ins Verschwinden tritt.

Man entringt den Verlusten die augenblickliche Form. Was wir sind, haben wir gerettet. Es ist Beutegut. Wir leben nicht stabil, um dann und wann von Einschränkung und Verlust bedroht zu werden, sondern wir leben im Verlust und werden dann und wann mit der Illusion der Stabilität befriedet. Was wir uns und anderen sein können, ist nichts anderes, als was wir unserem Fatalismus abtrotzen konnten. Deshalb geschieht es schon fast im Reflex, wenn der Enttäuschte sagt, dass es egal sei, dass ihm die Niederlage, der Verlust, die Wirkung, die Menschen insgesamt, dass sie ihm egal seien. Doch auch Gleichgültigkeit ist manchmal ein produktives Laster: Man kann grausam, kleinmütig, feige werden, aus Gleichgültigkeit so gut wie aus Entsetzen. Einer der japanischen Fotografen des Atombombenabwurfs von Hiroshima machte fünf Fotos. Dann konnte er nicht mehr.

Auch die Mitglieder der Kulturkirche wollen manchmal bis zur Marottenhaftigkeit traurig, verzweifelt, bitter, auch enttäuscht oder verhärtet aussehen. Nicht aber soll man ihnen das größere, stillere Drama anmerken, den Knacks, die »Krankheit zum Tode«. Wie eine Störung tritt er ein, wird wunde Stelle, ein Flächenbrand der Verneinung, der von allem Besitz ergreifen kann. Der Knacks ist der Punkt, an dem das Unberechenbare eindringt, und auch das widerspricht der Parallelkonstruktion der geglückten Berufs- und Lebensplanung.

Eine Lieblingshypothese der gesellschaftlichen Verständigung über die Biographie Lebender liegt im Anknüpfen an Erfolge, Etappen der Beförderung, Auszeichnungen, Trophäen. Auch die Betroffenen selbst eignen sich manchmal dieses Nicht-Ich an und tun, als setzten sie sich wirklich aus Erfolgsgeschichten zusammen. Tatsächlich aber ist nur das dauernde Scheitern, die Wiederkehr des Misserfolgs das eigentliche Kontinuum, das selbst den Alltag im Kleinen unablässig begleitet. Es gibt sogar eine Verlegenheit im Umgang mit dem Erfolg, die manchmal selbst ihn noch in die Zone des Misserfolgs reißt. Man scheitert vor dem Erfolg, erleidet in ihm seine Niederlage, vielleicht, weil es kein Ankommen gibt in der Umarmung.

Es steckt etwas Euphorisches im apokalyptischen Ideal, in der Rasanz des umgekehrten Lebens. Während alles niedergeht, überlässt sich auch das Ich dem Sog der Katastrophe. Sie überholt den Einzelnen, die Schlagzahl ihrer Brüche ist höher, ihre Bewegung ist klar und geradezu heilsam, gemessen an den schleichenden Erosionen des Individuums.

Bruchlos erscheint es in seinem Niedergang, ausgeliefert dem Sog der Dekadenz, zielstrebig in der Zerstörung, so wie es der italienische Geschichtsphilosoph Giambattista Vico geradezu rauschhaft formulierte: »Zuerst fühlen die Menschen das Notwendige, dann achten sie auf das Nützliche, darauf bemerken sie das Bequeme, weiterhin erfreuen sie sich am Gefälligen, später verdirbt sie der Luxus, schließlich werden sie toll und zerstören ihr Erbe.«

Glückliche Sätze, befeuert vom Pathos des Untergangs. Verderben, Toll-Werden, Zerstören, warum nicht? Es ist das Privileg des Menschen, sich selbst abschaffen zu können, und glücklich macht manchmal bereits die Vorstellung, das Leben habe überhaupt eine Richtung. So weicht der diffuse Nebel, den der Knacks verbreitet, dem kalten Pathos der Untergangslogik.

Verwandt tönt die pessimistische Energie aus Leonardo da Vincis Zeilen. Auch er hat den Untergang im Blick, auch er liefert sich der zentripetalen Kraft aus, die jede Gegenbewegung stillstellt: »Wesen werden sein auf Erden, die werden ewig streiten, das eine wider das andere, mit sehr großem Schaden und häufigem Tod auf jeder Seite. Jene werden keine Grenzen setzen ihrer Bosheit; mit ihren rasenden Gliedern wird ein Groß-

teil der Bäume von der Erde unermesslichen Wäldern nieder-
gemacht; und wo sie sich mit Nahrung vollgesättigt haben, soll
es ihre Lust erfreuen, auszuteilen Tod, Kümmernis, Mühsal,
Schrecken und Verbannung jeglichem Ding des Lebens. (…)
Nichts wird bleiben auf Erden, noch unter ihr, noch in den
Gewässern, das nicht wäre verfolgt und beunruhigt noch vernichtet worden, und das, was in einem Lande, weggeschleppt
in ein anderes; und ihre eigenen Leiber werden Grab sein und
Durchgang aller lebendigen Leiber, die sie getötet.«

Vielleicht erlebt man hier den Renaissance-Menschen im
Rausch der Darstellung negativer Freiheit, ähnlich wie man
den Barock-Menschen erlebte, wie er in der rhetorischen Ek-
stase der Vanitas immer wieder lustvoll verglühte. Mag sein,
dass die rasende Souveränität des Kulturpessimismus nicht vor
allem pessimistisch ist, sondern souverän, trotzdem erleichtert
sie dem Sprecher das Leben, indem sie es um das Zweideutige,
Widersprüchliche, Indifferente, auch Diffuse bereinigt. Die
Bewegung der Geschichte hat, so betrachtet, mehr Eindeutigkeit und auch mehr Energie als die Individualgeschichte des
alternden, welkenden Menschen in seinem Knacks.

Auf der nächsten Entwicklungsstufe dieser Teleologie macht
sich das Individuum selbst zum Prinzip des Zerstörerischen
und beugt dem Knacks vor. So phantasiert Marquis de Sade
einmal von einem Verbrechen als Perpetuum mobile: »Ich
möchte ein Verbrechen finden, dessen Wirkung kein Ende
nimmt, selbst dann nicht, wenn ich nichts mehr tue, sodass
es nicht einen einzigen Augenblick in meinem Leben gäbe, in
dem ich nicht, selbst im Schlafe, die Ursache irgendeiner Verwirrung wäre, und ich wollte, dass sich diese Verwirrung über
alle Maße ausdehnen könnte und eine allgemeine Verderbnis
nach sich zöge oder eine so gründliche Störung, dass sich die
Wirkung sogar über mein Leben hinaus fortsetzte.«

Diese sadistische Souveränität immunisiert sich selbst, löst die Idee vom Körper und wird Prinzip. Sie bleibt intakt und wirksam, bleibt negative Energie ohne Verlust, selbst wo sie sich aus dem Leben des Verursachers gelöst, von seinem Verfall, auch von seinen moralischen Wallungen emanzipiert hat. Das alleine laufende Verbrechen hat seine Unangefochtenheit eben darin, dass es den Verursacher nicht mehr braucht – das Ideal einer Tat, die auch vom Täter nicht mehr eingeholt werden kann.

Die Ordnung eines Lebens hängt, Baltasar Gracián zufolge, am »et cetera«. Kaum erwacht ein Mensch aus der Routine seiner Zeit, wird ihm bewusst: Die Vergangenheit steckt voller Momente, die immer noch reine Gegenwart sind, Momente beim Wäsche-Aufhängen, beim Wein-Entkorken, beim Aus-dem-Fenster-Lehnen. So gesehen bewegt sich die Zeit in manchen Elementen gar nicht, in anderen springt sie, und es gibt vielleicht Menschen, die in ihrem Leben bewusst kaum je etwas Gegenwärtiges getan haben.

Vor gut vierzig Jahren wurde in einem Vorort von Johannesburg eine dunkelhäutige, mit allen negroiden Charakteristika ausgezeichnete Frau als Tochter weißer Eltern geboren. Sandra Laing war ein Rätsel, das die Ärzte nicht auflösen konnten, war doch die Treue der Mutter erwiesen, die Vaterschaft des weißen Vaters fraglos. Ihren Eltern zuliebe wurde die Tochter trotz ihrer dunklen Hautfarbe auf eine Schule für Weiße geschickt, dort aber so lange von Mitschülern und Lehrern schikaniert, bis man sie neu »klassifizierte« und auf eine »schwarze« Schule schickte. Nach einiger Zeit war sie auch dort als nicht eindeutig Schwarze Anfeindungen ausgesetzt, und für kurze Zeit kehrte sie neuerlich in die Schule für Weiße zurück, von wo sie mit einem Schwarzen durchbrannte, um von diesem Zeitpunkt an unter Schwarzen zu leben.

Durch eine kleine Notiz in einer südafrikanischen Zeitung drang die Geschichte der Sandra Laing, die geeignet schien, das Dilemma der Apartheid an einer einzigen Person darzustellen, bis nach Hamburg. Nachdem sie nachrecherchiert und für authentisch befunden worden war, beschloss die Redaktion, für die ich arbeitete, Sandra Laing zu einem Fernsehinterview einzuladen. Sie hatte in ihrem Leben Johannesburg nie verlassen, nahm ihren Mann und drei Kinder mit und begab sich auf eine Reise, deren Zweck sie vermutlich nur unvollkommen nachvollziehen konnte.

Von der Befremdung, mit der die junge Frau und ihre Familie das Hotel und die hanseatische Stadt wahrgenommen haben müssen, machten wir uns alle nur eine ungefähre Vorstellung, auch wenn ein Redakteur sie von ihrer Ankunft an begleitete. Das Interview sollte am Nachmittag geführt und am Abend ausgestrahlt werden, nicht live, um Sandra Laing nicht unnötiger Aufregung auszusetzen, sie auch nicht ungewollt bloßzustellen, falls sie sich der Situation nicht gewachsen zeigen sollte.

Ich sprach mit ihr im Aufenthaltsraum, wo sie einsilbig antwortete, bis ich sie nach den Fotos ihrer übrigen, zu Hause gebliebenen Sprösslinge fragte. Da nannte sie mir deren Namen und Alter, erzählte sogar, was jedes der Kinder im Leben tat und wie ich mir seinen Charakter vorzustellen hatte. Lauter liebevolle Miniaturen.

Im Studio führte ich Sandra Laing an ihre Geschichte heran mit Fragen, die ihr Leben in immer kleinere Abschnitte zerlegten und darauf angelegt waren, ihrer Erinnerung den Weg zu ihrem eigenen Leiden, ihrer Erniedrigung und Missachtung zu bahnen. Das Gespräch dauerte fünfzehn Minuten, dann waren wir bei der Gegenwart angekommen. Im gesamten Verlauf des Interviews hatte sie mich nicht angesehen und kaum eine Frage anders als mit »Ja« oder »Nein« beantwortet.

Dem Fernsehbild nach zu urteilen, gab es keine Beziehung zwischen der Frau im Studio und ihrer Geschichte.

Zwei Tage später reiste die Familie wieder ab. Eine Videokopie wurde nicht verlangt. Niemand sprach über das Interview, und ausgestrahlt wurde es auch nicht. Das wäre auch kaum möglich gewesen, ohne Sandra Laing der Larmoyanz abgehärteter Fernsehzuschauer auszusetzen. Sie sprach von sich, indem sie schwieg, sie sprach in einem Massenmedium, aber ihre Worte kamen von der fernsehabgewandten Seite der Erde.

Brüche taten sich auf in ihrer Biographie, ihrem Selbstbild, ihrer Fremdwahrnehmung, ihrem Milieu, ihrer Gesellschaft, ihrer Erzählung, ihrer Verarbeitung der Erzählung zu einem Ereignis des Massenmediums. Das Ereignis war ihre Unfähigkeit oder ihr Unwillen, Subjekt der eigenen Geschichte zu werden und es für alle demonstrativ noch einmal zu sein. Wir sollten offenbar lernen: Nur weil man überall eine Kamera aufstellen und einen Menschen davorsetzen kann, erhält man noch lange kein Bild, es sei denn, man akzeptiert den Knacks der Erzählung als Verneinung ihrer Darstellbarkeit.

Im Versuch, die Innenwelt zu versachlichen, sucht man die Erklärung für die Bewegung einer Person in der Außenwelt. Ich sah einer Alzheimer-Patientin in einem Pflegeheim zu. Unablässig mit sperrangelweit offenen Augen in den Abgrund starrend, der ihre Vergangenheit war, konnte sie sich liebenswürdig an die Schwestern wenden, ihre Fragen höflich formulieren, selbst die Zimmernachbarin, eine immer neu Fremde, mit freundlichen Worten bedenken.

Einen Tag später war dieselbe Frau mürrisch, jedem Menschen gegenüber vorwurfsvoll, und einmal verwies sie einen Pfleger rabiat ihres Zimmers. Alle ihre Erschütterungen waren ohne Geschichte. Sie entzündeten sich an nichts Äußerem, standen in keinem kausalen Zusammenhang zu Ereignissen.

Dann brach sie in Tränen aus. Es dämmerte etwas in ihr wie Selbstbewusstsein, und so, ausgeliefert an das eigene, in sich stehende Ich und ohne die Möglichkeit der Selbsterklärung, lebte sie ihre »Launen«, wie man es nennt, um nicht tiefer sehen zu müssen.

Und wenn all das, Ermüdung und Enttäuschung, Kapitulation und Krise, nicht ursprünglich an das Bewusstsein gebunden wäre? Wenn es stattdessen organisch, stofflich, bakteriell, genetisch bedingt wäre und psychisch allenfalls begleitet würde, dann könnte sich dieses Prinzip ja in der gesamten natürlichen Welt fortsetzen, so wie Rémy de Gourmont von den Insekten schreibt: »Es ist eher wahrscheinlich, dass auch die Bienen nicht alle den gleichen Charakter haben, da z. B. in gleichen Lebenslagen nicht alle gleich flink im Gebrauch ihres Stachels sind«? Wieder ein Ende der Aufklärung.

Samuel Becketts »Molloy« wird Roman im Versuch, einen vorbewussten Helden zum Zentrum des Werks zu machen. Keine psychologische Einheit ist dieser Protagonist, eher ein Treffpunkt von Impulsen, eher eine Kondensation aus herumfliegenden Partikeln Wirklichkeit. Will er sich in diesem Zustand transzendieren, manifest werden, Form annehmen, tut er es sprachlich.

Am Anfang dieses Bewusstwerdens ist wirklich das Wort, aber es erscheint nur, um alles Bewusstsein in sich abzutöten oder ins Beliebige aufzulösen: »Und manchmal dämmerte in mir dann eine Art von Bewusstsein, was ich durch die Worte ausdrücke ›Ich sagte mir usw.‹ oder ›Molloy, tue es nicht‹ oder ›Ist das der Name Ihrer Mutter, sagte der Kommissar‹, ich zitiere aus dem Gedächtnis. Oder ich drücke es aus (…), indem ich andere, genauso lügnerische Redefiguren gebrauche, ›Es schien mir, dass usw.‹ oder ›Ich hatte den Eindruck, dass usw.‹, denn mir schien nicht das geringste, und ich hatte keinerlei Eindruck irgendwelcher Art, sondern es hatte sich einfach irgendwo irgend etwas geändert, was bewirkte, dass ich mich auch ändern musste, oder dass die Welt sich auch ändern musste, damit nichts geändert würde.«

Der Punkt, an dem Innenwelt und Außenwelt sich berühren – zur Zeit der Romantik hat man dort den Sitz der Seele vermutet. Heute kann man den Knacks dort erkennen: Im »Irgendwas« und »Irgendwo«, und während die Realität stabil erscheint und die Innenwelt vielgestaltig und flüssig, kehrt sich das Verhältnis um: Instabil ist die Welt, stabile Sätze werden gegen sie nicht aufgerichtet, um etwas zu sagen, sondern zunächst um zu sein.

Und was sollte man denn auch jenen Prozessen entgegensetzen, die all unseren Präzisionsanstrengungen entgegenlaufen, wenn man sagt: Irgendwann habe ich es aufgegeben, an irgendeinem Tag war es zu spät, irgendwann verlor ich die Freude … Sätze, aufgerichtet, um die Flucht der Zeit zu skandieren.

Vom Helden eines Romans von Joseph Roth heißt es, er lebe mit seiner Frau »in einer ganz bestimmten Vorläufigkeit, die kein Ende hat«. Maxime: das Leben behandeln, als müsse es vor allem Endgültigen geschützt und dürfe nicht zu früh »gemeint« werden. Kein Bild der eigenen Existenz, eher ein Bildschirmschoner.

Also wird dieses Leben kultiviert mit dem unausgesprochenen Imperativ: Halte dich lieber in einem Zustand vor dem Leben auf. Dann wirst du es eines Tages annehmen, wirst »Ich« sagen können und sogar dich selbst meinen, wirst von »deinem Leben« sprechen und dich darin erkennen können – in einer Sequenz von ausweichenden, provisorischen Entschlüssen, denen man den Ausdruck persönlicher Entscheidungen gibt.

Man wird die Schwelle vom Vorläufigen zum Endgültigen übertreten haben, ohne es zu bemerken, doch in der kurzen Zwischenzone, vielleicht nur in einer Wochenfrist des eigenen Lebens, war man glücklich, weil das Vorläufige noch ganz Versprechen war und das Endgültige noch provisorisch wirkte.

Man kann sich nicht dagegen wehren, dass sich ein Mensch plötzlich, wie es bei Musil heißt, »wie ein Aussichtsberg« unter einem erhebt, oder dass man – ohne recht zu wissen wovon: ist es eine Landschaft, eine Kirchenfassade? – so angehoben wird, dass man sich selbst mit einem Mal unter sich sieht und von wo eine Vorstellung des eigenen Lebens geradezu eigenmächtig entsteht. Man sieht sich, begreift sich im eigenen Treiben, in labilem Gleichgewicht durch die Landschaft des eigenen Lebens kommend. Wie es bei Joseph Roth heißt: »Du weißt nicht, ob Du ruhig in Deiner Lage verbleiben wirst. Es ist möglich, dass Du bald, im nächsten Augenblick, verschoben wirst – und gar nicht von oben her, sondern gleichsam von dem Fundament aus, auf dem Du stehst. Stelle Dir ein Schachbrett vor, auf dem die Figuren nicht stehen, sondern in dem sie stecken, und die Hand des Spielers, der unter dem Tisch sitzt, dirigiert sie von unten her.«

Das Bewusstsein des gegenwärtigen Menschen entsteht als ein Übertreten vom »ich denke« zu »es denkt«, »ich handele« zu »es handelt«. Irgendwann bezieht sich das Drama nicht mehr auf die Prozesse der Steigerung oder Expansion und ihre Rückschläge, sondern auf die Individualität jeder Enttäuschung. Später werden die Ansichten von Landschaften, Gesellschaften, Werken vor allem dazu gut sein, um den eigenen Abschied zu bebildern.

Die wichtigsten Dinge erschließen sich retrospektiv, sind unbemerkt ins Leben gekommen und sinken allmählich tiefer.

Der Knacks der Endlichkeit, wann, in welcher Situation wird er bewusst? Ein Knacks, der zum Craquelé wird. Alles überzogen von einem Geflecht der Risse: der Blick in die Natur, in die Kunst, aus einem Erker an einem Tisch sitzend, den Kopf aufgestützt, die Armbanduhr tragend, auf das Meer blickend.

Alles endlich: nicht die natürlichen und die gemachten Dinge allein, auch der Blick selbst, durch Prismen fallend. Die riskanten Vergewisserungen in den unscheinbaren Augenblicken. Und eines Tages wird man sogar entdecken, dass jede Selbsterkenntnis eine Anschauung von Brüchen ist, die im Biographischen, Moralischen, Ästhetischen, ja selbst im Physischen dauernd feststellt, was nicht mehr ist, nie wieder sein soll oder dauernd fehlen wird. In solcher Anschauung bildet sich Persönlichkeit.

»Während dieser Zeit«, heißt es bei F. Scott Fitzgerald über eine solche Krise, »wurden viele der üblichen Reitpferde unter mir weggeschossen – an ein paar ihrer Namen erinnere ich mich: Durchlöcherter Stolz, Getäuschte Erwartung, Treulos, Blender, Knapper Treffer, Nie-Wieder.« Versenkt: Begriffe sind Suspensorien. Sie mühen sich um die moralische Erschließung von Verhältnissen, die, moralisch indifferent betrachtet, noch unerträglicher wären. Auf dem Rücken dieser Begriffe schleppt man sich weiter, von Anlass zu Anlass, sie anzuwenden, doch im Grunde von sich aus, von innen bewegt.

Der Knacks, das ist die Zone der Gegenwart, und wo er bewusst wird, wird sie bewusst, nachzeitig: Jetzt sehe ich, wer ich nicht habe werden, weiß, wer ich nie wieder werde sein können, und selbst wenn ich würde, was ich wünschte, so ist doch, Joseph Conrad zufolge, »an einer vollendeten Tatsache nichts so vergänglich wie ihr Wunderbares«. Im selbstbewusst werdenden Knacks erscheint nicht das Leben, das geführt wird, sondern jenes, das führt.

139

Die Störung tief hinten im Gesicht. Der Schleier über dem Ausdruck der Wut, der Verletzung. Das Unbeherrschbare dringt durch einen Riss in das Gesicht. Man weiß, wie es im Jähzorn ist, wie es wäre, wenn es frei würde. Man kann diese Gesichter fürchten, nicht wegen der Gewalt, die sich in ihnen befreien kann, sondern wegen dieses Spalts, durch den man in die Tiefe des Gesichts blickt, in den Kopf, in seine Katastrophe.

Nach Wochen des Schlafens im Staub von Afghanistan, bewacht von Bewaffneten, die in den Büschen schlafen, umgeben von Kindern mit Traumata, plötzlichen Gewaltausbrüchen fliege ich heim, eingepackt in die Höflichkeit der Schalterbeamten, die Freundlichkeit der Stewardessen. Man wird mir einen Blattsalat vorsetzen und hinterher wird die Air Hostess kommen, auf einem Tablett drei Saucen:

»Sind Sie allein?«

»Ja.«

»Und was hätten Sie gerne?«

Und mir wird knieweich vor der doppelten Schwingung des Existenziellen in diesen Fragen. Ich sehe aber nur die Saucen an. Die Verbraucherinformation lässt mich wissen: Die Hühnerbrust hat 276 Kalorien. Jetzt bin ich angekommen.

Zu Hause werde ich den Postboten treffen, und er wird sagen: »Heute habe ich nichts für Sie.«

In solchen Situationen reichen Sätze gleich hinaus ins Symbolische.

Leichter ist es, Charakter, Richtung, Entschiedenheit zu haben, wenn man eine Moral hat. Die ohne Moral Lebenden schwärmen in alle möglichen Richtungen, mal angezogen von einer Steigerungsbewegung, mal narkotisiert vom Guten, mal diffus werdend, wo sie keine Pflicht fühlen und real kein Vergnügen finden können.

Die Herzlosen. Die Ironischen.

Doch werden sie im Knacks genauso wie die Moralisten, die neurotischen Charaktere, die Überzeugten in die Krise gezogen, im Widersprüchlich-Werden, wenn sich alles in Spektralfarben zerlegt und auswäscht. Wie soll man nun noch eine Persönlichkeit bauen statt zu werden, was ohnehin geschieht?

Um sich eine Verfassung geben zu können, die das Wort »Charakter« verdient, braucht es meist gemischte, widersprüchliche Verhältnisse. Angefochten muss dieser Mensch sein, Katastrophen müssen von ihm Besitz ergreifen, dauernd muss er in einer Bewährung stehen, dann wird er, dann wächst er über sich hinaus, das heißt von sich weg.

Die einen leben im Zustand, sie haben ein Ideal und dehnen sich in ihm aus, bis es sich in ihnen ausdehnt: Gläubige, Idealisten, Patrioten. Die anderen haben eine Richtung, sie wollen steigen, wachsen, wirken. Die einen werden schlicht, wo es möglich, die anderen gemein, wo es nötig ist.

Das Havarieren biographischer Projekte war im 18. Jahrhundert häufig gebunden an individuelle Störungen: gesundheitliche, praktische Einschränkungen. In der Gegenwart hängt biographisches Gelingen oder Scheitern stärker mit gesellschaftlichen Phänomenen zusammen: Massenhafte Entlassungen, Verlagerungen von Produktionsstätten ins Ausland, Steigerung der Produktivität durch Rationalisierung – solche Prozesse setzen sich über die individuelle Biographie, auch über Kategorien der Ausbildung, Eignung, Tauglichkeit, Begabung hinweg. Und so treiben die Viten immer uneinholbarer aus dem Radius der gelungenen Biographie heraus. Jeder kennt Scheiternde, Veräußerte, Herauskatapultierte, Strandgut ohne Anspruch auf ein gelungenes Leben.

Aus den Makro-Enttäuschungen, den kollektiven, durch die Weltlage, die Konjunktur, das Wetter, den geographischen

Standort bestimmten, leiten manche einen Schicksalsbegriff ab und übersetzen ihn in soziale Deprivation, die Wahrnehmung allgemeiner Benachteiligung.

Andere beugen ihren Enttäuschungen vor durch ein eher digitales Leben, setzen Lust- und Unlustimpulse rasch und klar: Dieses Auto, dieser Hauttyp, dieser Satz – schon gehabt, schon gesehen, schon entwertet; diese Mahlzeit, diese Frau: zur Wiedervorlage.

Zeittypischer Mann: in der Präambel eines Gesprächs sagt er das ihm Wichtigste über das eigene Leben, das heißt, er rekapituliert seine Karriere- und Erfolgsschritte, zeigt seine Trophäen und Abzeichen und behandelt das als Geschäftsgrundlage künftiger Kommunikation. Trotzdem traut man sich und fragt unvermittelt:

»Und verstehen Sie Ihre Frau?«

Er blickt auf, verwildert. Man setzt sich zum Essen. Die Brutalität des Geschäftslebens verlängert sich in der Brutalität des Verzehrs. Er kaut sein Essen nieder, während er nachdenkt. Es ist kein Genuss-, sondern ein Vernichtungsessen. Dann erwidert er:

»Frauen sind meine Hypothesen.«

Am selben Abend, derselbe Mann, an der Seite seiner Frau nackt im Bett liegend: Heute freut sie die Liebe nicht, heute braucht sie keinen Freund und keinen Geliebten und vom Mann allenfalls das Aroma. Deshalb muss der, der da liegt, nichts tun, als in ihren Zustand einzusickern. Er küsst sie, sie weist ihm mit dem Finger den Weg, mal dahin, mal dorthin zeigt sie, der Finger hebt sich in die Luft und landet anderswo, seine Lippen folgen. Was leitet sie? Die Aussicht auf etwas Tröstliches. Unter seinen Küssen erscheint auf ihrem Körper die Landkarte der Bedürftigkeit. Ein andermal mag sie wieder sexuell sein, heute ist da nichts als eine stumme Kommunikation mit den Blessuren. Küss mich hier, jetzt hier. Folge meinem Finger.

Nach Mitternacht gehen sie aus und sehen sich an den Straßen die Werbeplakate an. Dies war ihr schönster Tag, sagt sie der Mutter.

Ende November heften die Fluglinien an die Stirnseite der Flugzeugkabine einen Adventskranz, zwei mattierte weiße Kugeln daran, weiße Schleifen-Angebinde. Die Business Men in der Business Class blicken nicht hin oder desinteressiert oder offen animos. Ach ja, die Erinnerung an ein sentimentales Massiv, an eine Bewegungsrichtung ihres Lebens: kalendarisch auf Weihnachten zu, aber innerlich von Kränzen, Kerzen und Chorälen fort. Jetzt hängt er da, Signatur des Verlorenen, und weckt bei manchem vor allem Ressentiment: Ihn nicht zu fühlen, ihn wahrzunehmen als Siegel auf einem Pack verblichener Bilder und Gefühle. Er hängt da wie öffentliche Pornographie – erregt nicht und erinnert vor allem daran, dass er es nicht tut.

Die letzten Jahre der Heimlichkeit: Die bedrohten Räume sind die perversen, sie müssen fast kriminell oder potenziell kriminell sein, weil alle nicht kriminellen schon von Webcams, Voyeuren, Sicherheitsdiensten überwacht werden. Auch der eigene Computer, die private Entgleisung sind dokumentierbar durch Camcorder, Überwachungskameras, Handyreporter, Online-Zugriffe etc. Das Heimliche ist Inbegriff nicht dessen, was sich unöffentlich entwickelt – ein Bereich des Zauderns und der Selbstrevision –, sondern es repräsentiert, was man zu verbergen hat. Es ist also suspekt.

Ein russisches Fotomodell mit Katzenaugen besteigt ein Flugzeug in die Heimat. Ein Moment des Abstands. Vor der jungen Schönheit liegen sieben freie Tage, sie kippt den Sessel zurück, schließt die Augen, sieht sich in dem alten Raum ihrer

Kindheit, die noch nicht lange vorbei ist, sieht sich unter Menschen, denen sie nicht imponiert …

Nicht lange, und das Flugzeug gerät in Turbulenzen, kriegt einen Schlag, fällt, steigt wieder auf, liegt gefährlich schräg und so weiter, jedenfalls ist das Geschrei in der Maschine groß, die Sauerstoffmasken fallen herunter.

In ihrem Schrecken, überzeugt, diese Reise nicht zu überstehen, greift sich das Fotomodell einen Camcorder und spricht ihr Testament. Sie entschuldigt sich, das ist ihr das Wichtigste, bittet um Vergebung für ihre schlechten Launen, ihre Bösartigkeiten. Je länger sie spricht, desto mehr fallen ihr ein.

»Ich bin kein guter Mensch gewesen«, sagt sie.

Punkt für Punkt geht sie, gefasst im Augenblick der Panik, ihre Verfehlungen durch, ihre Betrügereien und Lügen. Sie gesteht selbst Bagatellen, redet sich in eine große Absolution hinein, weint und fleht Freunde und Familie an, schließlich das ganze Personal ihrer Vergangenheit.

Am Ende fängt sich die Maschine, und alle landen unverletzt. Da aber am Boden die Ursache des Schlags nicht eruierbar ist und Vorwürfe gegen das Kabinenpersonal laut werden, konfiszieren die Behörden die Aufzeichnung des Models, um in den Bildhintergründen die Bewegungen der Menschen und Gegenstände zu untersuchen.

So gerät das Testament in die Hände von Beamten, Ermittlern und immer neuen Ermittlern. Das Fotomodell aber soll von diesem Tag an erst richtig falsch geworden sein. Manche sagen, sie habe in jenem Moment der Todesangst den ganzen Rest Güte aus sich herausgepresst, der noch in ihr gewesen sei. Andere meinen, sie habe, da ihr Intimstes auf diese Weise öffentlich geworden war, von dem Tag an das Konzept der Moral insgesamt veräußert. Jedenfalls reichte ein Moment des Ernstfalls, um die Korrosion ihrer moralischen Person zu besiegeln.

»Ich erkenne dich ja gar nicht wieder!« Jemand ruft es aus wie im Erkenntnisschrecken über den Anderen, über die nicht-kontinuierliche Person, ihr unbegreifliches Reden und Handeln. Doch ebenso gut könnte der Ausruf Bestandteil des Selbstgesprächs sein. Der Satz beherbergt den eigenen Knacks, die Störung im Imaginären, den Sprung im Spiegel des Ich-Ideals: Ich falle aus dem Sozialstaat, ich bin nicht die Mutter meiner Kinder …

Der Satz sagt auch: Ich erkenne mich in entscheidenden Situationen nicht mehr wieder, bin nicht, der ich war, und nun suche ich Möglichkeiten, mich wieder zu erkennen.

Als Zenon, der Begründer der Stoa, so heißt es, einen seiner Begleiter zaghaft über eine Pfütze schreiten sah, sprach er:

»Er hat recht, gegen den Kot misstrauisch zu sein, in dem er sich nicht spiegeln kann.«

Inzwischen ist aus der Selbstbespiegelung in der Scheiße ein Markt geworden.

»Wer möchten Sie in zehn Jahren sein?«

»Der Chef, der Leute führt, der dieses Auto fährt, der diesem Bild entspricht …«

Und da dieser Mann all das nicht wurde und nicht ins Bild brachte, ist für ihn der Knacks nicht der Bruch, der alles änderte, sondern er ist die Erscheinung einer mitlaufenden internen Zersetzung. Jener Knacks wird also angebahnt vom internen Korrosionsprozess von Klischees, von Leitbildern im weitesten Sinne. Alle Figuren, die den Knacks zitieren, haben Umgang mit Klischees. Die Verständigung über diese macht das Weiterleben möglich.

Der sich selbst Reflektierende sucht sich wie einen Fremden. Er sucht sich in einer Form des Sich-selbst-vage-Werdens und denkt: Ich erkenne mich nicht wieder als der, der ich bin, nicht als der, der ich war; ich kann mich auch in meiner eigenen Biographie nicht spiegeln, und ich vertraue ihr nicht.

Bestenfalls erkenne ich mich als den, der ich sein könnte, für den es aber kein Bild gibt. Ich bin derjenige, den ich nicht vorwegnehmen konnte, und ebenso wenig kann ich mich als den, der ich geworden bin, erklären. Diese Nicht-Erklärung umspannt den Knacks.

Das Lebensgefühl des Jetzt: Diskontinuität. Die Technik ist weiter, die Architektur durcheinander, die Schnittgeschwindigkeit von Filmen der Trägheit des Auges voraus, und nun ist diese Diskontinuität sogar in der körperlichen Erscheinung angekommen: die Brücke zur Abstammung, zu den Eltern, zur familiären Ähnlichkeit abgebrochen. Stattdessen entsteht eine Ähnlichkeit aller, die sich operieren ließen. Die zweite Familie. Die kosmetische Chirurgie rekonstruiert nicht nur, sie besitzt einen transzendenten Überbau, wird sie doch genommen, als immunisiere sie gegen die Zeit.

Auf einer analogen Ebene sprechen manche Tätowierungen. Eine junge Frau, die eine problematische Entbindung hinter sich bringt, lässt sich die Linie des ersten korrekten Herztons ihres Neugeborenen auf den Arm stechen – als Totem, als Sicherheit für sich und das Kind.

So wie sich die Bürger im Land mit den meisten Waffen am unsichersten fühlen, so nimmt mit den Tätowierungen die Verunsicherung in einem diffusen Schicksalsglauben zu. Alle diese Zeichen verraten eine Verunsicherung, in der man des Protektorats durch das Totem bedarf, und der nicht Tätowierte, der nicht einmal dem Glauben des Aberglaubens anhängt, scheint schutzlos stark.

Ein Mädchen in der Bahn. Bis auf diesen Punkt hat man sie gebracht: Du musst erwachsen werden, hat man ihr gesagt. Sie ist es, liest dazu ein Comicheft.

Wimpernschläge später, und man wird ihr sagen: Du bist

alt geworden. Das Mädchen blickt von seinem Comic auf und sagt:

»Ich möchte in meinem Leben für immer in Hannover bleiben.«

Die Mutter an ihrer Seite hält ein und lächelt verlegen, denn sie weiß nicht, aus welchem Altersabschnitt dieser Satz gekommen ist. Aber sie weiß, was Nichts-Werden ist, hat sie doch selbst so eine »Non-Wahl-Biographie«, wie die soeben dafür eingetroffene Vokabel lautet.

Ein serbischer Oboist, der in seinem Beruf nicht oft genug Arbeit findet, geht zwischendurch wieder seiner alten Tätigkeit nach und arbeitet im Straßenbau, die Mischmaschinen bedienend. Diese Mischmaschinen werden oft schlecht gewartet, und nicht selten bekommt einen heftigen Stromstoß, wer die Metallteile berührt.

Eines Tages arbeitet der Mann wieder an der Straße. Dabei rutscht ihm etwas in seinen Schuh, ein Stück Mörtel, ein Stein, jedenfalls will er die Arbeit nicht unterbrechen und schüttelt, während sich die Mischmaschine weiter dreht, heftig seinen Schuh aus. Die Umstehenden aber glauben jetzt, er habe wieder einen dieser elektrischen Schläge erhalten, greifen sich geistesgegenwärtig einen Stock und schlagen ihm auf die Hand, um ihn von der Maschine zu trennen. Sie brechen ihm dabei mehrfach die Finger. Er hat nie wieder Oboe spielen können.

Gayle Porter, eine Kindfrau aus der britischen Öffentlichkeit, wurde vor ein paar Jahren zur attraktivsten Frau des Königreichs gewählt. Ihr Bild projizierte man auf Hochhäuser, die Herrenmagazine retuschierten sie in die Nacktheit. Dann bekam sie Depressionen, dann fielen ihr Haare aus, bis sie ein wenig aussah wie ein Page aus einem Vampirfilm.

Glatzköpfig steigt sie ins Taxi, und der Fahrer erschrickt:
»Mein Gott, Sie waren doch immer eine so schöne Frau!«

Ja, sie war nicht sicher vor dem Verlust ihres Frohsinns und
ihrer Haare. Aber ebenso wenig sicher war sie vor solchen Sätzen, dem naiven Schrecken, den sie im Gegenüber erzeugt und
der eine Kränkung jedes Mannes ist, der sich ehemals mit ihr
beschäftigte. Sie lebt in ihrem Knacks, der Doppelzeitigkeit, sie
hat sich überlebt und blickt doch gerade jetzt das Leben innig
an, da es abwinkt: ohne dich!

Ein Mann kauft an einem Kiosk ein paar Schmuddelhefte. Der
polnische Verkäufer fragt:

»Woher kommen Sie, mein Herr.«

»Ich bin kein Herr, aber aus Deutschland.«

»Ost oder West?«

»Nord.«

»Mein Vater war Zwangsarbeiter in Deutschland.«

»Und?«

»War eine gute Zeit. Besser als in Polen.«

»Wo war das?«

»In Bayern. Waren Sie mal da?«

»Ist mir nicht weit weg genug.«

»Dann leben Sie wohl selbst weit weg von sich.«

»Lassen Sie mal bleiben. Ich lebe im Singsang, so ein her-
untergeleiertes Leben. Ich fühle nicht mehr viel.«

Der Mann rafft seine Zeitschriften zusammen.

»Und die fühlen Sie?«

Es gibt weit zurückliegende historische Momente, in denen
sich Hitlers »Machtübernahme« bereits abzeichnete. Sie binden die Aufmerksamkeit von Historikern. Seltener werden
jene Momente beachtet, in denen die Geschichte der Ver-
legenheitsbewältigung vorweggenommen wird, und auch

sie ergibt sich aus dem Geschichtsverlauf mit einer gewissen Gesetzmäßigkeit. Unter all den Szenen, die dem »Aufarbeiten« geschuldet sind, hat mir eine kleine, ganz unscheinbare den nachhaltigsten Eindruck gemacht. Ein deutscher Verleger, der als Junge das KZ überlebte, hat sie mir erzählt.

Der Satz, durch den der Knacks verläuft, reicht weit über den Augenblick hinaus, es ist ein Satz, der die Zukunft zeichnet, so wie es eine Narbe tut. Dabei ist er noch dazu so tonlos, dass er im Fluss des Redens kaum auffällt und doch tief greift. Da wird also der Junge aus dem KZ befreit und geht an der Seite eines etwas älteren Jungen auf die Außentore des Lagers zu – hinter dem Zaun ein Komitee, Funktionäre, Presse, eine Abordnung des Ortes, ein Spielmannszug sogar, und der ältere der beiden Jungen sagt nichts als:

»Ach, jetzt kommt das.«

Und die gesamte Zukunft dieser Vergangenheitsbewältigung, ihre Rituale, ihre Stereotypen, ihre Redeordnungen, scheint in einem einzigen Seufzer zusammengefasst und ad acta gelegt, und was dem Jungen an Geschichtsarbeit in den nächsten sechs Jahrzehnten auch begegnen sollte, dieser Satz hallte darin nach.

Das Ende der Einfühlung. Für viele wird ein Erlebnis dadurch eines, dass sie es sind, die es erleben. Das bedeutet auch, wenige interessieren sich für eine Geschichte auch, in der sie selbst keine Rolle spielen. Dieses sind die Leser.

Die historische Erfahrung aber bietet dem Leser auch die einzigartige Möglichkeit, sich im Verlust zu identifizieren, nachzusehen, was verloren gegangen ist. So hält sich das Mitleid in Texten länger als in der Welt, und schon Grillparzer oder Hebbel – »groß« Fühlende in ihren Texten – sitzen an den Sterbebetten der Geliebten und verfluchen sich dafür, nicht empfinden zu können.

Da fühlt der Taxifahrer, sich in Rage redend, noch verantwortlicher: »Dass da einer verletzt auf der Straße liegt und keiner sieht hin«, sagt er, »das ist keine Blamage für einen, sondern für alle!«

Wäre also die Geschichte des Gefühls nicht ebenso zu bezeichnen durch den Knacks? Der Anblick des Packeises etwa machte ehemals, dass Menschen in Raserei verfielen. Wir stehen und lassen es kommen und gehen, wirken, ausgestellt von der Geschichte, verstört, reduziert, flüchtig – fast, als hätten wir alle Erfahrungen des historischen Subjekts schon vollständig durchlaufen und träten mit unserer Geburt nicht abgehärtet, sondern abgebrüht wieder in die Geschichte ein. Der Knacks der Gefühlsgeschichte liegt im Prozess der Abkühlung, und Teile der sentimentalen Kultur des Schlagers, des Kitsches, des Pathos sind nichts anderes als Versuche, aus der Zukunft auszubrechen. Wir besitzen aber, glaubt man dem südafrikanischen Literaturnobelpreisträger J. M. Coetzee, sehr wohl eine kollektive Vergangenheit, aber keine kollektive Zukunft.

Die einfache Beziehung zwischen der Vorliebe für die gemischten Gefühle und der Unfähigkeit, mit jemandem restlos zu sein, hat den Gast, der hier einsam an seinem Tisch sitzt, zur Vereinzelung geführt. Seines Alleinseins froh, sieht der Alleinstehende in den Augen der Kellner und anderer Gäste das Bedauern angesichts dieses Schwervermittelbaren, Alleingelassenen, einsam Essenden, der er ist. Doch repräsentiert der leere Stuhl gegenüber seine Lebensentscheidungen. Für andere tut dies ein mürrisches Weib oder ein gutherziges, jedenfalls eines.

Und von ihm aus betrachtet: Wie tief reicht seine Empathie ins Bild? Wie weit verfolgt sein Mitgefühl den Kellner, der das Tablett mit den Gläsern trägt? Bis in die Küche? Bis zurück in die heimische Familie? Stelle ich mir vor, wie er seine Motorrad-Kleidung ablegt und das weiße Hemd des Bedienungspersonals anlegt? Bin ich noch dabei, wenn er küsst? Eine Leidensgeschichte bearbeitet?

Wie weit will man gehen, ohne obsessiv zu werden? Ohne sich selbst zu verlieren? Doch andererseits: Wie weit muss man gehen, um diesen Kellner überhaupt als ein Individuum gesehen zu haben, dieses unvollständige, im eigenen Bild erstarrte Einzelwesen, dem gegenüber man seinem Mitgefühl eine willkürliche Grenze setzt. Ich sage:

»Heute keinen Wein, bitte.«

Er erwidert: »Heute trocken?«

Ist das sein Knacks? Etwas Unbeherrschtes ist plötzlich in seinen Zügen. Etwas Fanatisches, so wie Suchtkranke es manchmal haben. Dann stelle ich mir sein Gesicht im Schlaf vor, die Mimik, die richtig erst in der Verlangsamung erscheint. Er sieht immer bedürftig aus und zugleich unfähig, dem eigenen Ausdruck zu antworten.

Dem Mitleid eine willkürliche Grenze setzen, damit man nicht bei den Sterbenden dieses Augenblicks ist, beim letzten in diesem Moment auf der Welt entweichenden Atem.

Warum braucht man überhaupt die Realität eines Menschen, die immer zu viel ist, wenn man doch an der eigenen zu wenig hat?

Der in seinem Knacks unerreichbare Mensch schützt seinen Knacks und in ihm das Intime. Das Unaussprechliche ist mit dem Heimlichen verwachsen. Inzwischen aber wurde der Sex, als Inbegriff des Intimen, abgelöst von der Wunde. Von ihr wird öffentlich nicht gesprochen, der Unzuverlässigkeit wegen, die eine Persönlichkeit annimmt, wo sie ihre Handlungen aus einer so unreinen Quelle ableitet.

In Knut Hamsuns »Victoria«, der »Geschichte einer Liebe«,

schützt der Protagonist seine Wunde, als sei sie es, die ihm Konsistenz gibt.

Er: »Niemand weiß, was in mir wohnt; aber niemand hat mich murren hören. Kennen Sie die Turteltaube? Ist nicht die Turteltaube dieses tieftraurige Tier, das das klare helle Quellwasser erst trübt, ehe es daraus trinkt?«

Sie: »Das weiß ich nicht.«

Er: »Nein, freilich. Aber es ist schon so.«

Der Taxifahrer hat einen Herzinfarkt, wird aus dem Wagen gezogen, auf den nackten Asphalt, von dort auf die Trage gelegt, angeschnallt. Er beschreibt die Wucht des Schlags als einen Elefantentritt auf seine Brust, großflächig und dumpf, die Lähmung der Arme, die Metamorphose seiner Schmerzen, das kann er alles exakt entwickeln, eines aus dem Anderen. Seine Stimme ist dabei wie von derselben Last beschwert, doch die Präzision seiner Worte so, als hätte sich die Vitalität in der Ausnahmesituation der Krankheit eingenistet. Sie befeuert sein Vokabular ganz mühelos. Nur angesichts der Freuden versagt sie.

»Und«, frage ich vor dem Aussteigen, »was hat sich seither verändert?«

Er stockt, dann traurig: »Ich bin jetzt halt mehr so carpe-diem-mäßig unterwegs.«

Ich schreibe dies von ihrem Gesicht ab: Eine Frau von Anfang vierzig im Zug, müde Augen, enttäuschtes Gesicht, großes Dekolleté im schwarzen Blazer, eine graue ausgewaschene Jeans dazu. Am Ringfinger vier goldene, breite Ringe. Die hat sie da sitzen lassen, wie um die eigene Enttäuschung zu therapieren. Jetzt wirkt das Gesicht angejahrt, jetzt, da sie die Augen schließt, welk. Die Haare sind nachlässig rotblond gefärbt, die Zähne angegilbt, doch gerade noch unauffällig. Im Einschlafen legt sie den Finger mit den Ringen gerade in ihr Dekolleté. Dies ist ihre Allegorie, der Eros der Enttäuschung.

Sie erwacht, telefoniert kurz, fragt jemanden mit hoher Stimme nach »den Tieren«:

»Und was ist mit den Tieren?«

Als sie aufgelegt hat und immer noch so ein wenig versonnen in die Felder blickt, flüstere ich:

»Sie sollten doch schlafen!«

Sie lächelt, sagt leise, dass es gut sei, dass es Wichtigeres gebe. Ich flüstere nur, wo ich mit ihr spreche, sie lässt sich darauf ein, irgendwann aber gibt sie keine Antwort mehr und blickt mit lächelndem Gesicht lange hinaus, ehe die Augen, immer noch lächelnd, zufallen. Der Schaffner kommt, sie muss nachlösen, mit Kreditkarte bezahlen. Ihre Handschrift auf dem Formular ist rasch und entschieden. Ich sage:

»Sie machen das oft.«

»Vier- bis fünfhundertmal am Tag«, erwidert sie.

»Dann müssen es Autogramme sein«, sage ich.

»Schön wär's«, erwidert sie.

Zum Wannsee fährt sie, wo sie eine kleine Firma hat, so viel gibt sie preis. Manchmal spitzt sie die Lippen wie ein Mädchen, das ein Bonbon von einer Backe in die andere bewegt, aber die Falten um den Mund laufen schon vertikal auf die Lippen zu und drosseln den Charme. Manchmal grimassiert sie, wohl, um kein anderes Gesicht machen zu müssen, ein durchlässiges, in dem man lesen könnte. Sie ist Wichser gewohnt, grobe Männer mit unzarten Manieren, selbst in den Ritualen der Werbung. Beim Aufstehen rafft sie alles in ihr Dekolleté, erst den Mantelkragen, dann das Tuch, den Schal, alles wird in die hochliegende Körpermitte gestopft.

Ihr Knacks wird mir fehlen.

Heile Welt

Man soll Gefühle zeigen, aber bloß nicht alle und am liebsten immer die gleichen, die synthetischen: reine Rührung, reine Freude, reines Beileid. Sind sie so knapp geworden, die C-Dur-Dreiklänge und Happy Endings? Der Zorn ist nicht unter den Gefühlen, die man »zeigen soll«, auch Neid, Geiz, Habsucht, Schadenfreude nicht. Wo man altert, soll es mit Würde, wo man scheitert, mit Haltung, wo man versagt, mit Schuldbewusstsein geschehen.

Denn jeder verliert: Jugend, Charme, Illusionen, Haare, Fäkalien, Präsenz, Momentum, Enthusiasmus, Überzeugungskraft. Jeder wendet den Kopf und sieht sich nach, wie er geht, wie sie geht, Abschied von sich selbst nicht nehmend, sondern schon genommen habend. Jeder kennt sich, weil er gezwungen wurde, sich da zu kennen: in der Abkehr, im Wegwenden, im Gehen, jeder kennt sich im Umkreisen und im Zusammenfallen, im Scheitern. Nicht jeder lebt im Anblick seiner Wunde, aber jeder lebt, wie nur sie, nur er weiß, aus ihr heraus.

Sie ist innen, sie ist außen, ist im Sehstrahl und im Bild. Eine Bewusstheit, die die eigene Wunde nicht kennt, ist keine. Doch was soll uns das Pathos der Verletzung mit ihren unverheilten Wundrändern, ihren Narben, ihrem Phantomschmerz, ihrem Blutfluss, dem Drama ihres Ausbruchs? Sie ist glanzlos, sie kommt von irgendwann.

Man verliert den Verstand, das Bewusstsein, die Nerven, das Vertrauen, die Beherrschung, die Contenance. Je länger man darüber nachdenkt, desto aufdringlicher werden die drohenden Verluste, ja, man hat alles, was man jetzt ist, dem Verlust abgerungen. Man füllt Berufe aus, die sich ergeben haben, die aus der Kulisse traten. Man hat Eltern, die einem zugelaufen sind und mit denen man sich arrangiert, man hat Geliebte, die einen ergreifen, wie um sich selbst nicht zu verlieren. Was man hat, hat man nicht. Was man aber nicht hat, das hilft doch, den Dämon der Verluste zu bannen.

Alle brechen, bersten, verlieren, schrumpfen, scheitern, werden aus ihren Idealen, ihren Paradiesen und Täuschungen getrieben, werden weitergeschoben in die Desillusion. Leben sie ohne Zusammenhang mit ihrem Land, machen sie aus dem Verlust einen sentimentalen Begriff von Nation. Fehlt ihnen eine Verbindung zu der Natur, in der sie älter wurden, nennen sie das sentimentale Massiv, das diese Verluste belastet, »Heimat«. Sie fühlen sich vereinzelt, verlassen, allein und gruppieren etwas aufgebläht Rührseliges um sich, Familie mit Namen.

Auf jedem Bruch entsteht eine Illusion. Selbst in ihren Traum von der Ferne, von einem anderen, verdoppelten Leben werden sie irgendwann eintreten. Und was sein? Touristen? Schaulustige? Dieselben jedenfalls, ausgesetzt zwischen Sehenswürdigkeiten. Aus einem Leben ohne Sehenswürdiges kommend, stehen sie auch diesem hier ratlos gegenüber.

Manchmal ein Foto, eine Melodie, ein Satz, das Unausweichliche der Atmosphäre, eine Rührung ohne Anlass oder mit einer unterirdischen Geschichte. Und dann das Gefühl, dass dort etwas ist, etwas Eingenistetes, das sich fühlbar macht und aus den Ablagerungen der Erfahrung stammt, der Beherrschung entzogen. Das strahlt wie ein Idol, angefochten, aber strahlend.

Auf der Schwelle zu einer Zeit, die den »ganzen Menschen« preisgab, ihn in atomistische Bestandteile auflöste, in Kraftfelder, Impulse und Motive, in der Krise des Menschenbildes also, wurden manchmal letzte Sätze einer Epoche, Sätze von romantischem Pathos gesprochen. Sie waren vielleicht nie wahr, aber in ihnen hört man noch heute, wie die Gegenwart sich deutete vor einem imaginären Riss, einer Spaltung, die die tektonischen Schichten der Zeit trennen sollte. Ausgerechnet Karl Kraus hat einen solchen Satz, einen liebenden, gesagt: »Wer heute noch eine Welt hat, mit dem muss sie untergehen.« Und den Satz umstehen die Gaffer, denen die Welt abhanden kam, gemeinsam mit den Liebespaaren, die sie vergeblich zu retten versuchen.

Die Zärtlichkeit reifer Frauen tendiert zum fatalistischen Ausdruck, der den jungen noch fehlt. Sie nehmen dann den Kopf des Geliebten in beide Hände und blicken ihn zwar innig, aber auch eine Spur resigniert an. Es ist ein Ablassen und Entsagen in diesem Ausdruck, aber er steht nicht neben der Innigkeit, er ist identisch mit dieser. Sie schauen, als könnten sie auf den Grund der Unvereinbarkeit blicken, aber der Anblick erschreckt sie nicht mehr, wie es bei den jungen der Fall ist. Nein, sie blicken auf die Grundierung. Jede Liebe hat ihre Art Einsamkeit, und die reifen Frauen umarmen in der Liebe diese Einsamkeit mit. Sie ergreifen jeden Geliebten, als fragten sie: Und was wirst du mir über das Ende der Liebe beibringen?

Warum weinen Menschen, wenn sie sich verlieben? Warum weinen sie, wenn sich ihr Glück auch nur nähert? Sie sind aufgerufen, jetzt ist ihr Augenblick, und gleich gleiten sie in die zweite Zeit voraus, in die der möglichen Vereitelung, des Entzugs. Dann die Polschmelze des inneren Eises, um im vorweggenommenen Schmerz den Dämon der Konjunktive auszutreiben. Das Glück zwingen durch Bußfertigkeit.

In verwandter Aufregung weint auch die Schönheitskönigin

ihre Tränen. Auf der Bühne versammelt, erwarten die Frauen den Schiedsspruch: Jetzt steht uns nur noch ein Gesicht bevor, das zeitlose, internationale, wie im Orgasmus verzerrte Triumphgesicht der Schönsten, entsetzt vor Glück, in einem stummen Schrei die Hände vor die prämierte Larve schlagend, aus der augenblicklich schwere Tränen herausflennen. Sie begießen die Sehnsucht der Betrachter nach einem Glück, das keine Angst macht.

Ein Liebespaar geht über die Straße. Sie verliert einen Knopf. Ein Dritter hebt ihn auf, trägt ihn ihr nach. Das Elend hat ihn wie eine Flechte überzogen, sein Anzug, seine Haut sogar, alles ist Elend.

»O danke«, sagt die Frau und greift nach dem Knopf, den er aber festhält. »Das haben wir gar nicht gemerkt.«

»Natürlich nicht«, bellt der Dritte. »Immer ist es unsere Aufgabe, uns um die Glücklichen zu kümmern. Wir sollen die Augen offen halten. Wir sollen sorgen, dass nichts fehlt. Glauben Sie vielleicht, die Glücklichen haben ein Auge auf uns? Träumen Sie weiter! Ich bin nicht glücklich, sehen Sie, ich lebe allein, mit mir in Frieden, aber glücklich? Kümmert sich jemand um mich? Wird jemand an meinem Grab singen …«

So geht es immer weiter. Er redet mit dem Knopf in der Hand, den er nicht hergibt. Sein Monolog schlägt sich ins Gebüsch.

»Unerwiderte Liebe?«, fragt die Frau.

Er nickt.

»Deine Zeit wird kommen«, sagt sie.

Das ist ihm neu und gibt ihm zu denken. Drei Tage später nimmt er sein Glück in beide Hände und bucht einen Flug nach Madeira, wo ihn eine Woche Hotel ein stattliches Sümmchen kosten soll. Egal, findet er, fühlt sich snobistisch. Allerdings stürzte die Maschine ins Meer, und er soll Madeira nie kennenlernen. Das Hotel berechnet den Hinterbliebenen drei Tage Storno-Gebühr, und die Liebenden werden nicht einmal erfahren, dass ihn der Fund eines Knopfes das Leben kosten sollte. So groß ist ihr Glück.

Sie duldet die Küsse ihres provisorischen Liebhabers, weil es Küsse sind und weil er provisorisch ist. Sie hängt über ihren Liebhaber am Kuss, nicht am Mann. Ihre Beziehung zum Kuss ist unverletzt, und der Liebhaber bietet ihn gut und unpersönlich an. So küsst sie also und küsst, und niemand soll zwischen sie und den Kuss kommen.

Er sagt zu einer Femme fatale: »Ich vermute in dir andere Männer, lebende, nicht lebende und gewünschte. Ich begegne ihnen dauernd, solchen, die dich bevölkern und deren Physiognomie dir vielversprechender erscheint als meine. Mir kommen sie nur robust vor, und sie machen rabiate Sachen mit dir. Deine Gefühle streuen, immer sprechen sie auch an mir vorbei, diesen anderen Männern zu, und von neun Bällen, die du in deren Richtung wirfst, fange ich allenfalls einen.«

Sie sagt kein Wort. Sie antwortet einen Blick, der abermals nicht ihn meint, nur streift, dann ablässt. Seine Augen füllen sich mit Tränen. Da sagt sie, mehr zu sich selbst als zu ihm, aber mit herzlosen Augen:

»Heute weinen Männer, um zu beweisen, dass sie echte Männer sind.«

Seine Augen blicken seltsam, als ob sie lange in der Fremde gewesen wären. Sie weiß nicht, dass diese Fremde Depression, Sucht, Strahlentherapie hieß.

Ein Morgen in der Riesenstadt: Der Tag war schon mal da und verschwindet wieder. Es wird noch mal dunkler. Die Autofahrer schalten wieder die Scheinwerfer ein. Das Zifferblatt zeigt zehn nach neun morgens, ein Nieselregen setzt ein, dann Nebel, dichter werdend, dann kehrt der Tag zurück, derselbe. Menschen fahren in Behältern vorbei im Gefühl, heute schon zum zweiten Mal um einen Tag zu altern.

An der Kreuzung schnappe ich den einzigen Satz aus einem Streit zweier Eheleute auf, deren Auto neben mir hält. Die Frau fragt mit hochtoupierter Stimme, als ginge es um eine Lebensentscheidung:

»Entscheide dich: Was ist dir wichtiger, der Blick in die Zeitung oder der aus dem Fenster?«

Sie war eine Zweiflerin, zögerte in ihren Entscheidungen, als wollte sie nicht werden. Sie meint: Erst die Psychologie mit ihrem Fetisch des Normalen hat den Menschen in diese Vieldeutigkeit gesetzt. Bin ich, so wie ich bin, depressiv, retardiert, autoaggressiv? Und was, wenn ich in Ausnahmesituationen gerate, liebe, begehre? Wer werde ich sein, wer bleiben dürfen? Intakt?

Mit 39 Jahren nimmt sie die vermeintlich letzte Ausfahrt zu einem Mann und heiratet. In ihrem Gesicht hat sich zu dieser Zeit etwas Verschlagenes verankert. Früher war es ihre Fähigkeit zur Assimilation, die faszinierte, heute ist es ihre Mimikry, die abstößt. Sie kann alles begründen.

Der Knacks im Bau der Persönlichkeit: Man muss auch einige der nicht-kontinuierlichen Selbstentäußerungen kultivieren, Dinge, die aus der Logik des Persönlichkeitsbaus ausscheren, der eigenen Moral widersprechen, oder Bemerkungen machen, die man nicht vertreten kann, Zonen des Nicht-Ich besetzen. Man schickt Sätze in ein Territorium, das so ein Nicht-Ich ist, öffnet der Selbstironie eine Tür, lässt Kräfte der Selbstzersetzung ein.

Nicht anders wirkt der Knacks in Beziehungen. Man hält sie zum Beispiel in einer formalisierten Zone der Herzlich-

keit, die nichts von der dazugehörigen Schattenzone der Anti-
pathie, der Abwehr, der Enttäuschung weiß. Eine einzige Ver-
stimmung aber reicht aus, schon tritt man über in das Jenseits
aller dieser banalen Versuche, Wohlwollen aufrechtzuerhalten.
Jede Förmlichkeit hat ihre Sollbruchstelle, und den versach-
lichten Verhältnissen sieht man schließlich nicht mehr an, ob
sie als Folge von Ambitionslosigkeit oder von Enttäuschung
so wurden.

So erklärt sie sich. Nur ihr Gesicht erklärt sie nicht, sie führt
es nur mit.

Der Taxifahrer, der mich vor einem Jahr fuhr, sprach davon,
dass er für seine Frau ein Vogelhaus gebaut habe, aber »das
beschissene Vogelhaus« war natürlich zusammengebrochen.
Und überhaupt: Was seine Frau mit dem Haus eigentlich wolle, sei ihm schleierhaft, denn diese »blöden Viecher« kämen
ohnehin nur alle Jubeljahre.

Ein Jahr später fahre ich wieder mit ihm, fahl ist er, und er
weiß sich nicht zu lassen, »weil doch meine Frau gestorben
ist«, sagt er, als sei alle Welt verständigt. Dann weint er auf das
Lenkrad, weiß keinen Halt und, wie er selbst sagt, keinen Weg
aus dem Leben:

»Wenn ich bloß wüsste, wie man hier rauskommt, wenn ich
die Kraft hätte, gegen den Brückenpfeiler zu fahren …«

Seine Frau kommt in seinen Klagen kaum vor, aber das
Vogelhäuschen stattet er sommers wie winters mit Futter aus.
Er weiß es selbst: Menschen, die im Vorbeifahren beobachten,
wie ein gebückter Mann im Sommer Vogelfutter streut, finden
ihn nicht traurig, sondern grotesk.

Der türkische Taxifahrer fragt mich unvermittelt nach meinem Sternzeichen.

»Chinesische Ziege«, sage ich.

160

»Meine Frau ist Drache. Böse, böse. Die Eltern haben mich gezwungen, sie zu heiraten, als ich 15 war. Da war sie schon 16. Aber ich hab acht bis zehn Geschwister. Was soll ich machen? Alle meine Geschwister haben dichte Haare. Jetzt sehen Sie mich an! Hier. Alles weg. Warum? Der Stress mit meiner Frau. Drache. Alles Geld nimmt sie mir weg. Auch meinen Pass nimmt sie weg. Ich schließe nachts mein Zimmer ab, hat sie gesagt, ich komme trotzdem und schneid dir dein Pipi ab. Ich kann nicht schlafen. Sie ist krank …«

In seiner Erzählung ist beides real: Die Furcht, die ihn in die Selbstzersetzung treibt, doch ebenso die Angstlust im Erzählen. Er hat sich im Zerwürfnis eine Geschichte geschaffen und bewohnt nun die Geschichte. Er muss jetzt nicht nur mit seiner Frau leben, sondern darf in der Geschichte seiner Frau leben.

Die Liebe oder der Zustand vor dem Bruch, sie kommen in seiner Erzählung nicht vor. Er assoziiert diese nicht, sie wirken wie gelöscht. Zu existieren begann er, der jetzt da sitzt und fährt, erst im Augenblick des Zerwürfnisses, als die Erzählung in sein Leben trat. Das ist seine Existenzform, und es scheint, als ob er in seiner Angst nur leben könne, weil er auch in der Erzählung von der Angst leben darf.

In Frankfurt saß einmal ein Bettler in der Bahnhofsgegend mit einem Schild: »Finde keine Arbeit wegen meinem Gesicht.«

Die »Medical Tribune« veröffentlichte ehemals einen Artikel mit dem Titel »Kriminelles Aussehen einfach wegoperieren«, darunter die Fotos eines Mannes, der vor der Operation schwachsinnig, hinterher kriminell aussah.

In China gewinnt ein Mann den »Ugly Man Contest« und scheint sich zu freuen. Dass er keine Arbeit finde, sagt er, sei sein größtes Problem, und dies liege nicht im Talent und auch nicht in der Ausbildung, es liege deutlich im Gesichtsbereich, sagt er. Er verstehe das. Den Menschen sei einfach nicht zumutbar, in sein Gesicht zu sehen.

Der Hauptpreis für den Sieger des Wettbewerbs ist die kostenlose kosmetische Korrektur aller Verbrechen, die sich die Natur an seinem Gesicht geleistet hat. Schautafeln werden publiziert. Der Mann freut sich auf den Verlust seines Gesichts.

Für Schönheit ist nur empfänglich, wer durch sie in Verlegenheit gebracht, selbst in Frage gestellt wird. Sie ist wie eine Art Vollständigkeit. Man staunt sie an, und sie wirft Bilder der eigenen Beschädigung zurück, in allen Metamorphosen zwischen Verehrung, Schwärmerei und Verlangen.

Schönheit war einmal gefährlich, sie machte unberechenbar, verführte zu amoralischen Handlungen, setzte sich gegen alle anderen Werte durch und wurde als Wirkung des Teufels beschrieben: So unpersönlich konnte sie machen, so schamlos enthüllte sie das Mangelhafte ringsum.

Wer früher auf dem Land lebte, begegnete in seinem Leben dem Schönen oft in der Natur, selten in der Kunst, bisweilen unter den Menschen. Lebte man in der Stadt, traf man in Kirchen, Museen und Privathäusern wohl auf das Kunstschöne, hatte auch mehr Gelegenheit, das Schöne unter den Menschen zu finden, musste es aber immer noch als Ausnahme und Ereignis empfinden.

Die Vervielfältigung bringt das Schöne heute massenhaft in die Welt. Der Wirklichkeit gegenüber ist es hundertfach überrepräsentiert, ist kein Ereignis mehr, sondern eine soziale Macht, die wichtigste bei der Einleitung und Begleitung des Konsums, eine imperiale Macht, die die Formen des Ästhetischen überall auf der Welt nivelliert und den weißen westlichen angleicht. Sie ist eine soziale Macht der Begünstigung und Auslese, ja, Oscar Wilde war sogar der Ansicht, die soziale

Frage wäre wohl leichter lösbar, wenn die Armen besser aus-
sähen.

Nie war es leichter, wird suggeriert, ein schöner Mensch
zu werden oder eine schöne Seele. Die Schnittmuster für ein
neues Gesichtslayout liegen schon vor, die Hilfsmittel für die
Schönheit von innen reichen von den Esoterika bis zu den
Enzymen. Niemand braucht darauf zu warten, bis der Trä-
nensack modern wird, niemand muss der Gesellschaft ein un-
zumutbares Gesicht zumuten.

Schönheit ist heute ein Zusatzstoff, ein Geschmacksverstärker, ein Ereignis ist sie nur noch, wo sich der Betrachter
von ihr in Frage stellen lässt oder wo er die Schönheit selbst
produziert, etwa, indem er dem Körper der Geliebten Schönheit unterstellt. Nur eine Ausnahme kann die Schönheit heute
nicht sein. Denn als sie demokratisch wurde, wurde sie auch
durchschnittlich, und da Waren und Dienstleistungen lieber
gewählt werden, wo sie in der Gesellschaft des Schönen auf-
treten und verheißen, man könne durch die Begegnung mit
ihnen selbst schöner werden, musste eine schönheitsver-
sessene Zeit die Schönheit beschädigen, indem sie sie um ihr
Momentum brachte.

Craquelé

Der Knacks der Pornographie wird frei in der Ungerührt-
heit der Frauen. Die Männer, für die pornographische Fil-
me gedreht werden, arbeiten sich – vertreten durch potente
Protagonisten – daran ab, diese Frauen zu erreichen, ihnen
eine Erschütterung beizubringen. Doch man kann ihnen das
Intimste zufügen und das Extreme abverlangen, sie bleiben
doch unerreichbar, und in der bemühten Darstellung ihrer
Erreichbarkeit werden sie nur immer unerreichbarer. So betrachtet, ist die Darstellerin in einem pornographischen Film
eine absurde Existenz: Sie ist zugleich die Verfügbarste und die
Unerreichbarste.

Gegenstand der Pornographie ist demnach die Zerstörung
der Sachlichkeit auf der einen, und die der Impotenz auf der
anderen Seite. Ihren Skandal erreicht Pornographie, wo sie
Lustlosigkeit erzeugt, wo sie Bilder in Umlauf bringt, die nicht
erregen. Also ist selbst der pornographische Akt ein symbolischer, der brachial die Durchlässigkeit der Person sucht, die
Unausweichlichkeit der Person in der Erregung.

An einem Abend, den ich in der schlechten Gesellschaft des
Fernsehprogramms zugebracht hatte, stellte ich fest: Pornographie ist gut, um den Selbstekel intakt zu halten. So viel
zum Bild des Betrachters, doch auch die Betrachteten schauen
ganz ähnlich aus dem Bild hinaus: Eine Darstellerin sieht in
das Spiel der eigenen Lust, als stünde sie vor einer mittel-
alterlichen Kirchenfassade; eine andere kneift die Augen zusammen, als müsse sie sich, die Luft einziehend, auf einen sehr

fern liegenden Gegenstand konzentrieren; eine dritte blickt an sich herab wie zur Protokollierung eines wissenschaftlichen Experiments; eine vierte genießt die Lust nicht, sondern das eigene Spiel. Was immer sie tun, sie blicken immer über die Lust hinaus in die Leere hinter der Erregung.

Die phlegmatische Pornodarstellerin: Sie ist wunderschön, aber ungeeignet, denn die Darstellung von Leidenschaft ist für sie viel schwieriger als ihren Schoß in den Lichtkegel zu heben und etwas mit sich machen zu lassen. Sie empfängt, aber sie weiß keine Mimik dazu. Manchmal drücken ihr die Männer den Kopf in das Kissen und verbiegen sie, aber es hilft nichts. Sie seufzt ein bisschen und ist wieder ganz bei ihren Einkäufen. Die Männer, gekränkt, träumen davon, dieser Frau ihre Erregung beizubringen, sie träumen davon, eine Spur zu hinterlassen, aber eigentlich sind sie bei dieser Anstrengung immer nur selbst erregt. Das macht sie noch wütender. Sie werden unterworfen von der Gleichgültigkeit der Frau, und diese rettet unwillentlich ihre Würde. Sie räumt den Männern nicht einmal das Recht ein, angesehen und in Betracht gezogen zu werden, und alle, die sie so sehen, infizieren sich in der Erregung mit dem Virus ihrer Verachtung.

Die Schauseite des Bruchs: Im Kongo sah ich Frauen, die das Maskenhafte, das ihrem Gesichtsausdruck durch ihre Aids-Erkrankung zukam, in ihr Make-up integrierten. Die elegische Schönheit ihrer Züge verdankte sich der Anwesenheit des Todes in ihrem Gesicht. Wie Perlen, die schöner scheinen, wenn die Auster krank ist, wie das Fleisch der Tiere, das besser schmeckt, wenn eine Ausschüttung Todesangst es gewürzt hat.

Ich schaute im Fernsehen einem Hengst beim Besamen der Stute zu. Eine arrangierte Beziehung. Seine Augen blickten, hoch über ihre Kruppe stierend, keineswegs flehentlich, verdreht oder ekstatisch, eher wie beim Betrachten eines Kunstwerks.

Die Gesellschaft sah nach Landpartie aus. In ihren guten Kleidern, mit Lederhüten geschmückt, die Damen mit seidenen Paisley-Tüchern und ältlich wirkenden Accessoires, zogen über die hellen Kieswege den Weiden zu. In fettem Frühlingsgrün tranken sie das Sonnenlicht in großen Schlucken. Der argentinische Präsident Carlos Menem landete mit dem Helikopter nicht weit vom Haupthaus des Landsitzes entfernt. Der Großgrundbesitzer – man sagte uns, er sei einer der fünf reichsten Männer in Argentinien – trug den Namen Raoul Moneta.

Ja, lauter Gutsherren kamen an diesem Nachmittag auf dem argentinischen Land hier zusammen, grillten, aßen gefüllte Därme und nach Kot und Leber schmeckendes Fleisch. Dann zogen wir, ein Grüppchen aus Herren, Knechten, Damen und solchen, die aufgegeben hatten, es sein zu wollen, zur Weide hinaus und sahen den Männern zu, die sich für uns, den Präsidenten und den örtlichen Feudalherren an die Kastration der Stiere machten.

Mit einer Art Brieföffner wurde der Hodensack der schwarzen Kolosse aufgeschlitzt, dann kullerten die weißen Hoden ins Gras, und die Stiere sprangen mit hohen Schreien auf und davon, sinnlos mit den Hufen austretend wie vor Freude. Dazu lachten die Männer ringsum auf eine unsympathische, höhnische Weise, wussten sie doch besser als das Vieh, was da eben verloren gegangen war. Offenbar stellten sie sich die Vergnügen vor, die den Stieren jetzt noch blieben: Gras und Aussicht. Und lachten noch lauter, als einer das spanische Äquivalent von »Blümchensex« bemühte.

Die Stiere aber suchten immer noch das Weite, das weitere Weite, trampelten und bockten und stießen immer noch diese

Hochfrequenztöne aus, durch die die Wunde sich Luft machte, und es klang, als heule der Wind durch ihre leere Zukunft.

Zwei Kinder liefen an die Stelle, wo die Hoden ins Gras gekullert waren, und wollten damit spielen. Mir fiel dieser rätselhafte Satz eines französischen Gegenwartsphilosophen ein: »Trauriger als der Eunuch sind die Hoden des Eunuchen.« Dann forderten die Männer von den Kindern die Hoden und ließen sie in den Hintergrund bringen, dort, wo dem Aberglauben ein Fest bereitet werden sollte. Auf der Weide hatten sich die Stiere beruhigt, auch ihren Stimmbruch ließen sie nicht mehr hören. Der Eingriff hatte sie nicht nur sexuell verwandelt. Sie waren von Tieren zu Lebensmitteln geworden.

Erfahrungen führen immer auch in den Bauch der Wörter. Kaum hat man gelernt, dass die Dinge mit den Jahren »verblassen«, beginnen sie es zu tun. Selbst das Wort »verblassen« verblasst.

Benachbart der Augenblick, in dem das Glück unmöglich ist, weil es nicht dauert: »Du wirst mir fehlen!« Das heißt, du wirst nicht sein. Wir werden zurückbleiben. Auch wir werden nicht bleiben, werden im Augenblick der Fülle die Entbehrung antizipieren. Nicht als Geschmacksverstärker des Augenblicks entfaltet der Kummer die Macht, mit der Zukunft den Moment zu fluten. Die Getrennten stoßen in den Hohlraum vor, der jeder und jede auch ist, in den Hof, den sie zurücklassen werden. Die Kontur der Abwesenden verrät: Die unwiederbringliche Person ist Teil einer jeden Person.

Ich lernte sie doppelt kennen: Erst als eine, die wuchs, expandierte, Räume füllte, dann als jene, die fehlte, abwesend blieb und unersetzlich war. Am Ende hatte sie so lange gefehlt – selbst in der Anwesenheit gefehlt –, dass ich sie nicht mehr vermisste, als ich sie verlor. Aber immer noch lerne ich sie kennen, sehe unserem ersten Kennen nach. Es ist, wie wenn man in der Bahn mit dem Rücken zur Fahrtrichtung sitzt: Zwar wird jeder Gegenstand kleiner, aber er bleibt lange im Blick, und immer noch – während er schwindet und ihm Geschwindigkeit und Richtung der Bewegung seine Proportionen diktiert – kann man ihn entziffern. Denn jetzt wendet er etwas nach außen, das man, dicht dabei, nicht sieht: das Abschiedhafte.

Der Knacks in den Gesichtern von Abschiednehmenden auf den Bahnhöfen. Schlimm die Vorstellung, zurückgelassen zu werden oder selbst zurückzulassen. Schlimmer die Enttäuschung darüber, dass es nicht weh tut, über die Leere in den Augen derer, die ebenso gut Abschied nehmen wie in Gedanken eine Wurzel ziehen könnten.

Ein Mann kauft an einem Kiosk hinter dem Bahnhof, wo drei schweigsame Türken Blumen binden, einen Strauß. Während die Frühlingsblumen verpackt werden, laufen ihm plötzlich die Tränen herunter. Der Türke blickt fragend auf, hält inne.

»Macht nichts«, erwidert der Mann, »die sind bloß für mich.«

Meint er die Blumen oder die Tränen?

Geistesgegenwärtig müht sich der Türke, die Situation zu versachlichen: »Wussten Sie, dass ein Mensch im Laufe seines Lebens durchschnittlich siebzig Liter weinen muss?«, fragt er. »Die müssen raus!«

»Nicht aus mir«, schluchzt der Weinende.

Einmal stand ich mit einem Pärchen im Aufzug. Es lag eine Art Post-Coitum-Wärme, auch eine Erleichterung über ihnen, samt dem Nachhall von Innigkeit und Schamlosigkeit. Sie sprachen kaum, aber als die Frau dem Mann plötzlich überschwänglich und abrupt um den Hals fiel und ihn wie in einer

Reprise zu küssen begann, hatte er die Augen weit offen und las von der Fahrstuhlwand stumm: »Rücken vom Jungschwein mit schwarzen Trüffeln, Lauchgemüse und sommerlichen Salaten.«

Hätte sie in seinen Augen lesen können, sie hätte Beklemmung darin gefunden, eine Not, aus der Umarmung zu fliehen, Platzangst, samt Appetit. Doch vielleicht war es auch nur seine Unfähigkeit, im Glück zu verweilen. Dennoch, in sein Gesicht trat die Stimmung in einem unvorteilhaften Winkel ein, sie änderte die Richtung, brach ab. Da war kein Schwärmen, kein Bei-sich-Sein. Am liebsten hätte diese Mimik wieder die Alltagskleider angezogen, sich neutral gezeigt und verkappt, statt seelenvoll zu blicken und es sogar zu müssen.

Oder es war seine Angst vor dem Glück. Es gibt diese Angst, diese Rastlosigkeit in dem, was »Zustand« an ihm ist. Es gibt auch das Kleinwerden vor der fremden Erregung, ein Kapitulieren vor dem Überschwang. Ja, und es gibt den Zustand, in dem man anfängt, sich gegen Erfahrungen zu verwahren, weil sie den Illusionen im Wege sind. Man ist ja nur erfahren darin, zu verfolgen, nicht darin, anzukommen. Man kennt also auch das Glück nur im Wachstum, und dann ist es mit einem Mal fertig. Man soll jetzt verweilen, den Stillstand in sich ausbilden, nichts wollen. Das ist neu, und plötzlich verändern sich die Verhältnisse: Die Kontinuität der Steigerungsbewegung bricht ab; nicht aus der Außenwelt, nein, von innen tritt der Bruch ein, anschaulich in der Unfähigkeit, weiter empfänglich zu sein und sich mit dem Glück auszudehnen.

Bei Alban Berg klingt dieses Motiv so: »Wieder so ein Abend, an dem ich mich nicht hinauswage, so schön ist er, dass ich nicht mehr mitkann. Die Schönheit der Natur wirkt so mächtig auf mein Gemüt, dass es leicht zu viel werden kann: Ein leichter Sonnenstrahl an einem nebligen Tag kann mich aus tiefster Verzweiflung reißen, ein einfach schöner Tag mich in die überströmendste Begeisterung versetzen. Geht aber einmal die Sonne besonders schön unter, oder liegt irgendwo im Tal ein selten schöner Fleck Schatten in sonniger Umgebung, kurzweg, ist es ein Tag, wo der schlichte Wanderer erst aufblickt, nachdem er die gewöhnliche Schönheit schon nicht mehr sah – dann ist es schon zu viel für mich. Da ist der Moment, wo Schönheit, wo Genuss zu schmerzen beginnt, wo ich mir durch Selbstmord helfen möchte –«

Schöne Fassungslosigkeit. Eine Stimmung, die nach etwas greifen muss, wie man die Hand eines Anderen im Gelächter ergreifen und drücken muss oder wie man vor einer Aussicht immerzu alles verdoppeln möchte: »Schau mal, der blaue Himmel, das grüne Tal, der schwankende Baum …« Und dann wird jedes einzelne Element aus seiner Vereinzelung gelöst, wird geradezu symbolisch und repräsentiert alles.

In einer solchen Begegnung mit dem Erhabenen wirft der Künstler, haltlos, zu allem bereit, das eigene Leben in die Waagschale. Ja, die Schönheit hat wie das Glück die Macht, selbstzerstörerische Kräfte freizusetzen. Lässt sich diese Bewegung denn nicht aufhalten, die über das Ziel hinausschießt, die weitertreibt, weil sie das Treiben besser kennt als das Ankommen? An das Glück knüpft jetzt kein Wunsch an, es möge dauern oder zumindest sich wiederholen.

Schlimmer, Glück soll nicht sein. Es ist ja schon überschritten, es trägt das Ferment der Zersetzung in sich und wird nur erreicht, um unter dem wachen Blick dessen, der es erlebt, theatralisch zu zerfallen. Von der Erfahrung des Glücks geht etwas Fatales aus. Es blendet. Es verkleinert.

Hat man es überwunden, verschieben sich die Proportionen, die Erwartungen passen sich an, ebnen sich ein. Der Knacks, der im Glück entspringt, in der Desillusionierung, die von ihm abstrahlt, ist eine Blessur der Vitalität.

Im Realismus des ausgehenden 19. Jahrhunderts treten sie aus den gemalten Horizonten, den Theaterprospekten und Bildtapeten, die Helden, gebaut aus Verneinung.

Auch Donna Platonowna in Nikolai Leskows Erzählung »Die Kampfnatur« spricht so:

»›Damotschka‹, sagte er, ›wir wollen zusammen Liebe machen.‹ Ich schüttelte mich vor Lachen aus. ›Ach, du Knirps du!‹, sagte ich. ›Was kann es denn mit dir für eine Liebe geben?‹«

An einem Januarnachmittag – es hätte auch ein anderer Tag zu einer anderen Zeit sein können –, das Licht draußen graute gerade und wurde dann trüb, suchte ich vergeblich ein Buch. Die Suche zog sich, und während ich, behelligt vom Gedanken, dass es nutzlos und vergeblich sei, zu suchen, mich hineinsteigerte, dass an diesem Tag auch der Gang zum Arzt überflüssig und das Warten auf einen Handwerker nicht minder vergeudete Zeit gewesen war, dass überhaupt Teile der letzten Tage verschwendet, dem Vergeblichen und dem Vergessen übergeben werden müssten, stellte ich abrupt fest, dass ich glücklich war, seit geraumer Zeit glücklich lebte, auch wenn ich bis zu diesem Augenblick kaum etwas davon bemerkt hatte. Diese plötzliche Gewissheit hatte mit der Ausbreitung des Wartens, mit der Vergeudung der Zeit zu tun. Im Vergeblichen hatte sich ein Raum geöffnet mit dem Versprechen: Jetzt!

Gewöhnlich geht man davon aus, es seien die Einschränkungen und Verluste, die Verletzungen und Traumata, die zur Beschädigung des Lebens führen. Doch hat nicht etwa die Euphorie, die auf ihrem Zenit umschlagen, Lebensfreude überwinden kann, ebenso zerstörerische Kraft? Ist nicht die ganze Teilung der Impulse in aufbauende und mindernde steril, den Entwicklungen der Empfindlichkeit inadäquat? Die Euphorie erreicht einen qualvollen Punkt, an dem sie nicht mehr steigerbar ist. Dort ist vielleicht der Übersprung. Keine innere Bewegung mehr. Gleichgültigkeit auf dem First. Dort könnte der Punkt sein, an dem man Abschied nimmt von sich selbst. Denn die Erschöpfung des Wachstums löst ein eigenes Zehren und Leiden aus. »So ist die Reife ein Zeichen des nahen Todes«, steht bei Seneca, »und das Ende kommt heran, wenn das Wachstum erschöpft ist.« Oder bei Oscar Wilde: »Kein Leben ist zerstört, solange sein Wachstum nicht gehemmt ist.«

Ich stand im Frühnebel über einem felsigen Tal, trank Buttermilch und sang: »Mich brennt's in meinen Reiseschuhen.« Die Wolken zogen kühl und flockig, der Nebel setzte sich perlend auf alle Blätter, im Tal zogen gravitätisch Sonnenflecken über die Felder … Es war ganz, es war das Glück. Ich möchte von diesem Tag, dass er sich streckt und streckt, so wie er da liegt, so frisch und glänzend, so bleibe er da liegen, mit den Vögeln in den Bäumen und dem Dunst in der Luft, genau so, als Bild der verlangsamten Zeit, so bleibe er.

So ging er.

Die nächste Reise wurde anders, wurde Reise in die Abwesenheit. Ja, jetzt eröffnet sich sogar die Möglichkeit, einen Zustand zu bereisen, der den Reisenden und seinen Blick auslöscht. Auch die Gesichter gewinnen nicht einmal negative Präsenz, wollen nicht, dass man in der Konfrontation mit ihnen etwas würde. Berührungsarme Räume ziehen vorbei, spezifisches Nicht-Sein, geweckt von einem Morgen im Frühnebel über dem Tal.

Glück fühlt sich an wie die Steigerung der Augenblicklichkeit, wie ein Augenblicksgewinn: Konzentriert man sich auf ihn, ist er schon verloren. Taucht man nicht in ihn ein, besitzt man ihn, ohne ihn zu besitzen. Das Glück wäre also der halb bewusste Besitz des Augenblicks. Der Zustand, der so heißt, schließt den Schein solcher Souveränität, eine Steigerung und Ausdehnung des ganzen Ichs ein, dass die Bewegung zwangsläufig angezogen wird von ihrer eigenen Erschöpfung, ihrer Einschränkung oder Zurückweisung.

Liebhaber, Euphoriker und Ekstatiker wissen, dass selbst die Steigerung der Glückserfahrung an einen Punkt der Desillusionierung führt, an dem die Entgrenzung zwar fortbesteht, sie aber im Aussetzen ihrer Steigerungsenergie auch die eigene Verneinung erfährt. Hier reicht die Glücksempfindung nicht mehr über sich hinaus und erschöpft sich. Enttäuschung übernimmt. Nicht die Befristung der Euphorie, sondern die Endlichkeit ihrer Steigerungsbewegung öffnet mitten im Glück den Horror Vacui, der noch Glück heißt, aber sich nicht mehr so anfühlt.

Johann Winckelmann, Begründer der deutschen Kunstwissenschaft, hat mit Blick auf die antiken Griechen die Gefasstheit im Schmerz als Ausdruck von Freiheit betrachtet. Demnach zeigte sich Freiheit vor allem im Umgang mit ihrer Einschränkung. Sie wäre also fassbar nur, wo sie ihre eigene Verneinung verneinte.

Der Kosmonaut Oleg Makarow hat einmal »den Beginn von Unterhaltungen« auf verschiedenen Weltraumflügen untersucht und festgestellt: Kein Kosmonaut konnte in die Umlaufbahn eintreten, ohne Ausdruck tiefer Freude. Makarow schließt an: »Diese emotionalen Ergüsse dauerten durchschnittlich 42 Sekunden.« Dann setzt auch die Beklemmung ein angesichts des dünnwandigen Geschosses, mit dem man durch den kalten Orbit rast – eine Metapher für die Freiheit, die von ihrem eigenen Geist eingeholt und liquidiert wird, und so auch das Glück, das von seiner Endlichkeit erreicht wird und sich in einen Knacks verwandelt.

Die eigentliche Religion, so wurde im positivistischen 19. Jahrhundert formuliert, bestehe vielleicht darin, überhaupt einen Glauben haben zu wollen. Im 20. Jahrhundert müht sich die Neuro-Theologie um den Nachweis, dass der Glauben aus einer Vermittlungsstörung zwischen den beiden Hirnhälften entstanden sei.

Wohin also mit dem Zweifel des Schweizer Hauptmanns bei Diderot? »Mein Gott, wenn es einen gibt, habe Mitleid mit meiner Seele, wenn ich eine habe.« Ist der Skeptizismus, spät geerntet, ein Ausdruck für den Knacks?

Wenn er bloß Knacks wäre, dann würde er später Bruch, dann Spaltung. Eigentlich aber ist er ein Craquelé, Brüchigkeit, eine Gebrechlichkeit des vitalen wie des moralischen Subjekts, irreversibel und so wenig aus der Person zu nehmen wie die Milch aus dem Kaffee, und manchmal erfasst er selbst Gott: »Wenn wir Gott lieben sollen«, sagt Novalis, »muss es ein hilfsbedürftiger Gott sein.«

Kunst

Die Selbstgerechtigkeit von Kunst: Sie lässt nicht mit sich reden, nur schweigen.

In der Höhlenmalerei wurden Ursituationen zu Piktogrammen. Auch der vorzeitliche Mensch hat immer bloß die Stereotypen und Gesten aufgegriffen, die gerade zeittypisch waren: Der jagende, hetzende, der zum Wurf ausholende, mit der Lanze bewehrte Krieger. In den Bildern ist der Mensch mythisch, für immer, in der Passform seiner Wiederholungen erstarrt. Er wird für immer die Ruten auf dem Feld schneiden, das Vieh führen, Fährten lesen – die Zeit wird stehen, die Jahrhunderte werden sich nicht rühren, in denen er dies immer tat. Eine schöne Unbewusstheit liegt darin, eine Grazie der Jagd, der Arbeit.

Unser Stereotyp wäre der über den Display Gebückte, der gebeugte Mensch, eine SMS lesend, schreibend, dauerkommunizierend. In unseren Höhlen fände sich auch Schrift im Bild, zum Beispiel: »Hallihallo bei dem schönen Wetter, gell?«

Die erste Ordnung, die sich in der Kindheit der Menschheit herausbildete, bestand aus Zeichen, Symbolen, schwach differenzierten Piktogrammen. Von heute aus betrachtet, waren sie reduziert, ja abstrakt: ein Keil für den Wind, eine Schlangenlinie für das Meer.

Die Erfahrung, dass das Zeichen weniger sein würde als das, was es bezeichnete, prägte die Herausbildung der ersten

Schriften. War die Natur total, die Gewalt des Meeres erschreckend, so symbolisierte man sie durch größte Vereinfachung und kultivierte den Eindruck, sie sei beherrschbar, so wie man ja auch gern das gefährliche Meer beschwörend »Stiller Ozean« nennt, damit er es sei. Je weniger Differenzierung das Zeichen selbst besaß, desto komplexer war, was es repräsentierte. In dieser Hinsicht waren die ersten Zeichen wie Namen: Kürzel für eine Totalität.

Schon in der Antike suchte man eine Ordnung des Geistigen, indem man Hierarchien beschrieb. So war die von Plotin neuplatonisch formulierte Emanationslehre nichts anderes als ein geistiger Stufenbau, der genau festhielt, welche Künste nah an der Idee, am Göttlichen und Guten stünden und welche ferner vom Vollkommenen, stofflicher, dem Material verhaftet und weniger ideenreich seien. Der ästhetische Kosmos wurde durch ein dauerndes Abnehmen göttlicher Energie beschrieben. So betrachtet, wird Gott in der Welt immer weniger.

Dieses Verständnis des göttlichen Fortwirkens auf der Erde prägt auch das Bild vom Menschen. Das Bewusstsein, dass er als Künstler die Schöpfung nur reduziert wiedergeben kann und sich ihr unterwerfen muss, prägt die ersten Versuche, diese Schöpfung zu gliedern und auf den Begriff zu bringen. Insofern ist die Erfahrung des eigenen Mangels die Voraussetzung für das Wahrnehmen und Erfahren.

Entsprechend entstanden auch die ersten Theorien von der Ebenbürtigkeit der Kunst gegenüber der Natur erst in Zeiten, da die technische Beherrschung dieser Natur schon fortgeschritten war, also in der Renaissance.

In der Kunstauffassung spiegelt sich die Position, die sich der Mensch gegenüber der Schöpfung gibt. Solange die Naturbeherrschung schwach entwickelt war, diente die künstlerische Arbeit der Nacheiferung des Naturschönen. Der Mensch ordnete sich der Natur unter und gab seinen eigenen Hervorbringungen den Rang eines untergeordneten Entwurfs. Das Höchste, was er ästhetisch erreichen könne, sei die Kopie der Naturschönheit, so lautete ein Diktum der Frührenaissance, das bis zu Leonardo Geltung besaß.

Gleichzeitig aber entwickelt sich mit dem Erstarken der Naturwissenschaft und des Humanismus eine Vorstellung von der Ebenbürtigkeit zwischen Kunst- und Naturschönheit. Damit ist nicht allein eine Aufwertung des Künstlerischen verbunden – der ganze Mensch befreit sich aus seiner inferioren Rolle. War er über Jahrhunderte den Mächten der Natur und des Schicksals unterlegen, so wird er jetzt souverän und beweist zur Zeit des Manierismus mit seinen eigenmächtigen Körperverrenkungen in Skulptur und Malerei, den natur-untypischen Kolorierungen und dem unirdischen Licht, dass sich die Kunstschönheit über die Naturschönheit erheben, sie übertrumpfen kann.

So lässt sich an der Entwicklung der künstlerischen Reflexion darstellen, wie sich der Mensch in fünfhundert Jahren aus seiner unterlegenen Rolle in der Natur zur »Krone der Schöpfung« erst emanzipierte. Hier erreicht er zugleich sein oberstes Privileg: Angesichts abnehmender göttlicher Energie ringsum das Bewusstsein der eigenen Hinfälligkeit zu gewinnen. Malerisch aber wartet keine Zeit mit solcher Opulenz auf wie die Zeit, die scheidet, schwindet, welkt, vergeht.

Unter den neuen Wohlstandskrankheiten verzeichnet die jüngere amerikanische Psychologie eine mit dem Namen »pleasure anorexia«, eine Magersucht der Lust-Erfahrung, so massenhaft diagnostiziert, dass sie zur Kommunikationsgrundlage taugt. Der »pursuit of happiness«, der Glücksanspruch der amerikanischen Verfassung, erreicht seine natürliche Grenze: Er lässt sich leichter erheben als erleben.

Der Knacks mit dem Namen »pleasure anorexia« verrät

auch eine Schwäche der Illusionsbildung, wie ausgerechnet einer der Ahnherren des Materialismus, Julien Offray de La Mettrie, beobachtete, tief in den Farbkasten seiner lyrischen Mittel greifend: »Dank der Einbildungskraft – dank ihrem schmeichelhaften Pinsel – gewinnt das kalte Skelett der Vernunft lebendiges, rosiges Fleisch; dank der Einbildungskraft blühen die Wissenschaften, werden die Künste immer schöner, sprechen die Wälder, klagen die Echos, weinen die Felsen, atmet der Marmor und nimmt unter den leblosen Körpern alles Leben an.«

So betrachtet, erscheint der Knacks als eine Krise der Selbsttäuschung. Der vom Knacks Ereilte hat auch vom »Willen zur Wahrheit« eine zu geringe Meinung, um in der Desillusion ein Medium der Selbststeigerung zu suchen, er bleibt transzendenzlos gebrochen und hat außer Pragmatismus nichts an die Stelle von La Mettries »atmendem Marmor« zu setzen.

So findet er sich, degradiert vom Kunstwerk, ausgesetzt zwischen Vanitas und aufgezwungener Selbsterkenntnis – wie vom Kirchendichter Paul Fleming auf den Begriff gebracht: »Nichts ist alles. Du sein Schein«.

Als 1801 Karl IV., König von Spanien, den Maler Francisco de Goya zu Restaurierungsarbeiten an einigen Gemälden aus seinem Besitz bat, mit der Begründung, diese seien im Lauf der Zeit unfrisch, trüb, ja dunkel geworden und hätten die Strahlkraft der Zeit ihrer Entstehung eingebüßt, lehnte Goya in einem Brief an Pedro Cevallos, den Protektor der Akademie von San Fernando, das Ansinnen vorsichtig ab, setzte auseinander, warum er das Altern der Bilder für künstlerisch halte, und krönte seine Ausführungen mit dem Satz: »Auch die Zeit ist ein Maler.«

Der Wind, der den Firnis streift, der Staub, der sich auf ihm niederlässt, der Ruß der Kerzen, die Abkühlung der Räume im Herbst, die Erwärmung im Frühjahr, der Federstrich des Staubwedels, die Schwüle der Luft vor dem Gewitter, die Trockenheit im Frost, die Moleküle des Parfüms, die Partikel des Puders, das Öl aus den Kerzen, das Fett aus den Küchen, der zum Fenster hereindringende Nebel oder der Rauch der verbrannten Laubhaufen – all das, so unterstellte Goya, nimmt der Maler in seinen Dienst. Er malt das Tableau, auf dem die Zeit sich niederlassen wird, und diese erst kann das Bild vollenden, das heißt, seiner Unvollendbarkeit übergeben. Dass es dauert und überdauert, ist Teil seines Ausdrucks. Die Zeit spricht mit. Sie lässt den Resonanzboden weiterschwingen, sie höhlt den Ton, bis er tiefer klingt, sie lässt die Farben dunkler scheinen und gibt ihnen erst einen Grund … Hier eröffnet sich eine Aussicht, den Menschen in seinem Knacks zu retten, ihn im Scheiden wachsen zu sehen.

Der Ernstfall ist immer plötzlich, plötzlich da oder plötzlich bewusst. Ähnlich hat es zu allen Zeiten in der künstlerischen Produktion Versuche gegeben, durch die Geschwindigkeit der Produktion, auch durch das simulierte Tempo der Hervorbringung, größte Unmittelbarkeit zu fingieren. Die Écriture automatique folgte der Idee: Je schneller ich schreibe, desto unverstellter wird die Welt darin erscheinen – wie im Inneren Monolog.

Schon fünfhundert Jahre zuvor hat der Maler-Mönch Fra Angelico seine Heiligenbilder als unmittelbaren Ausfluss der göttlichen Idee verstanden und deshalb auf Korrekturen verzichtet. Er malte, als sei nichts zwischen ihm und den Geistwesen, und selbst was im Bild als Fehler erschien, war noch Reflex göttlicher Unfehlbarkeit, und sei es ihrer Art, die Hand des Malers zu führen.

In der Mystik werden die Dinge nicht entwickelt, sie werden »geschaut«, sind auf einmal da, alle zusammen. Das Geoffenbarte wird zum Gegenprinzip des Epischen, Narrativen. Es ist zugleich Ausdruck hoher Geschwindigkeit und des Stillstands.

In der Malerei Fra Angelicos liegt der Knacks bei Gott. Jede verrutschte Proportion, jeder missratene anatomische Zug ist nun göttlich missraten. Oder, gut mystisch: Gott ist verliebt in die Werke der Menschen und erkennt sie an ihren Fehlern, ihrem Scheitern.

Mit seiner Geburt tritt der Mensch in den Verfall ein. Lässt man diesen gewähren, stirbt man alt und faltig, lässt man sich liften, stirbt man alt und grotesk. Leonardos »Abendmahl« verfällt nun seit gut fünfhundert Jahren, seine letzte und größte Komplettsanierung hat das Fresko vor einigen Jahren hinter sich gebracht. Nun kann der Experte also noch einmal im Angesicht der frisch erblühten Züge aller Jünger feststellen: In ihrer Mitte sitzt der Verräter. Ist es der Restaurator? Ist er es, der den Lauf der Zeit korrigiert, der Geschwindigkeit des Verfalls begegnet?

Der Restaurator dieses Freskos ist eine Restauratorin mit dem Nabokov'schen Namen Pinin Brambilla Barcilon. 21 Jahre lang hat sie Farbpartikel sortiert und Jahrhunderte der Übermalung, Ergänzung und Erneuerung ungeschehen machen wollen – um wo anzukommen? Waren im Laufe der Jahrhunderte nicht genügend putzende Schüler und Adepten über dieses Bild gezogen? Was waren sie: Aktivisten gegen das Artensterben in der Kunst? Hatte nicht schon Charles Dickens 1845 die würdelose Restaurierung beklagt, und schrieben nicht jüngst noch Forscher, kein einziges Farbpartikel des Bildes stamme wohl noch von Leonardos eigenem Pinsel?

Faszinierende Vorstellung: Ein Original, auf dem es nichts Originales mehr gibt – geradezu eine Allegorie aller Versuche, das Original gegen sich selbst zu verteidigen. Denn was wäre ein Original, das nicht dem Verschwinden entgegenginge? Welche Erregung lösen Werke aus, die unsere Verfallsgeschichte nicht teilen?

Je näher man hinsieht, desto weniger bleibt von ihm übrig, dem scheinbaren Leonardo. Aber was ist sein Wesen? Was darf man diesem Leonardo wegnehmen, bis man ihn nicht mehr einen Leonardo nennen darf? Genauso fragt der Gangster in einem Godard-Film: Hackt man mir ein Bein ab, sage ich: Ich und mein Bein. Hackt man mir Arme und Beine ab, sage ich: Ich und meine Gliedmaßen. Hackt man mir den Kopf ab, was sage ich: Ich und mein Kopf? Ich und mein Rumpf?

»Das letzte Abendmahl« besteht aus Farbschuppen zwischen den Brüchen und Rissen, ein Knacks geht durch das Ganze. Um Jesu letzte Mahlzeit im Speisesaal des Mailänder Dominikanerklosters zu betrachten, dürfen nur noch 25 Touristen gleichzeitig für je 15 Minuten die Hochsicherheitszone betreten. Die Bedingungen für Betrachter sind unkünstlerisch, die Züge des Werks entstellt, seine Aura wirkt gelüftet.

Wäre es also nicht der zumindest wahrhaftigste Zugang zu Leonardo gewesen, man hätte ihn der Zeit übergeben und sein Verschwinden als genuin künstlerischen Akt verstanden? Dann wäre Leonardo der Maler gewesen, der den Knacks gemalt und durch ihn den Tod in das Werk hätte eintreten lassen.

Die Maler haben die Gestalten dauernd auflösen wollen: Tizian nimmt sie zurück ins Verdämmern, Veneziano löst sie in Brokat auf, Tiepolo knetet sie in Wolken, Schiele entlässt sie ins periphere Sehen. Ja, soll denn niemand statuarisch sein und bleiben? Haben sie alle weniger Menschen als vielmehr das Verschwinden von Menschen gemalt?

Seit dem 15. Jahrhundert schon arbeitet die Welt daran, Bildausschnitte des Malerischen, Fotogenen, Sehenswürdigen festzulegen. Auch die Malerei arbeitet der Bildpostkarte vor. Erst im 19. Jahrhundert werden die Zwischenräume zwischen den Bildpostkarten gesucht, und die Welt des Darstellungsfähigen dehnt sich. Erst hier erscheint der Knacks, als Störung, als Übergriff des Formlosen, des Verschwindens und Nicht-Seins, als Vorgang des Verwitterns und sich Wegdrehens aus dem Attraktiven. Realismus erfordert plötzlich die Nachahmung des nicht Sichtbaren.

In der Nähe des Überlebens verschwindet der Knacks oder er wird unfühlbar. Julius Payer führt 1872 bis 74 gemeinsam mit Carl Weyprecht jene österreichisch-ungarische Polar-Expedition, die zur Entdeckung des Franz-Josef-Lands östlich von Spitzbergen führen sollte. Sie gelangen dorthin, vermessen Gebiete, die sie erreisen können, benennen jede Insel, jede Bucht nach etwas, das sie zu Hause zurückließen. Unter hohen Verlusten werden sie – weitergeschoben von einer Drift, die sie zwölf Monate lang um den Pol treibt – nach Jahren die Heimat erreichen. Massenaufläufe, von Menschen gesäumte Straßen, Empfänge, Auszeichnungen werden ihre Heimkehr nach Wien begleiten.

Ein Jahr danach aber erhebt sich der wissenschaftliche Mob, bezweifelt die Strapazen, die Resultate, die Karten, die Existenz der Inseln, des Archipels, die Provenienz der mitgebrachten Funde. Payer wütet, er rechtfertigt sich, er streitet, fühlt sich, ein Überlebender, zur Nichtexistenz verurteilt und seiner Identität beraubt.

Zurückgezogen lebend, die Öffentlichkeit meidend, wird er nun Maler. Seine Bilder sind überdimensionale Schinken von mehreren Quadratmetern Fläche, Darstellungen von Eis-Szenen und arktischen Landschaften, innere Bilder, denen er – geschändet wie ihr Andenken ist – monumentale Größe gibt.

Der Knacks liegt nicht im Sujet, er liegt im Format. Was

Denkmalcharakter hat, ist eigentlich Mahnmal des Scheiterns, aber nicht, was die Expedition selbst angeht, sondern ihre Übersetzung in Kommunikation. Die Wahrhaftigkeit des künstlerischen Ausdrucks bildet für Payer den Nachweis seiner Erfahrungen, ihre Evidenz. Die Kunst soll nicht allein konservieren, sie soll Existenzbeweis sein. So greift Payers Verletzung in die Werke. Durch ihre Größe und durch ihren Realismus sprechen sie den Knacks aus.

James Ensor erschreckt den Betrachter seiner Bilder durch Porträts, die in der Nähe der Verzweiflung Maske werden, gesprungene Maske. Selbst einer Blume kann er eine Fratze geben. So beseitigt er das Groteske, indem er dem Hässlichen Reichtum gibt, den Reichtum eines Königreichs.

Durch eine Ausstellung seiner Werke in Krakau läuft eine Verbogene, deren Kopf direkt aus den Schultern herauszuwachsen scheint. Sie studiert die Bilder regelrecht. In ihrem Gesicht hat sich ein milchiges Wohlgefallen ausgebreitet.

Es gibt Kunstwerke, die nur ausgestellt werden, damit die Betrachter Blessuren davontragen, gestört werden, ihrer Unzufriedenheit zufrieden. Die Fraktur verläuft zwischen dem Bild und seinem Betrachter. Er kommt schaulustig, er geht düpiert. Diese Eine aber, die ging bestätigt, wohl wissend, dass Kunst das selten will: bestätigen.

Dreizehn Jahre, bevor F. Scott Fitzgerald seinen »Knacks« veröffentlicht, tritt dieser in die Ikonographie des 20. Jahrhunderts ein. Marcel Duchamp, nein, nicht Marcel Duchamp, die Zeit vollendet das Werk »Das Große Glas«, mit dem Untertitel »Verspätung aus Glas«, indem sie es aus den Händen des Künstlers übernimmt: »Ich habe mich gezwungen, mir selbst zu widersprechen«, hatte Duchamp gesagt, »um zu vermeiden, dass ich meinem eigenen Geschmack nachfolge.« Doch ist der diskontinuierliche Mensch gefeit gegen den Knacks, nur weil er die lineare Entwicklung der Person zu unterbinden sucht? Es gibt keinen Standpunkt außerhalb der Zeit. Ein andermal hatte Duchamp gesagt: »Es gibt keine Lösung, weil es kein Problem gibt«, so wie Beckett fand: »Es gibt keine Kommunikation, weil es keine Kommunikationsmittel gibt.«

Aber ein Werk, zumindest etwas, das wie ein Werk, wie ein Corpus aus einzelnen Arbeiten aussieht, existiert doch in dieser Indifferenzzone und findet Interpreten. André Breton – derselbe, der einmal schrieb »Hast du Freunde? Nein, mein Freund« – sagte von seinem Freund Duchamp anerkennend, er sei »der seltenste, der am wenigsten fixierte, der enttäuschendste lebende Mensch«.

Was also ist, was dieser Enttäuschende »Das große Glas« nennt oder auch als die »Momentaufnahme« einer seit 1923 »definitiv unvollendeten Maschine« bezeichnet? Nach Jahren der Vorbereitung hatte er acht Jahre intensiv an diesem »Großen Glas« gearbeitet, ehe er es für endgültig unvollendet erklärte. Es bestand aus Glasplatten mit den gewissermaßen »historischen« Staubrändern, die ein paar darauf liegende Gegenstände hinterlassen hatten. Der Zufall, der Lichteinfall, die Bewegung der Luft, Druck, Temperatur und Bewegung wirken in den Hinterlassenschaften auf dem Glas, der Konturierung, der Dichte der Spuren und ihrem Verlauf mit. Zeit treibt über die Oberfläche, Sedimente entstehen, die formbildende Arbeit des Verfalls manifestierend. Duchamp nimmt auf diesen Prozess Einfluss in der Arbeit des Patrons, des Bewahrers, seine gestalterische Kraft zeigt sich weniger in dem, was er schafft, als was er zulässt. Trotzdem sieht er das Werk durch viele Jahre hindurch jenem schließlich fast willkürlichen Punkt entgegengehen, der »Vollendung« heißt.

Doch dieser Prozess wird als treibende, den Künstler ausschließende Kraft der Gestaltung erst erkennbar als Ermüdung: Das Werk zerbricht 1927 auf dem Rücktransport von der einzigen Ausstellung, die es erlebte, das Material springt, ein Schaden, eine Zernichtung – der Einbruch der katastrophalen Zeit in den Prozess der Formbildung, unmittelbar bevor dieser sich in seinem musealen Aggregatzustand vollenden sollte.

Als Duchamp Jahre später davon erfährt, organisiert er die Textschnipsel, die während der Konzeptphase entstanden waren zur »Grünen Schachtel« und gibt diese als Korpus dem »Großen Glas« mit, das dann, mühevoll restauriert und im Verbund mit dem Text, sich nun selbst daran hindern soll, eine »ästhetisch-plastische oder literarische Form zu gewinnen«. Nie zuvor war wohl die Vollendung des Werks so spontan an seine vermeintliche Zerstörung geknüpft worden. Doch noch die Dialektik dieser Deutung verhält sich zum »Großen Glas« wie die verfehlte Anstrengung, den Knacks zu kitten und Kommunikation ohne Mittel zu betreiben.

Das gesprungene Glas ist ein Angriff auf den Beobachter, nicht nur auf den Bildgegenstand. Die Verweigerung des Werks, diesen Betrachter zu repräsentieren, dieses Aus-dem-Bild-gerückt-Werden ist die Bewegung, die der Knacks vollzieht.

Eine Porträtistin, die stundenlang vor den Strandcafés neben einer unbeholfenen Kohlezeichnung von George Clooney und einer ebensolchen von Keira Knightley sitzt: Ihr eigenes Gesicht ist eines, das man wohl am ehesten zum Spott in Kohle malen würde. Eine Karikatur jedoch geht immer. Aber auch Clooney und Knightley haben ihre Gesichter nicht behalten dürfen, sie sehen zerstückt, irr, abweichend aus, disproportional, wie im Stil einer Höhlenmalerei fixiert. Daneben das weiße Blatt, das wartende schneeweiße Blatt auf der Staffelei, die Endlosschleifen der Café-del-Mar-Musik dringen heraus, monoton wie das weiße Papier. Es gehen früh ergraute Menschen vorbei, mit empörten Gesichtern. Die Porträtistin sitzt unter einem aufgehängten Petunien-Topf, eine Frau bleibt stehen:

»Der Putin mag Petunien so gerne. In Russland nennt man sie jetzt Putinien.«

Sie schüttet sich aus vor Lachen, die andere ist peinlich berührt, sieht in den Fluss der Fußgänger. Niemand hat hingehört. Sie lächelt förmlich in Richtung der Sprecherin, aber die hat sich schon abgewandt »mit dem großen Schwung der Leute, die mit ihrem Lachen allein sein wollen«, wie es bei Kafka heißt.

Doch Keira und George sind plötzlich ein wenig heimischer geworden, so, als hätten sie die Situation in ihre zerrütteten Gesichter aufgenommen und als wären diese Gesichter gerechtfertigt von jener Szene, die gegen die Klippe anbrandete, auf der die Porträtistin saß.

Der Künstler, fasziniert von der Unpersönlichkeit der eigenen Entwicklung, stellt eines Tages fest: Mein Stil ist fertig. Aber was er so nennt, ist eine Versammlung von Unzulänglichkeiten, die sich wiederholen, bis sie charakteristisch werden. Nicht, dass er sie gewählt hätte, vielmehr haben sie von ihm Besitz ergriffen und bewohnen ihn nun als Wirtstier. So erkennt er selbst sich in der eigenen Arbeit, als von Unzulänglichkeiten deformiert, während das Werk für die Außenwelt sich gerade im Stil abschließt und durch ihn unangreifbar zu machen sucht.

In Texten ist Stil insofern selten der Ausdruck von Souveränität, sondern eher die Widerspiegelung eines Defekts. Kein Autor schreibt, was er will, sondern was er kann. Deshalb kommen bestimmte Satzformen, Konjunktionen, adverbiale Verbindungen immer wieder vor. Dieses »individueller

Stil« Genannte setzt sich in der Persönlichkeit fort. Eine vollständige Persönlichkeit wäre nicht nur souverän, sie wäre alle und allen gleich nah, oder, wie Adorno es ehemals geradezu theologisch fasste: »Wer von außen und in sich nicht mehr unterdrückt wäre, suchte keinen Halt, vielleicht nicht einmal sich selbst.«

Das Schreiben bietet die beste Möglichkeit, sich der eigenen Dummheit zu vergewissern. Dauernd stößt der Schreibende auf Dinge, die er nicht sein, nicht sehen, nicht auf den Begriff bringen kann. Es gibt einen Moment des Erwachens in dieser Erfahrung, den Augenblick, in dem sich dieser Schreibende seines Scheiterns vergewissert und vom missglückten Satz zum schadhaften Werk, zur mangelhaften Person, zum nicht geführten Leben kommt. Der Schreibfehler ist darin etwas wie der symbolische Statthalter für das Misslingen im Ganzen. Das Versagen greift in die Speichen des Werks – als wolle ein Text etwas herstellen, wo schließlich eine Wunde klafft, ein Makel entsteht, und dann schreibt Joseph Conrad: »Dichten heißt, im Scheitern das Sein erfahren.«

Als Antwort das Schwelgen in Moll-Akkorden. Pessimismus. Abkehr. Zerstörung. Oder Realismus als eine Form, Wahrheit durch Aufrichtigkeit zu ersetzen. Oder die Feier des Verkanntseins, ist doch der Knacks des Autors identisch mit seinem Adel: verkannt zu sein. Ja, der Autor ist der Verkannte, der sich immer neu zu verkennen gibt.

Schreiben, um auszulöschen. Im Satz dem Nicht-Sein Evidenz geben: In einer der etwas rätselhafteren Passagen bei Robert Walser folgt der Sprecher der Einladung einer »Saaltochter« in das obere Stockwerk, um nachzusehen, ob sie sich eigne »zu gelegentlichem Gelecktwerden«. Er spricht davon, als sei keine Obszönität in der Obszönität. Außerdem stellt der Held die sittliche Ordnung her, indem er ihrer Aufforderung nicht nachkommt. Ihre Empörung bringt sie auf den Begriff, indem sie durch den ganzen Gastraum ruft: »Es ist nichts mit diesem Menschen!«

Der Knacks in jedem Augenblick, in dem es jemals »nichts« war »mit diesem Menschen«, ergänzt um jene anderen Augenblicke, in denen dieser Mensch immer wieder zunichte wurde.

Robert Walser schreibt an anderer Stelle: »Meiner Schriftstellerei war um jene Zeit etwas Schmachtendes eigen, was daher kam, dass es in mir selbst verträumt aussah.« Von der Unordnung des Traums in die Ordnung des Sehnens. Verhältnisse bestehen, die nicht durch die Fülle zusammengehalten werden, sondern durch den Mangel, die Erwartung, die Aussicht, eines Tages geworden zu sein – als führe das irgendwo hin.

Menschen könnten sich kennenlernen und einander fragen: »Wo hast du deine Wirklichkeit?«

Und einer würde erwidern:

»Im Enthusiasmus, in der Enttäuschung, im Heimweh.«

»Das ist doch keine Wirklichkeit«, würde er zur Antwort erhalten, »das sind doch bloß Formen, sie zu suchen.«

Der Knacks als erzählerische Perspektive. Aber wer schreibt ohne Attitüde vom Ende der Enttäuschung aus, aus einer Erfahrung, posthum, gesättigt und bedürftig zugleich, so wie man vom Verlassen der Jugend an wahrnimmt?

Knut Hamsun macht diese zur Zentralperspektive. Er webt Erzählungen aus Enttäuschung, produziert die Illusion und ihre Verneinung als Einheit, trägt Farbe auf, um sie ins Monochrome drehen zu können: »Die beiden reisten dumm und ernsthaft den Berggipfeln nach, sie hatten Eile, sie hatten ein Ziel, es war, als reisten sie zum Arzt.«

Die Sätze, die in seinem Roman »Die letzte Freude« den

Knacks besiegeln, schreiten den Horizont einer Existenz ab, sie halten sich beim Irreparablen auf und berichten von dort: »Wie mythisch war das. Wie war dieses schöne Mädchen verpfuscht!« Vom Ende aus betrachtet, vom First eines solchen Satzes geht der Blick über ein Leben, das seine Poesie durch die Bereitschaft erhält, nicht zu werden. Und in »Gedämpftes Saitenspiel«, als der Erzähler angekommen ist auf dem Punkt, an dem nur er selbst sich noch aussortieren kann, sagt er schlicht: »Ich war ein abgedankter Mensch.«

Dichterlesung der Nationen. Jede und jeder mit einem eigenen, nationalen Leiden auf der Bühne. Kairo leidet. Helsinki leidet. Der Gazastreifen leidet sowieso. Kurz vor Mitternacht steigt als Letzter ein chinesischer Dichter auf die Bühne, liest einsam und verletzt seine Lyrik, erst auf Chinesisch, dann als Herzstück ein Poem auf den verstorbenen Vater, das er, wie der Sohn jetzt sagt, »quite obviously« nach dem Tod seines Vaters geschrieben habe.

Während der Saal sein Desinteresse bekundet, liest der Dichter, jetzt noch tiefer in sich hineingewichen, vom Sterben seines Vaters, in fremden, schwer zugänglichen entstellten Metaphern. Das Gedicht spricht den Vater aus, indem es ihn nicht ausspricht. Es ist traurig, zerstört von seiner Abwesenheit.

Doch geht auch diese Dichtung ihren eigenen Leidensweg, ist doch die Verzweiflung des Vaters über sein Sterben an keiner Stelle so prägnant wie die des Sohnes, der sich vor einer indifferenten Menge der Tatsache stellt, dass man ihn nicht hört, sondern lieber zusehen will, wie er an der Hervorbringung des Leidens selber leidet.

Der Knacks, das ist die Lektüre vor diesem Saal, in dem übermüdet, amüsierwillig und desinteressiert das Publikum seine Präsenz gerade noch aufrechterhält. Das Sterben hat dieser Dichter erlebt, das Schreiben hat er erlitten, die englische Übersetzung kann er nur mit starkem Akzent zum Vortrag bringen, nein, nachbuchstabieren, und in dieser mehrfachen Brechung stirbt der Vater wieder, zu Grabe getragen in den Augen der Zuhörer – ein tapferer Einzug, den er in ihre Gleichgültigkeit hält.

Etwas Taubes, Diffuses, Ungelöstes, etwas Unbelebtes, Unanschauliches, Blindes: Der Tod wirkt in das Werk hinein als ein Ausdruck des Nicht-Seins, des Fragmentarischen ebenso wie des Stillstands aller Bedeutung. Der kleine Tod im Werk ist also etwas wie die Berührung mit dem Versagen. In diesem Sinne ist, Oscar Wilde zufolge, »Scheitern das wahre Ende« für jeden Künstler, und der Erfolg ist eine dem Werk gegenüber fremde Kategorie. »Der Tod«, sagt Oscar Wilde weiter, »ist nichts als die Rechtfertigung des Scheiterns; die endgültige Aufgabe jener Kräfte und Neigungen, die den ganzen Lauf des Lebens behindern. Die schönsten Verse, die schönsten Theaterszenen haben immer etwas mit dem Tode zu tun, denn der wichtigste Auftrag des Künstlers ist es, uns die Schönheit des Scheiterns begreiflich zu machen.« Mit dem Scheitern nimmt das Werk seinen Knacks in sich auf: nicht Altern, Verfallen, Fremdwerden allein, sondern buchstäblich seine Überantwortung an das Sterben und Vergessen.

Man leidet immer an Bildern, mit Bildern, vor Bildern. Leiden lässt sich kaum anders codieren als in Bildern. Charlotte, selbst verheiratet, sagt:

»Jedes Mal, wenn eine Ehe zu Ende geht, denke ich, wie gut: Niemand soll denken, die Ehe rette vor dem Verlust.«

Ja, das Glück ist mit der Desymbolisierung von Lebenslagen verbunden. Plötzlich entstehen dort keine Bilder mehr. In einen solchen Raum entlassen, sagt sich der Entkommene:

190

»Einmal kein Bild mit dem identifizieren zu müssen, was ich tue – das ist das Glück.«

Die insuläre Geste, die in sich stehende, keine Deutung provozierende und in keinem Symbol ausgespielte Geste hatte immer Verbindung mit dem Wunderbaren. Mehr noch: Das Nicht-Integrierbare ist das Wunderbare. Grillparzer steht zum ersten Mal in seinem Leben vor dem Meer und sagt: »So hatte ich's mir nicht vorgestellt« – das ist wie Schnee im August, die Schwalbe im Februar, die unbefleckte Empfängnis, das Nicht-Antizipierbare, das Unwahrscheinliche schlechthin, die Ausnahme: Die Zeit steht, etwas erscheint, und es ist wie Erlösung.

In der Zeit stauen sich die Zeiten, und die Zeiten ändern sich. Aber die Autoren schreiben die gleichen Bücher, die Musiker spielen die gleichen Skalen. In den Werken steht die Zeit still, außen nicht. Sind also die Werke auch Hilfsmittel, Zeit einzufrieren? Sind sie Hilfsmittel, damit das Bewusstsein zum Wandel nicht vordringt? Ist er die Todeszone, die den Gedanken stillstellt, den Ausdruck verneint? Man kann nicht schaffen, ohne zu bewahren, und sei es, indem man der Flüchtigkeit ein Werk übergibt, damit man sich immer daran erinnert, wie dieses Werk von der Flüchtigkeit auf und davon gerissen wurde.

Die Heilands. Da ist etwas entstanden wie Hass auf jene, die brechen: Pete Doherty, Britney Spears, Amy Winehouse im Spiegel der Moral-, also Boulevardpresse. Die Öffentlichkeit lässt sich von denen mit dem aggressiv zur Schau getragenen Knacks ernähren – sie werfen eine unerschöpfliche Folge von Leidensbildern ab, in denen sich der Betrachter erkennt, indem er sich nicht erkennt. Er stößt sich ab von ihnen, arretiert sein Identifikationspotenzial und hat nun einen plakativen Ausdruck für das, was er nicht ist.

Die Boulevard-Kommentierung, Zentrale eines moralischen Rigorismus, der fast nur innerhalb ihrer Grenzen
existiert, wird sich im Dienste der Allgemeinheit gegen diese Lebensführung verwahren. Man darf scheitern, aber kein
Bild davon abgeben, so die Botschaft. Die Boulevardpresse
argumentiert innerhalb der ikonographischen Grenzen: Die
Unordnung von Rausch, Exzess, Verschwendung, Selbstvergeudung, Kontrollverlust gehört nicht ins Bild.

So fremd der künstlerische Prozess dem Boulevard, so fern
ist ihm der Gedanke, Musik, die so entsteht, sei expressiv zu
verstehen und nicht als Ware, die von bürgerlichen Tugenden
wie Fleiß und Disziplin in die Welt gesetzt wird. »I've died a
hundred times«, singt Amy Winehouse und stellt eine Erfahrung aus, die der Hörerschaft meist unzugänglich ist, die aber
ihre ästhetische Fassung durch Verzweiflung beglaubigt. Die
Begleitung des persönlichen Unglücks durch Mitempfindung,
die Angst um die Sängerin, die Angst um den immer auf Haa-
resbreite balancierenden Auftritt ist eigentlich eine schöne Regung.

Zugleich aber giert Öffentlichkeit nach den Bruchstellen,
möchte sie in Erscheinung treten sehen, möchte verfolgen, wie
sich in der hermetischen Oberfläche der zirkulierenden Bilder
der Riss ausweitet, die Kunst Blutzoll erhebt. Öffentliche Per-
sonen sind ja Ikonen im Wortsinn, Bilder, verurteilt, Bilder zu
bleiben, Patina anzusetzen, zu dunkeln und zu vergehen, um
posthum einen fotogenen Himmel zu bevölkern.

Da jene, die diese Bilder erjagen, und jene, die sie in Auftrag geben und mit moralischen Passepartouts versehen, dies
nicht gut im Sinne des Werks tun und suggerieren können, sie
fühlten das Elend der Elenden, müssen sie sich auf deren Vor-
bildfunktion herausreden. Sie möchten sagen: Du darfst nicht
brechen, weil du es massenwirksam tust. Eine neue Heimlichkeit entsteht.

192

Musik ist in ihrer öffentlichen Funktion ein Reizmittel, geeignet, Stimmungen zu zerstreuen, Gefühle zu brechen, Impulse zu formatieren, die Beherrschung zu gewinnen oder die Bewegungen aller auf einen Nenner zu stimmen. Sie bahnt sich ihren Weg über Bruchlinien, schafft unentfaltete Stimmungen, Gefühlreste, Rückstände, die aus der Musik selbst oder aus der Stimmung davor stammten. So unterbricht Musik die kontinuierliche Persönlichkeit und nährt den Fragmentarismus, das atomistisch zwischen Impulsen verstreute und sich dabei verloren gebende Leben.

Die Emanzipation des Ausdrucks vom Eindruck: Die Nachrichten im Hörfunk sollen auf einem Lächeln gesprochen werden und ein »positives Lebensgefühl« vermitteln. Es muss rar sein, wenn es solcher Stimulanz bedarf.

Der Steward bittet um das »Hochklappen der Tische vor Ihnen« wie um eine Wohltätigkeit, auf das Rauchverbot wird hingewiesen als Neckerei, und dass wir »die Reiseflughöhe erreicht« haben, wird annonciert wie der Etappensieg eines Radrennens. Fast überall hat es sich durchgesetzt, Informationen mit Gefühlen aus dem Fundus zu verkleiden. Da war doch eines, das stand der Reiseflughöhe gut. Keine Ahnung, wo es geboren wurde, wer oder was es auslöste. Aber so lebt es wenigstens weiter, wenn auch gegenstandslos.

Jeder bekommt einen Durchschlag von Gefühlen, die anderswo abgeschrieben wurden von jemandem, der sie wieder anderswo abschrieb, und jetzt gewinnt man den Eindruck, dass irgendwo auf der Welt Einer sitzt, der für alle fühlt. Hinter dem falschen, dem zitierten Ausdruck aber breitet sich eine Leere aus, umstellt von Gefühlen und verteidigt gegen diese.

Weil alle Handys haben, geht man dauernd durch Fetzen verliebter Rede. Die Verhältnisse dehnen sich aus. Man wusste

nicht, wie jemand umgarnt, enttäuschtes Begehren artiku-
liert, sich vor seinen Kindern verzwergt. Jetzt weiß man es.
Die Sprachfetzen wirbeln wie Konfetti durch die Luft – lauter
Repräsentanten ganzer Verhältnisse und zugleich weniger als
Fragmente, bloß Zeichen. Dass das geht, dass man ein mehr-
spänniges Leben mit Symbolen und Piktogrammen steuern
kann! Dass die Effizienz so hoch, die Indifferenz im Sprechen
so unverhohlen, die Genügsamkeit so entwickelt ist!

Und dann lenkt man die Vorstellung auf das Rührende –
und wer ginge einem je nahe, der einen nicht zu rühren ver-
möchte? Doch viele werden rührend erst, wenn man sich
vorstellt, wie sie abends den Kopf in das Kissen drücken. Das
Bedürfnis zu schlafen holt manchmal mehr Transzendenz aus
Menschen, als das Verlangen zu lieben.

Die Fähigkeit, konsequent zu sein, wird heute weitgehend auf
das Design beschränkt. Man umgibt sich mit Dingen, die Linie
haben, ästhetische Geschlossenheit vermitteln, Entsprechun-
gen herstellen, aufeinander aufbauen. Sollte der moderne private Lebensraum die Innenwelt spiegeln, dann wird er gewählt,
um sie nicht zu spiegeln. Darin besteht die Entscheidung. Man
wählt konsequent, um den täglichen Selbstwidersprüchen etwas entgegenzusetzen.

Solche Stringenz ist dem ästhetischen vorbehalten, nicht
dem moralischen Raum. Dieser ist eher ironisch, und Ironie
ist das Medium der Brechung, der Distanznahme, der dop-
peltonigen Rede: In ihrer gegenwärtigen Verbreitung meint sie
sich gemeinsam mit ihrem Gegenteil. Das Pathos dagegen nivelliert Brüche, ist eindimensional und ragt wie aus einer Zeit
in die Gegenwart, die Selbstrespekt über Selbstironie stellte.
Das Ironische zieht sich lieber in den Schutz des Belanglosen
zurück, wo kein Begriff des Relevanten mehr fassbar ist.

Inzwischen aber sind die beiden Sphären verschwommen.

Das ironische Pathos, das Pathos des Ironischen, dringt aus der Verkaufssprache in die öffentliche Kommunikation: »Die Moral der Mundgesundheit«, »Lebe Dein Haar«.

Die Menschen dazu bekommen selbst etwas Transitorisches, und sie empfinden sich selbst als Durchgangsmenschen, Provisorien, unentwickelte, auch vergebliche, schließlich abgelaufene Menschen, und nur schlichte politische Bildungsideen würden heute noch formulieren, wie es die Kunst bis in jüngste Zeit tat: Man müsse »den inneren Menschen erfinden«, sich überhaupt dem Individuum im Aufbruch, dem werdenden, kommenden zuwenden.

In jedem Affekt gestaltet sich eine Bindung, in jeder Bindung ein Ich. Wie die Bindungen fallen, so fallen die Persönlichkeiten, wie jene sich knüpfen, so werden diese geboren. Gegen die Erosionen der Aufklärungs- und Bildungsideen, die den »neuen Menschen« suchten, setzt die Gegenwart den multiplen, den ironischen Charakter oder den schieren Menschen des Werbebildes, der in jedem Augenblick auf der Höhe seiner Vollkommenheit existiert und immer noch seine Vollendung erfährt, als Liebender, Hausfrau, Schutzherr, Oma.

Die Pop-Kultur hat den Verlierern, die alle sind, zwei liturgische Zeilen mitgegeben: »We are the champions« – aber nur, weil wir dann auch singen dürfen »No time for losers«. Und: »I'm a loser, baby, why don't you kill me?« Aus unterschiedlichen Quellen bezogen, gehören die beiden Zeilen doch zusammen: Der Triumph erreicht seinen Zenit im Moment, da er die Bürde der Empathie abwerfen darf. Die bruchlose Souveränität des Siegers erhebt sich über die Schmach der Gebrochenen und feiert die eigene Hoheit, indem sie den Verlierer der Empathie entreißt.

»I'm a loser baby, why don't you kill me?« nimmt die Botschaft von dort: Jetzt tritt der Verlierer die Hoheit über ein

Leben ab, das er sich nicht einmal mehr selbst nehmen kann. Unter diesem Blickwinkel ändert sich sein erniedrigtes Leben. Es ist gebrochen. Täglich sucht jetzt der Verlierer eine Gelegenheit, zu werden, was er ist, anders gesagt: sich abzuschaffen.

Die Leserin in der U-Bahn, die letzte Seite umblätternd. Sie bleibt auf dieser letzten Seite, dann klappt sie den Deckel ganz langsam zu, blickt immer noch nicht auf, als traue sie sich nicht.

Jetzt trägt sie aus diesem Buch so viele zarte Menschen mit sich, dass sie am Ende selbst ganz zart wurde. Innerlich überbevölkert von Gestalten, die alle besser zu ihr passen würden als die Menschen in ihrem Leben, ist das Gesicht jetzt beides, beseelt und enttäuscht zugleich.

Aber was soll sie machen: Sie blickt auf und hat alle Gefühle, nur nicht die Menschen dazu. Und wirkt ein wenig lächerlich in ihrer wehmütigen Übertreibung des Sensiblen.

Am Straßenrand in der Hocke ein Dreißigjähriger im Anzug, die Tasche neben sich im Dreck, bitterlich weinend. An seiner Seite blickt ein Begleiter auf ihn hinab, genauso gekleidet. Der einzige Satz, den ich höre:

»Keine Sorge, das resetted sich.«

Umgekippte Landschaften

Auch die Landschaft will gesehen werden und nimmt dauernd symbolischen Ausdruck an. Auf der einen Seite etwa die Stadtlandschaft, die Wollust erzeugt wie die von Paris, von Havanna. Auf der anderen Seite Städte wie Tokio, Mexico City, Jakarta, die es aufgegeben haben, einen Betrachter überhaupt imaginieren zu können.

In einer Parallele hierzu ließe sich von der bedeutungslosen Landschaft sprechen, die nicht gesehen wird, aber auch nicht gesehen werden will, eine Landschaft also, die gewissermaßen als ihre eigene Rückseite erscheint.

Manchmal hat der Film versucht, solche Rückseiten zu Schaufenstern zu dekorieren. Jim Jarmusch etwa hat opulenten Gebrauch von dieser Attraktivität des Unscheinbaren und Hässlichen gemacht, und wie oft wurde es ihm nachgetan.

Ganz anders Michelangelo Antonioni in »La Notte«: Da wandert Jeanne Moreau nach ihrem Besuch am Sterbebett eines Freundes, also eigentlich in der Vorwegnahme einer posthumen Situation, durch die Hinterhöfe einer norditalienischen Industriestadt, trifft ein paar Halbstarke, sieht Kindern zu, die Raketen steigen lassen, irrlichtert, flaniert, streunt. Diese Szenen sind ohne kausale Stringenz, alles steht nebeneinander.

Später, im Nachtclub, betrachten sie und Marcello Mastroianni eine Nackt-Akrobatin, und er fragt:

»Was machst du?«

Sie erwidert: »Ich habe einen Gedanken.«

»Welchen Gedanken?«

»Weiß ich noch nicht.«

Später macht sie mit dem Finger eine Spiralbewegung um den Kopf und sagt:

»Jetzt ist er da.«

Sagt nicht, welcher es ist. Doch man versteht: Es handelt sich um die direkte Umsetzung der eben durchschrittenen Landschaft. Eine Art Hadesfahrt nach dem vorweggenommenen Tod des Freundes.

Mit dem Knacks ist die Ziellosigkeit verbunden, das Streunen ohne Richtung, ebenso wie der reflexive Prozess, der mit einem noch unformulierten Gedanken enden wird, der irgendwann da gewesen sein wird. Im Augenblick aber, da er eingetroffen ist, hat die Geschichte ihr Etappen-Ende erreicht.

Von hier aus in eine Landschaft ohne Schauseite, sogar ohne Akzent: die Objektivierung eines Zustands der Ausleerung und deshalb auch eine Landschaft ohne Gegenwart. Wer sollte sich die Mühe machen wollen, sie zu formen, ihr Zeit zu verleihen? Man sieht sie von weither kommen. So, als hätte eine Drift sie hergetrieben. Man sieht die Welt in ihr enden.

Dauernd durchquert man die Räume des Immer, mythische Räume, in denen alle immer schon das Gleiche getan haben. Immer tritt der Gemüsehändler auf die Straße und schaut in den Himmel. Immer dieser staubige Weg. Immer legt der Bauer seine raue Hand auf den Kopf des Knaben. Immer verschafft sich der Dirigent, mit dem Stöckchen am Pult klopfend, Gehör. Und dann dringen die Durchpassierenden ein, die alles aufmischen, Reibung herstellen, gaffen und auch ein eigenes Immer mitbringen: Immer fragen sie nach den Lebensgeschichten der Arbeiter. Immer nach Name, Herkunft und Familienstand. Sie wollen das Repertoire erfahren und die Stimmung ergründen und nichts lassen, wie es ist. Ihre

Fragen führen die Fremde ein, die Mythen verwittern und altern an ihnen. Und mit einem Mal hat sich alles ein bisschen weitergedreht und sieht unter frisch eingetroffenen Fragen überkommen und retardiert aus.

Im 5. Jahrhundert vor Christus wird das Wetter von einem göttlichen Phänomen zu einem rationalen. Hatte man ehemals die Götter regnen und donnern lassen, so setzt man nun naturwissenschaftlich an. Gefährlich, denn solche Vernunftschlüsse zerstören den poetischen Götterglauben und beeinträchtigen die Voraussetzungen für Religion und Staat.

Die Wolken, Nebel, Dunst, all dies waren ehemals göttliche, im Kern also seelische Phänomene. Nun werden auch sie gefährlich rational, und »Wolkenkuckucksheim« – für Aristophanes noch Hort des Unglaubens – wird als Sitz des Utopisch-Seelischen poetisch entrückt.

Dabei ist doch die Wolke Metapher des Wandels, der ästhetischen Dynamik in der Natur. Es gibt Gesetze, nach denen sich die Formen so wandeln, aber der Augenschein sieht nur das dauernde Werden und Vergehen der Gebilde. Metaphern, Seelenbilder, Gleichnisse, der ganze symbolische Bombast des Wetters findet sich wieder in der Wolke, als stiege sie direkt auf aus dem Fluss der eigenen, Bilder treibenden Innenwelt.

»Der Schmerz im Angesicht des Schönen«, schrieb Adorno, »nirgends leibhaftiger als in der Erfahrung von Natur, ist ebenso die Sehnsucht nach dem, was es verheißt, ohne dass es darin sich entschleierte«. Auch wolkig.

Wo die christliche Malerei den Knacks aus der Landschaft nehmen wollte, hat sie sie fromm entzeitlicht: Sie ist Natur in der Gegenwart eines anderen. Vom Himmel fällt in breiten Bahnen ein übernatürliches Licht. Ihm unterworfen eine Natur, die vom Himmel definiert wird. Die Landschaft erscheint als das Resultat einer großen Abstrahlung. Immer, wo sie Erscheinung wird, steht die Zeit und immunisiert die Natur.

Lässt man die materiellen Gründe einmal außer Acht, so werden Städte auch aus Verlangen gebaut, und die bloße Notwendigkeit scheint überwölbt von der Sehnsucht, behaust zu sein. So wird das Verlangen Teil der Stadt. Es gibt sie nicht, ohne diesen Wunsch, geschützt, versorgt, im geschlossenen Ensemble befriedet zu sein, und dann betritt man mitten in der Stadt eine Zone, die geschichtlich, die suggestiv, also vor allem Verlangen ist: Verlangen nach einer Zeit, in der wir noch nicht Zeitgenossen waren und es einfacher gefunden hätten, wir zu sein. An dieser Stelle hat die Stadt ihren Knacks, hier kapituliert sie.

Ja, Orte bestehen vor allem aus Erfahrung, sind aber gleichgültig gegenüber unserer Sentimentalität. Wie viele Abschiede, herzzerreißende Abschiede wird ein Ort gesehen haben, und doch kann kein Neuerer arbeiten im Bewusstsein dessen, was es heißt, ein Schild, einen Kiosk, einen Automaten zu entfernen, Leerstellen zu verteilen, wo sentimentale Schwärme waren. Der Knacks zuckt durch die Außenwelt. Dauernd geht jemand über das eigene Grab.

Die Verwandlung dieser Stadt aus jenen frühen, quasi vorgeschichtlichen Idyllen heraus in eine moderne Wohnmaschine vollzieht sich auch entlang von Verwerfungslinien, Subzentren, Trabanten und Modulen. Die Verwandlung des vertrauten Lebensraums in einen funktionalen geschieht so unmerklich, wie sich die Persönlichkeit oder die Landschaft wandelt. Die Kübelbepflanzung, die Begradigungen, Verkehrsberuhigungen, sie setzen sich allmählich durch und haben irgendwann das Lebensgefühl erfasst und verändert. Man benutzt die Dienste, die Städte anbieten, aber aus anderen Gründen. Sie könnten verschwunden sein, ihre Infrastruktur stünde weiter, Bedürfnisse zu befriedigen, die es so wenig noch gäbe wie die Stadt, in der sie einmal geboren wurden.

Im Knacks steckt etwas Unzeitiges, Unmerkliches. In der Stadt will er durch Begehung, durch die motorische Tätigkeit des Recherchierens, Erwanderns erschlossen werden, im Überschreiten einer Schwelle, die unmerklich geblieben ist und nur nach dem Überschreiten als solche wahrnehmbar wird. Solche Unmerklichkeit treibt die Entwicklung: Eine Innenstadt wird Fußgängerzone. Man hat das Datum nicht, an dem sie es wurde. Rückblickend erst kann man sagen, dass sie es geworden war und dass man selbst mit ihr anders behaust wurde.

Die Architektur der Klassen zieht eine Demarkationslinie zwischen dem weltweit erfolgreichen amerikanischen Exportprodukt »Gated Community«, der abgeschotteten ghettoisierten Welt des Reichtums, und dem sich selbst überlassenen Dschungel der Armen.

Doch empfindet die sogenannte Drittweltgesellschaft den Skandal des Reichtums stärker, als es die Erste Welt tut. Das definiert sie. Die »Dritte Welt« konnte sagen: Ein Medizinmann oder ein Stammesfürst hat seine Privilegien entweder durch Geburt oder weil sie ihm verliehen wurden, damit er Repräsentant seines Volkes sei. Die Ausstattung mit Macht fand hier ursprünglich in einem Akt der Übergabe, der Verleihung von Insignien statt. Auch einfache Bürger des Kongo sehen folglich auf ihren Präsidentenpalast und sagen: Wir repräsentieren uns hier selbst – ähnlich wie beim Sakralbau.

In der Ersten Welt hat der Reichtum keine Repräsentationsfunktion für die Gemeinschaft aller Bürger, sondern ausschließlich für die, die ihn besitzen. In diesen Gesellschaften ist die Form von insulären Kulturen der Reichen aus der Idee des Selbstschutzes entstanden, und so stehen diese im konträren Verhältnis zur Repräsentation der Volksgemeinschaft in armen Gesellschaften.

Die »Gated Community« ist aber nicht nur ökonomische oder bauliche Einheit, sie ist zugleich Rechtsraum. Diese in sich geschlossenen Gemeinschaften geben sich Verfassungen, Hausordnungen, manifestieren sich so aber eigentlich als Subsysteme der Justiz. Sie bestimmen intern, was sie Übertretung nennen, und das meist rigider, als es außerhalb der Fall ist.

Die Stadt wird auch deshalb zum inhomogenen Raum mit einer Ordnung, die in bestimmten Zonen martialischer wird, ist doch ihre Ausdifferenzierung aus dem städtischen Ensemble zugleich die Ausdifferenzierung möglicher Übertretungen. Man hat sich die Ordnung innerhalb der »Gated Communities« also als eine gewaltsame vorzustellen, nicht von außen, sondern im Sinne einer Gewalt, die das Chaos vernichtet, jede Lebensäußerung erfasst und rubriziert und Grundformen der Bewegung und Gestaltung vorschreibt, während sich das Aggressionspotenzial draußen erhöht, die Behauptung der Demarkationslinien zwischen Slum und Nichtslum erkämpft und mit Ordnungsbegriffen gesichert werden muss.

Da die Zunahme der äußeren Gewalt aber zugleich eine stärkere Kommunikation nach innen, in die geschlossenen Räume hinein mit sich bringt, und da man durch die elektronische Bereitstellung aller Konsumgüter und Dienstleistungen von einer sozialen, das heißt alle umfassenden Infrastruktur weitgehend unabhängig wird, könnte es sein, dass die Reichen die Städte bald eigentlich gar nicht mehr brauchen – als Lebensräume sind sie verloren, als Funktionsräume untauglich, schon weil sie nicht privatisiert sind.

So wandeln sich Besiedlungsformen und Stadt-Typen von innen, abgeleitet aus den Bedürfnissen der Behausten und in einem Prozess, der die Fußgängerzone einmal so museal erscheinen lassen könnte wie heute das »centro storico«.

Ich kam in eine Stadt, in der niemand lächelte, nicht mal die Kleinkinder. In den Touristenbüros ließ man die Bittsteller so lange warten, bis sie von selbst gingen. Das Fesselnde daran war: Die Einwohner betrieben dies wie eine Kunst, verfeinerten die Formen offenbar immer weiter, deuteten durch kleine Bewegungen, Zuwendungen, an, gleich könne ein flankierendes Lächeln eintreffen, nur um es danach umso schmerzlicher vermissen zu lassen und sich brüsk abzuwenden.

Trotzdem standen sie am Fenster und glotzten unbeirrt hinaus mit verfinsterten Gesichtern. Um was zu sehen? Einer lächelte, aber das war eine Kriegsverletzung, sein Gesicht war einfach so stehengeblieben. Also lächelte ich selbst, doch das wurde behandelt wie ein perfider Einfall. Die Menschen sagten mir jetzt direkt ins Gesicht, was zu mir noch zu sagen war: Wir wischen dich aus dem Gesicht dieser Stadt.

Die moderne Stadtplanung ist nicht nur durch den Versuch charakterisierbar, die Erhaltung des Status quo zu gewährleisten oder museale Subzentren zu schaffen. Sie stiftet auch Ordnung, etwa durch die Verdrängung des Unterholzes, des Habitats, des Kiezes, der Quartierbesonderheiten. Ihre Aggressivität hat hier etwas durchaus Spezialisiertes. Sie weiß genau, was verschwinden soll, und richtet ihre Arsenale gegen die konsumabgewandten, den Verfallsformen, den klein parzellierten Einheiten verpflichteten Bürger, die ökonomisch meist eine geringe Rolle spielen. Wer sagt, die Stadtplanung wolle nur den Status quo erhalten, tut so, als sei man kollektiv in der finalen Form der praktischen Lebensorganisation angekommen und fühle sich dort behaust. Doch auch die Stadt erfährt ihren Knacks: das Gewährenlassen hat eigene Lebensformen in den Stadtrandgebieten geschaffen.

Der Architekt Adolf Loos sprach von der »Verschweinung des Lebens durch das Ornament«. Im Zuge der postmodernen Architektur kehrt sie zurück. Die Funktion eines Gebäudes ist auch heute oft abgekoppelt von seinem Erscheinungsbild. Das führt dazu, dass die Stadtränder architektonisch aufrichtiger erscheinen als die Stadtzentren. Wenn ich mir eine Stadt erarbeiten will, dann gehe ich immer zuerst in die Banlieu, an den »fringe« oder in die Subzentren, wo die morphologische Differenzierung der architektonischen Formen, der Bevölkerung, der Feste, selbst der Kleidung noch höher ist – vor allem außerhalb Deutschlands. In den Innenstädten hingegen ereignet sich ein Verlust der Besonderheit, eine andere Art der Verslumung, ablesbar etwa am Verschwinden von Lebensmittelläden, Handwerksbetrieben und kleinen Dienstleistern.

Georg Simmel spricht von der Unausweichlichkeit des Konflikts zwischen vitalem Geschehen und kultureller Form. Immer wenn historische Situationen offen sind, so Simmel, schaffe sich das vitale Geschehen eigene Passformen – Haustypen, Wohnformen und so weiter. Irgendwann aber platzen diese Formen aus allen Nähten, weil sie nicht mit den vitalen Prozessen wachsen. Lebenspraktisches Geschehen und kulturelle Form haben nun einmal nicht die gleiche Dauer: die »Tragödie der Kultur«.

Demnach ist die Kultur nicht an sich tragisch, sie tritt nur kraft immanenter Gesetzmäßigkeiten immer wieder und notwendig in ihre tragische Phase ein. Der Konflikt ist ausweglos, das vitale Geschehen bricht durch die starren Formen wie die Pflanze durch den Asphalt.

Inzwischen hat sich, was »vitales Leben« genannt wird, aus Teilen der Stadt weitgehend zurückgezogen. Ja, vielleicht ist die Stadt kaum noch ein Raum für eine solche Lebenspraxis – jedenfalls im Vergleich zum privaten Innenraum mit seinen Möglichkeiten für Phantasmagorien, Ersatzwelten, Computerdrogen, Internet-Pornographie, Eskapismus jeder Art. Wie viele Formen des Unfugs, des Wahnsinns, des Halluzinatorischen spielen dagegen in einem Stadtkomplex, in den flurbereinigten Lebensräumen der Innenstädte, überhaupt noch eine Rolle?

Das Straßencafé und das Bistro etwa sind in Deutschland Zitate, sie lösen einen eigenen Phantomschmerz aus. Sie suggerieren: Da fehlt mir etwas, das ich nie gehabt habe. Der Stadtraum definiert mich nicht als Menschen, sondern als Konsumenten – so banal die Feststellung, so erdrückend ihre Übersetzung in Architektur: Jedes Schaufensterdesign, jeder Schriftzug, jedes Bild, jede Schönheit, alles Nackte, alles ist tautologisch und vermittelt die immergleiche Botschaft. Die ganze Organisation des städtischen Raums trägt diese Botschaft, sie gewinnt innere Plausibilität darin, Raum für Werbebotschaften, für Kaufimpulse, für die Stimulation des Käufers zu schaffen.

Hätte man gewusst, wie sich der Warenverkehr entwickeln würde, man hätte eine mittelalterliche »città ideale« in ihrer Metamorphose von der Renaissance bis zur Shopping Mall beschreiben können. Diese Entwicklung hat lineare Plausibilität. Sie nährt eine Romantik der Unordnung, der Ineffizienz, des Verfalls, sogar der herabgesetzten Hygiene. In solchen Formen sucht der Konsument dem Knacks zu begegnen durch die Exhumierung des vom Konsum emanzipierten Bürgers.

Die Utopie einer Stadt, die »città ideale«, ist geschlossenes Ensemble, ästhetisch stringent, ideell konsequent, dauernd. Die Realität einer Stadt ist gebrochen, widersprüchlich, befristet, flüchtig. Manche Siedlungen sterben an ihren Brüchen, faulen von ihren Bruchrändern aus, werden Stadtwüsten, bevölkertes, aber unbehaustes, den wohnenden Menschen abweisendes Land. Und manche werden Opfer ihres Effekts, bluten aus in ihrer Schönheit, weil sie glauben, nur als Bild überleben zu können. Den inhomogenen Stadtraum korrespondieren zu lassen mit der inneren Stadt hieße, der eigenen Obdachlosigkeit zu begegnen.

Julien Green hat im Tagebuch über die Pariser Trabantenstädte geschrieben: »Man kann sich nicht vorstellen, in dieser Kulisse einen bereits überholten Futurismus zu leben. Städte dieser Art haben nichts Menschliches mehr an sich, und man erahnt auf irgendeiner Etage eines dieser Hochhäuser die einsame Verzweiflung in der Dämmerung und die Versuchung, um jeden Preis da herauszukommen.« Ja, die Produktion des Utopischen findet vor allem an dürftigen, bedürftigen Orten statt.

Blick-Regie: Wer sieht die Passanten ganz an? Mit der Ausdauer im Verweilen, mit dem Beharren, das sich am Schauen nährt, so als könne man so ein Gesicht nicht einfach hinunterstürzen. Aber jene, die den Blick meinen, ihn belasten, jene also, die im Blick des Gegenübers ruhen, sie stellen überall Präsenz her.

Man wandert durch die Blicke, die gedemütigten, enttäuschten, müden, die abwägenden, abschätzigen Blicke, die schlurfen wie Schritte, die nirgends hinwollen. Es gibt einen kammermusikalischen Zusammenhang zwischen diesen Blicken, diesen Schritten, das Ziellose daran, das Keine-Richtung-Findende, keine Haftung, keine Verpflichtung.

Öffentliche Plätze, die wie Sterbezimmer aussehen: Alle wenden sich ab, in alle Himmelsrichtungen, stehen isoliert, drehen ihre Stühle weg, stürzen davon, weg, entkommen. Man kann die zentripetale Kraft körperlich spüren, mit der Menschen aufgehoben und entfernt werden möchten aus der Gemeinschaft. Sie bewegen sich nicht, wie in anderen Städten und auf anderen Plätzen, in die Gemeinschaft hinein. Aber diese Davongetragenen hier kommen nie an, die Fliehenden haben es immer nur ein paar Schritte weit und sind schon allein.

Sie bemerken in ihrer Bewegung noch, wie sie angesehen werden, aber nur damit das Gegenüber die Nicht-Zugehörigkeit feststellen kann. In manchen Ländern sind die Menschen auf der Straße Geheimbündler, in anderen Komplizen, Gefährten, hier sind sie Verkehrsteilnehmer oder Konkurrenten. Alle Blicke vergewissern sich der Unzugehörigkeit, sagen: nicht du, nicht mir, nicht jetzt, nicht hier. Lauter Vereinzelte, in den Sprechblasen ihrer Gedanken gehend.

Dann kommt sie durch die Gasse, die Sommerliche, die den Platz illuminiert. Sie lächelt, lächelt stärker, lächelt theatralisch, gestikuliert, macht ausholende Bewegungen, grimassiert, fällt in einen schnelleren Schritt, ruft schon. Sie meint ihn? Ja, ihren Hund.

Stefanie wird von ihrer Wohnung abgelehnt, sagt sie. Nach ein paar Monaten zieht sie erschöpft aus. In einer unspezifischen Landschaft am Stadtrand sitzt sie und denkt sich ihre verlassene Wohnung, und allmählich bildet sich diese Räumlichkeit im Konjunktiv heraus. Sie wird zu einer Architektur des Wünschens. Als es so weit ist, zieht Stefanie wieder in dieselbe Wohnung ein und blickt sich um: So lässt es sich leben!

Die Überquerung der Landesgrenze: Entkleidet von gewissen Privilegien, tritt man in einen Zustand der Unzugehörigkeit ein. Man wird des Possessiven beraubt, das man mit dem eigenen Land verbindet. Du bist nicht gemeint, sagt die Umwelt, du hast dies nicht geschaffen, zu seinem Wachstum nicht beigetragen, ihm nicht einmal zugesehen. Du hast auch an diesen Leidensgeschichten nicht teilgenommen, hast unsere Helden nicht getragen, als wir sie trugen. Du bist Zaungast, ein Zaungast hat keine Rechte.

»Sind wir noch in Deutschland?«, fragen die Kinder auf Reisen und suchen in der Außenwelt die Spuren: noch dies-, schon jenseitig.

Man schreibt Städte hinein in die Erfahrung. Man projiziert sie auf den Nebel, der aufsteigt aus Büchern, Filmschnipseln, Gerüchten, und dann sind sie nicht. Nicht das eine, nicht das andere. Nicht mehr. Und noch viel mehr. Der Riss, der durch die Stadt ging, ist nicht objektivierbar, aber da. Die innere Stadt liegt zerstört. Interims-Menschen sind ihre Besatzer.

Das Straßenbild voller Leute, die heute nicht sein wollen. Dazwischen Kinder mit Tornistern, gefüllt mit technischen Geräten, geeignet, den Gewaltmarsch ins Leben zu erleichtern. Die Gesichter der Menschen gewinnen etwas Bürokratisches in der Furcht vor der Ausbreitung der Untauglichkeit in ihrem Innenleben. Einige kapitulieren gerade mitten in der Blüte oder knospen schon welk.

Die Lichter der ins Tal heimkehrenden Autos, die Gesichter der auf den kleinsten Bahnsteigen den Zug Verlassenden, Durchatmenden: Es sind Pendler, die abends in ihr Dorf heimkehren. Sie haben Kaminholz vor dem Haus, geharkte Kieswege, Umhängetaschen aus Kuhfell, es gibt Wegkreuze, Tabernakel, rot geziegelte Dächer, Nadelwälder, Wasserläufe mit überhängendem Gras. Das soll immer sein. Die Zeit hält sich fest. Hier könnte eine Naturreligion entstehen.

Im Gastraum unter dem Fernseher gekreuzte Hellebarden, auf dem Türbalken die Kreidespuren der Dreikönigssänger, der Liebhaber raucht, und die Geliebte sieht der Ritterrüstung in den Schritt. Alles mit Tradition belegen, nicht um ihrer selbst willen, sondern um etwas auszustellen, das gefeit ist gegen die Arbeit der Zeit. Das Dauernde. Draußen bei den

Toiletten ein Hinweisschild: »Zu den Stallungen«. Was ist erstaunlicher, dass es noch »Stallungen« gibt oder dass sie noch so heißen?

Der notorische Reisende, in der Lobby eines indonesischen Hotels sitzend, wo er wartet, dass sein Visum abläuft, um dann in das nächste Land zu reisen, wiederum zu warten, bis sein Visum dort abläuft, dann zurückzukehren. Heim kann er nicht, bleiben kann er nicht, zum Reisen fehlt ihm das Talent, aber er sagt:

»Ich werde immer weg sein müssen, mit einem Fuß im Anderswo.«

»Warum?«

»Selbst wenn ich bleibe, bliebe ich nicht. Auch wo ich ruhe, reise ich. Ich kann nun mal leichter leben, wenn mich etwas Fremdes umgibt, eine fremde Person, eine ungewohnte Umgebung, eine Möglichkeit, im Unvorhergesehenen zu verschwinden. Mein Selbstgefühl ist nur stark, wo ich mich vom Fremden vereinnahmen lasse.«

Sein Ausdruck, während er spricht, fanatisch, getrieben vom Wunsch, alles »Ich« werden zu lassen, nichts unerobert. Der Geruch der Männer, die überall Markierungen hinterlassen, Pheromone, Lockstoffe der imperialen Lebenshaltung. Aber aus dem gleichen Stoff sind oft auch die Schwärmer, die Fernweh-Getriebenen.

Ein Alter im Adidas-Hemd und mit Flipflops in der Rechten steht zwischen den Badenden an einem Strand in Kapstadt und ruft immerzu:

»Wo werdet ihr sein? Wo werdet ihr sein?«

Die Badenden lassen ihre Blicke, weil sie gerade nichts anderes zu tun haben, auf ihm ruhen.

»Wo werdet ihr sein?«

Am Tag seines Todes? Am Tag des Weltuntergangs? Am Wahltag?

Er wechselt die Richtung, posaunt jetzt zur gegenüberliegenden Seite:

»Und ihr? Wo werdet ihr sein?«

Alle sind aufgerufen. Antwort wird ihm keine.

Ich gehe hin und sage:

»Nicht daheim. Ich jedenfalls werde nicht daheim sein.«

Er schüttelt den Kopf. Die Antwort ist falsch. Ich bin lästig. Offenbar habe ich verloren.

Die Verlegenheit des Touristen vor der Aussicht. Das Trauma des Reisenden, der feststellt, dass er von nichts bewegt ist, keinen Zweck seiner Reise zu finden und deshalb auch keinen des Arbeitslebens, das er ertrug, um sich die Reise zu ermöglichen. Die von keiner Empathie, von keinem Verstehen erschließbare Fremde nimmt den Reisenden nicht auf und überlässt ihn dem Horror Vacui. Es ist der Gleiche, den seine Arbeit verdrängt, den die Pflichten kaschieren, vor dem sich die Familie zur Attrappe aufbaut. Sich selbst überlassen, darf der Mensch nicht zu sich kommen.

Er bereist ein Land, um später auf dieses zurückzublicken und etwa aus der Geselligkeit einer gedankenlosen abendlichen Runde in einer deutschen Großstadt in die Abgeschiedenheit eines isländischen Dorfes zurücktreten zu können. Er weckt die inneren Bilder vom abblätternden Putz auf den Fassaden, den durchhängenden Betten, der Verstocktheit der Kinder, der Verwirrung der Kommunikation, der Sprödigkeit der Landschaft: Alles mobilisiert gegen die schöne, elegante Oberflächlichkeit der urbanen Lebenskultur. Er flieht aus der Bequemlichkeit in der Überzeugung, das Leben müsse immer wieder auch von einem Gegenteil beatmet werden.

Mann im Zug, ein Mann, der jede vorbeifliegende Landschaft in ein neues Gesicht übersetzt: Jetzt sperrt er den Mund auf, jetzt stellt er ihn schräg. Das Tal da drüben mit dem Waldessaum, das wird zu einem O, einem immer offener klaffenden O. Jetzt die Augen auf, jetzt Blinzeln, jetzt Grimassieren.

Die Frau neben ihm, seine Ehefrau oder Betreuerin, sieht auf sein Haar, als zähle sie jede einzelne Schuppe. Ihr Blick ist garstig, und die Mädchenblüte scheint in diesem Augenblick einzig aus seinem Gesicht.

Die Schönheit ist nicht mit der Vernunft.

Die Melancholiker vor der großen Landschaft, vor dem erhabenen Erlebnis: Sie finden zwar den Zugang zur eigenen Freude nicht, warten aber, als käme noch die Retrospektive. Dann aber wenden sie sich von der schwer erträglichen Aussicht ab und fragen in die Runde:

»Ist das nicht schön? Ist das Meer nicht blau? Ist die Luft nicht klar?«

So spucken sie ihre Tautologien aus, und »ja« sagen alle ringsum, »genau« oder »ist mir auch aufgefallen«. Ihre Melancholie lässt sie wünschen, sich zur Gesellschaft zu ergänzen, Einheit im Vielen zu werden.

Man stelle sich vor, es gäbe einen Prozess, den man als Ghettoisierung der Provinz bezeichnen könnte. Man beträte einen solchen Ort, angeweht von einer Zukunft, die hier in zwanzig Jahren Realität sein wird. Man dreht sich um auf einem Punkt in der Zukunft und blickt zurück, ohne mit bloßem Auge erkennen zu können, wie das alles begann: als die Fußgängerzonen wie Krampfadern lagen, als sich die Häuserfassaden enttäuscht einander zuwandten, mit Import-Export-Schaufenstern voller Messinglampen, Wasserpfeifen, Stickereien aus Anatolien, daneben Militaria-Läden, und dauernd die Gesich-

ter von Buckligen, Heimwerkern, Bitteren davor, Bratwurst-
essern, die zur Wurst reden, Volksmusik-Adepten, Resignier-
ten mit Gesichtern wie leere Kinderwagen, Geschasste, die
sich in den Gezeiten der sommerlichen Sonnenbrillenmoden
Individualität geben; viele humpeln oder tragen Gebrechen
zur Schau. So sind Strandgut-Orte.

Aber was ist das: Die Menschen werden regelrecht angezogen von liebloser Architektur, lieblosen Speisekarten, gedankenlosen, unbarmherzigen gesellschaftlichen Konventionen.
Es ist, als fühlten sie sich in der äußeren Erfahrungsleere besser.
Sie organisieren ihren Erlebnis-Stillstand, spiegeln ihn, wollen
vom Leben nicht die Strophe, nur den Refrain, bedienen sich
des Gemeinplatzes, so wie man immer an denselben Ferienort
fährt: Willkommen Klischee, hier war ich schon oft. Hier kennt
man sich aus, hier gibt es keine unliebsamen Überraschungen.
Denn zur Not sind wenigstens Konventionen heimatlich.

Das Reihenhaus wurde vom Bedürfnis diktiert, die Villa vom
Wunsch. Wer sagt schon: Ich möchte im Reihenhaus gelebt
haben, bevor ich sterbe? Manche Dinge haben nur deshalb
weniger Wirklichkeit, weil so selten von ihnen geträumt wird.

Doch dann ist eines Tages auch die Stunde des Reihenhau-
ses gekommen. Dann sind die Rollläden heruntergelassen, der
Müll wurde nicht rausgebracht, der freundliche Nachbar hat
immer gegrüßt und war hilfsbereit, und die Fernsehzuschauer suchen die Bilder ab und fahnden nach den Indizien für
jenen Moment der Abspaltung, als hier der Amok geboren
wurde.

Aber was findet der Blick? Die Wiederkehr mittelalterlicher
Wehrarchitektur im Sozialwohnbau des siebziger Jahre, wo die
Fenster noch wie Schießscharten sind, tief und klein. Hier liegt
der Grund für die Unsinnlichkeit dieser Verteidigungsarchi-
tektur: Das Mittelalter konnte seine Gebäude nur funktional

anlegen, man stand im Krieg. Auch die deutsche Nachkriegs-
architektur entstand in noch kriegerischer Stimmung, in der
Unsinnlichkeit, dem Selbstverzicht, in der Abwehr gegen sich
selbst, gegen den ornatus, und wenn schon »Kunst am Bau«,
dann sei sie abstrahierend, didaktisch, pädagogisch.

So, wie es unter diesem Blick erscheint, ist das Reihenhaus
der Knacks. Es hat sich ins Stadtbild geschlichen, aus der Not
geboren, vom Krieg befördert, dem Pragmatismus geschuldet.
Wenn sich hier die Kameras dem jüngsten Amoklauf zuwenden, ist es, als sei der Knacks des architektonischen Milieus aus
seiner Latenz getreten.

Was macht jemand, der in seine Heimat zurückkehrt und
ein Autobahnkreuz findet, wo sein Elternhaus war? Steht er
still und sagt: Meine Kreuzung, meine Heimat? Sucht er sich
ein Surrogat, eine zweite Heimat? Steht er dort mit Tränen in
den Augen, abgekühlt, fatalistisch? Den Wald, den Acker, den
Schwung der Hügellinie, die einsame Bahnstrecke: Wie viel
kann man ihm wegnehmen, und er nennt all das immer noch
»meine Heimat«?

Oder anders: Sehe ich mir ein Autobahnkreuz an und
sage, dies war mal die Heimat von jemandem? Werde ich
sentimental und sehe die rasante Verkehrsführung mit um-
wölkten Augen? Eine ungefährdete Heimat müsste jenseits
der Zivilisation liegen, als ferner, der Zeit entzogener Winkel.
Also ist sie immer fiktiv, und fatal wird es nur, wo man aus
dem Sentimentalen etwas Politisches macht. Immerhin gibt
es keinen Rechtsextremismus ohne »Heimat« und keine Fun-
damentalisten unter den Nomaden. Dann sollen wir also alle
wandern, wandern …

»Nun sind entfernt
Die Grenzen der Dinge.
Manch neue Stadt

Entsteht auf der Erde.
Nichts an der alten
Stelle lässt ruhen
Die wandernde Welt.«
Schreibt Seneca.

Man kann jeden Menschen fragen: Hast du keine Sehnsucht nach zu Hause? Und auch wenn er eben da ist, wird er ein Jenseits zu diesem Ort sehen, eine Geschichte dessen, was er war, was er unbegrifflich als »Zuhause« empfand, in einem existenziellen, über alle Lebenspraxis hinausreichenden Sinn. Heimat, soll sie gefühlt werden, flüchtet sich gleich ins Symbolische.

Das heimatliche Dorf, behütet vom Misstrauen im Blick der Bauern, einem Blick, der aus der Frühgeschichte kommt. Es ist noch Witterung darin. Man folgt der Spur des Fremden wie einer Schweißfährte. Manche Glocken klingen wie Stimmen im Dialekt. Aber wo ehemals Unterholz war, haben heute die Zahnärzte ihre Pferdekoppeln. »Erst kommt der Mensch, dann der Waldlehrpfad«, sagt der Bauer, dem diese ganze Unterwerfung des Forstes auch missfällt. Jetzt gibt es sogar schon einen lokalen »Künstler«, der seine Werke im Blumengeschäft als »limitierte Edition« ausstellt. Die Mädchen gehen bauchfrei zwischen den Exponaten und den Yuccapalmen auf und ab, und auch wenn sie Schnupfen haben, stecken sie die verrotzten Taschentücher in den Hosenbund, wo sie auf der Haut feuchte Spuren hinterlassen.

Meine Heimat liegt in Sätzen, der Ahnung von Lebensläufen und der Spur, die sie in der Landschaft der Kindheit hinterlassen haben. Es sind die Dinge, die man fühlen kann. Man kehrt heim und fühlt sich gleich einsamer. Weil Heimat nicht ist. Weil sie, je näher man ihr kommt, immer fremder zurückblickt.

Alle haben die Heimat mitgenommen, die einen ins Grab,

die anderen in die Ferne, die dritten ins Vergessen, die vierten in den Stumpfsinn. Heimat ist die Landschaft, in der man nicht verschwinden würde. Sonst ist alle Landschaft darauf angelegt, uns zu verschlucken. Doch ist Heimat noch Heimat ohne Eltern, ohne Lehrer, ohne Mädchen, ohne Kaufmannsladen?

Heimat ist immer der Inbegriff des Verlorenen. Es lohnt sich von ihr nur als von einem Mangel zu sprechen, und am besten verstehen sich die Menschen, wenn sie sich alle als Heimatvertriebene erkennen, davongejagt aus den künstlichen Paradiesen ihrer gehissten Ideale und deklarierten Werte.

Zwei Büroarbeiter im Zug, die Horizonte des digitalen Lebens abschreitend.

Das Kind des Einen zeigt mit ausgestrecktem Finger auf einen vorbeifliegenden Gegenstand: »Was ist das?«

Der Vater blickt von seinem Laptop auf, wendet sich ihm, nicht der Landschaft zu, sagt betulich: »Die Zeit wird kommen und du fragst nicht mehr: Was ist das?, sondern: Was siehst du?«

Das Kind sucht die Landschaft nach dem Sinn dieser Aussage ab. Der andere Mann lässt jetzt auch seine Rechte auf der Tastatur ruhen, nimmt das Gespräch auf und sagt übergangslos:

»Der Tag, an dem der Computer gegen den Menschen im Schach gewinnt, relativiert Bach.«

»Tut er nicht«, sagt der Erste, »denn Bach litt.«

Er sagt es, doch ist ihm eine Diskussion sichtlich unheimlich, die den Begriff »Leiden« auf einer Leerstelle platziert. Also wendet er sich wieder dem Kind am Fenster zu und fragt, mit dem ausgestreckten Finger sinnlos in die Landschaft weisend:

»Und was ist das?«

Ich beobachte eine Frau am Strand von Jurmala, Lettland. Ihr Alter ist unbestimmbar, das ihrer Haut höher. Sie hat diese Skilehrerinnen-Charakteristik, wie von Rinde bedeckt. Krebsrot wie sie ist, dreht sie ihr Becken der Sonne zu, wendet sich, liegt unbequem auf der Seite, öffnet die Beine, hebt sogar die Brüste, schiebt sie auseinander, damit die Sonne überall hin kann oder damit sie sagen kann, dass die Sonne überall schon mal war. Ja, sie setzt sich der Sonne aus, als müsse sie imprägniert werden.

Daneben steht eine Japanerin mit hochgekrempelten Jeans. Ich beobachte die Beobachterin: Sie isst ein Butterbrot und betrachtet die Rote wie eine Skulptur. Die Rote ihrerseits blickt missvergnügt auf sich, dann auf die Japanerin, dann auf das Butterbrot. Dann setzt sie hochmütig eine balkenbreite Sonnenbrille auf. Ihre Empörung über den zudringlichen Blick ist es wert, dass sie nun ihre Augenpartie nicht bräunen wird.

Wie oft muss ein Mund, im Schlafen oder im Wachen, enttäuscht ausgesehen haben, damit eines Tages das Gesicht bitter wird? Und wie oft hat man in einem Gesicht einen scheinbar unangenehmen Charakterzug gefunden, bis man bemerkte, dass er in seinem Wesen aus Trauer bestand! Wird dieser Zug mit der richtigen Frage berührt, trifft man das Passwort, dann ist die Preisgabe so unausweichlich, wie wenn der Fotograf den richtigen Augenblick trifft. Nicht nur die Physiognomik, auch die Fotografie ist eine Sprache, wie man nicht zuletzt daran erkennt, dass sie beide missverstanden werden können.

Ich frage die Rote: »Was fehlt?«

Das ist das Passwort. Als ich zwei Stunden später aufbreche, verabschiedet sie sich:

»Ich wünsch dir was.«

Wenn ich wüsste, was, ich würde es mir auch wünschen.

Was macht man an einem Sonntagmorgen um halb sieben auf der Parkbank einer litauischen Kleinstadt, wenn die letzten Betrunkenen heimkehren, die Spatzen die Nachtabfälle aus den Rinnsteinen lesen, in den Coca-Cola-Lauben schon wieder Tische gewischt, Scherben zusammengefegt werden und die Hundebesitzer beim Ausführen ihrer schleppend daherkommenden Lieblinge schon mal nebenher die Papierkörbe und Mülltonnen durchsuchen? Wo soll man nach Leben suchen, wo selbst leben?

Aus den geöffneten Fenstern dringt der erste Husten der Erwachenden. Alles ist mit Abfällen, Rückständen, Auswurf, Exkrementen, Müll beschäftigt. Aber es ist Sonntag, die Sonne scheint, niemand soll sich täuschen: Über die ganze Stadt verteilt sind sie jetzt, die Einsamen, die Zurückgelassenen, die auf ihr Leben warten. Dann kommen die fetten Männer in T-Shirts zu halblangen Hosen und führen die Kampfhunde aus. Der Moment des Bruchs ist vorbeigegangen. Was jetzt folgt, ist nur noch der hochgerüstete Feiertag.

Erst, wo sich die Katastrophe andeutet, verrät die Haut der Erde, dass sie keine ist. Wenn sich die tektonischen Schichten verschieben, wenn seismische Aktivität beginnt, wenn Dampf entweicht, wenn eine Unruhe Schauer unter der Erdoberfläche hindurch treibt, wenn Bruchlinien entstehen, die die Oberfläche masern. Wenn sich Eruptionen, Tsunamis, Vulkanausbrüche, Beben andeuten, dann wird kurz bewusst, dass Menschen ein Individuum »Welt« bewohnen, einen unfesten, aktiven, brüchigen Körper, der nicht schwankt und taumelt, aber sich doch verschleißt oder schleichend verdirbt wie saurer Boden, wie ein umgekipptes Gewässer. So schleicht sich der Knacks in die Natur, die Krankheit der Welt mit Namen Homo sapiens.

Wer bist du? Nicht die sichtbare, nicht die verborgene Person, nicht die demonstrierte und nicht die verkappte, sondern die unterschlagene, der Nasskern der Persönlichkeit: Wie die Stockflecken sich auf dem Papier einer Graphik ausbreiten, wie der Schwamm im Gemäuer, der Schimmel im Brot, wie ein Gewebe verschießt, wie alles den Zustand wechselt und sein Ende in sich aufnimmt, eine neue Verfallsstufe erklimmt.

Ich saß in einem Park in Lemberg, Ukraine, im Dreck die abgebrochenen Filter heimischer Zigaretten, Überreste von Klebstoff-Packungen, dazu Zellophantüten, die man zum Schnüffeln braucht, Kaugummi-Papier, mit Asche verdreckte Brotreste, selbst für die Spatzen ungenießbar. Ich blickte durch die Bäume: Ganz hinten stand die Sonne zwischen zwei Stämmen auf einem Stückchen leuchtenden Grases. Ich sah immer wieder hin, die Lichtflecken zwischen den Bäumen, davor das Gras, die zertretenen Wege, die Mülltonnen mit dem abgeblätterten Lack, ja, aber da hinten leuchtendes Pastell. Eigentlich ein Widerspruch, dieser Glanz in der Tristesse: während sich die Farben mit der Veränderung der Sonne selbst immer wieder ändern, bleibt dieses irreale Leuchten erhalten, gerahmt von den Stämmen. Ist das die Sonne auf dem Laub? Ist das Blattwerk? Ein Stück Wiese? Hohe Gräser? Ich gehe darauf zu. Bin ich schon da? Ist es das? Ist es hier? Im Mittelgrund tanzt ein einzelner weißer Schmetterling auf einem matten Lichtstrahl. Weiter? Ohne Ort. Weiter, dem Lichtstrahl zu. Ich komme im Nichts an, orientierungslos, gehe endlich zurück, begebe mich wieder an den Ausgangspunkt, um das alles noch einmal zu sehen. Das Licht lebt nicht mehr. Es scheint nur noch.

Der Einbruch der Zukunft in die Gegenwart klingt manchmal sehr schlicht. Zum Beispiel: Unter uns leben die ersten Menschen, die, in einen Stahlmantel eingeschlossen, befeuert von einer haushohen Stichflamme, explodierendem Treibstoff in den erdnahen Weltraum katapultiert wurden, Menschen, die außerhalb der Erdatmosphäre geatmet haben, in der Schwärze des Orbits, um von dort mit eigenen Augen die Erde zu sehen.

In acht Minuten hatten sie die ganze Welt hinter sich, unter sich, in acht Minuten waren sie in der scheinbar zeitlosen Atmosphäre des Weltraums, und sie wussten, in zwanzig Minuten konnten sie zurück sein. Nichts in dieser Zeitempfindung korrespondierte wohl mit ihrer Außenwahrnehmung.

Das heißt: jemand rast mit 27 000 Stundenkilometern durch den Raum und schwebt doch. Der Widerspruch ist auch für den Betrachter kaum lösbar. Und wie ist es mit dem Widerspruch, mit der eigenen Masse in eine andere Sphäre einzutreten, die ganz anders mit ihr verfährt, sie scheinbar aufhebt? Und wie ist es mit der Leuchtkraft der Erde, die strotzt, wie nie zuvor, und der muffigen, von fahlem Licht befunzelten Kabine, in der die Kosmonauten sitzen? Wie ist es mit der Geschwindigkeit, die zurückgelegt wird, und dem völligen Schweigen, in dem sich das vollzieht? Verläuft vielleicht auch hier, symbolisch für alle Diachronien und Unvereinbarkeiten, der Knacks? Ist er also eigentlich außen, da draußen?

Man vergesse für einen Augenblick das Wissenschaftliche, Technologische, Strategische daran und konzentriere die Aufmerksamkeit auf etwas, das unvorbereitet und wie unwillentlich in die Erfahrung der ersten Weltraum-Reisenden eingedrungen ist: das Ästhetische.

Nichts scheint sie vorbereitet zu haben auf das, was die Anschauung des Alls und der Erde im All in ihnen auslösen würde. Demütig und poetisch haben sie sich dem quasi Religiösen einer Erfahrung des Exterritorialen zu stellen versucht. Einige haben für diese Erfahrung das alte Wort »Ehrfurcht« verwendet, haben im Angesicht der unendlich empfindlichen Hülle der Biosphäre von »Respekt« und »Achtung« vor der

Schöpfung und von der »persönlichen Beziehung« zum »Heimatplaneten« gesprochen, haben aus diesem Erleben ein Gefühl der Verantwortung abgeleitet und sich in einer tieferen Bedeutung als »Erdenbürger« erkannt.

»Ich schwebte, als sei ich im Innern einer Seifenblase«, sagte der polnische Kosmonaut Mirosław Hermaszewski. »Wie ein Säugling im Schoß der Mutter. In meinem Raumschiff bleibe ich immer das Kind der Mutter Erde.« »Ich glaube, mir ist nie so recht klargeworden, was ›rund‹ heißt, bis ich die Erde aus dem Kosmos gesehen habe.« So der sowjetische Kosmonaut Alexej Leonow.

Denkwürdig, wie sich das Verhältnis zur Schöpfung bei diesen Männern und Frauen, bis heute etwa fünfhundert, verschob und welche Formen diese Veränderung annahm!

Das Bild des legendären Tischlersohns Juri Gagarin, des ersten Menschen im All, lächelte von der Decke der »Mir«. Mit 40:60 gegen eine sichere Rückkehr hatten Wissenschaftler damals seine Chancen beziffert. Auf dem Weg zur Rakete pinkelte er noch einmal gegen die Reifen des Shuttle-Busses. Fast alle Kosmonauten tun das bis zum heutigen Tag. Es soll Glück bringen.

Ein freundlicher, bescheidener Mann, wünschte sich Gagarin im Weltraum lediglich ein bisschen Musik »über die Liebe«. Man überspielte ihm einen Titel namens »Maiglöckchen« des russischen Popstars Utjossow.

Als er, treuherzig und überwältigt vom Echo auf seine Mission, die Erde dann wieder betrat, sinnierte ein Zeitungskommentator, er mache Hoffnung darauf, dass Russland der Welt nicht allein das Klirren von Panzerketten und die Bilder von Flüchtlingsströmen beschere, »sondern auch wieder Wärme und das Lächeln eines Menschengesichts«. Mit 34 kam Gagarin bei einem Testflug zu Tode, ein Held bis zuletzt.

Es gab Kosmonauten, die auf ihre Reise Musik mitnahmen,

aber zuletzt fast nur noch Kassetten mit Naturgeräuschen hörten: Donnergrollen, Regen, Vogelgesang. Andere hatten ein Gemüsebeet im All und züchteten Hafer, Erbsen, Rüben, Radieschen und Gurken, strichen mit der Handfläche glücklich über die frischen Pflänzchen oder empfanden tiefe Trauer, als Fische in einem Becken die Reise nicht überstanden. Am äußersten Ende der Exkursion zu den Grenzen des Erreichbaren, die wissenschaftlich-technologische Rationalität mit einer Meisterleistung krönend, entdeckten sie das Kreatürliche, das Spirituelle und das Moralische.

Viele diese Männer und Frauen sind Einzelgänger geblieben, wunderlich, spirituell, unzugänglich geworden, vielleicht auch, weil die Politik ihren Traum von der bewahrten Schöpfung nicht mitgeträumt hat. Der Anblick der Schöpfung ist ihr Knacks geworden.

Schneller!

Seinem inneren Drama nach betrachtet ist der Knacks komprimierte Zeit. Er bahnt sich an, tritt aus der Latenz ins Manifeste, und selbst der augenblickliche Schrecken eines Ereignisses hängt nicht so sehr mit seinem Eintreten als vielmehr mit seiner Anbahnung zusammen. Auf dem Kristallisationspunkt erscheint der Knacks.

Dagegen liegt in der Beschleunigung, der Flüchtigkeit, der Aufnahme von Geschwindigkeit ein Moment von Beschwichtigung: als könne ein schnelles Lebensgefühl die Brüche unfühlbar machen, ihre Erscheinung verhindern, Beschleunigung den Knacks löschen.

Die Kultur der Unruhe hat anästhetische Seiten. Sie verödet eine gewisse Reizempfindlichkeit. Dem gegenüber findet eine Idealisierung von Orten statt, die sich als Schauplätze für das Drama der Persönlichkeit eignen und alle dem Transportwesen entzogen sind, also Orte der Selbstergründung, wie die Insel, das Kloster, der Pilgerpfad.

Die Metapher von der »Lebensreise« wörtlich genommen: Die Geschwindigkeit verhindert die Betrachtung des Einmaligen. Man kann nur sehen, was man schon gesehen hat. Der Hochgeschwindigkeitsreisende fährt vorbei, um es hinter sich zu haben. Es ist ein Reisen mit geschlossenem Fenster.

Der Knacks dagegen ist etwas, das im Zeichen einer beschleunigten Zeit, einer, die Bewegung meint, nicht erscheinen kann. Man sieht aus dem Fenster und erkennt, schwimmend auf der Scheibe, sich selbst, sieht sich im Schrecken: das aller Geschwindigkeit entzogene Spiegelbild dessen, der man nie sein wollte. Man springt heraus aus der Fluchtgeschwindigkeit des Reisens und verharrt im Bleibenden, in der Trägheit des unausweichlichen eigenen Gesichts.

Übrigens war das Trauma ursprünglich mit Eisenbahnreisen verbunden worden. Weil der Reisende eine Vielzahl von Erschütterungen erfährt, die er nicht bemerkt, wurden die ersten Prozesse gegen die Bahn um Schockerlebnisse geführt, die physisch nicht nachweisbar waren und den Namen »Renten-Neurosen« erhielten. Ein Tick, der sich als physiologisch nicht nachweisbar herausstellte, musste hysterisch sein, also einer Traumatisierung von Ereignissen folgen, die den Reizschutz durchbrachen.

Der Knacks taucht hier etwa bei den sogenannten »Kriegszitterern« auf, bei Opfern, die ihre physiologische Erschütterung jenen Unfällen parallelisieren, die auf Materialermüdung zurückgehen, das Brechen der Räder, das Porös-Werden der Reifen. Der Knacks ist die Manifestation einer Bruchstelle, in der die Zeit jenseits der chronologischen Zeit versammelt wird. Ein gesamtes Leben erscheint in einem Augenblick: was geschehen ist und was nicht geschehen ist, die vertanen Chancen, die unentwickelten Möglichkeiten. Was im Knacks passiert, ist keine Vergewisserung im raumzeitlichen Kontinuum. Es ist ein manifestes Nicht-Geschehen, das sich nicht mehr verrücken lässt, das nicht vergangen, sondern jetzt erst als solches wahrnehmbar wird. »O Gott, wann endlich werden wir aufhören, uns zu verändern?«, klagt eine Figur bei Herman Melville. »Ach, es ist eine lange Reise und keine Herberge in Sicht, und die Nacht bricht herein und uns wird kalt.«

Die Politikerbiographie etwa unterliegt einer anderen Zeitökonomie. Sie sagt dauernd: So wurde ich, da komme ich her, das begründete mich. Ihre Bekenntnisform bezieht sich auf das eigene Leben als Fallgeschichte: »Einer wie ich«, meint sie. Alles ist logisch organisiert: Man erlebt eine Erschütterung, verfehlt sich, leidet, entdeckt eine Obsession, erkennt ein Problem, man gesteht. Die eigene Biographie wird objektiviert als Kausalitätsabfolge, analog dem Karriere-Modell. Sie sagt: Ich bin nicht so ein Typ wie … und entfaltet ein Set von Merkmalen des Erfolgsmenschen. Doch gerade solche Konsistenz-Biographien sind anfällig für den Knacks.

Er zeichnet ja eher die Nicht-Biographie, stellt nur mangelnde Plausibilität her, suggeriert, wenn ich das Leben kausal erzähle, verpasse ich das Wichtigste. Denn alles Kausale reicht nicht hin, den Moment des Fehlens zu beschreiben. Der Knacks gibt dem Leben schließlich keine guten Gründe mehr zu biographisch-logischen Deutungen.

Das klassische Biographie-Modell ist immer auch ein Bewegungsmodell. Was »Lebensentscheidung« genannt wird, hat mit Ausfahrten zu tun, mit dem Ausscheren. Standbilder treten an die Stelle der Prozesse, die Erfahrung wird substrahiert – auch das ein Indiz für Geschwindigkeit. Der das eigene Leben so Arrangierende meint, er zeichne sich dadurch aus, dass er da und dort gewesen sei. In diesem Modell der Selbsterklärung ist der Knacks das, was nicht erscheint, eine moralische Undefiniertheit, ein Leben ohne Possesivpronomen, eines, von dem man nicht mein, nicht dein, nicht sein, nicht ihr Leben sagen kann.

So betrachtet, ist der Knacks eine interessante Ich-Schwäche. Betrachtet man ihn genau, wird man lauter Nicht-Ich-Komplexe am eigenen Ich ausfindig machen und unwiderruflich finden. Ihr Absender ist die Welt selbst. In dieser Figur dreht sich Descartes gewissermaßen um: Wenn ich denke, bin ich mit Sicherheit nicht. Ich begegne mir dann nur als mir selbst Entzogenes, als Gegenstand fremden, nicht persönlichen, der Moral entzogenen Waltens.

Im Bewusstsein der Zeitlichkeit setzt sich der Knacks durch. Auch wo er nicht identifiziert wird, bricht er sich Bahn in den zuwiderlaufenden Kräften, etwa im Versuch, seiner Arbeit mit einer Beschleunigung des Lebensgefühls zu begegnen. Mach schnell, und du wirst ihn mit bloßem Auge, mit bloßem inneren Auge, nicht mehr wahrnehmen. Die Geschwindigkeit wird den Knacks dahinraffen.

Hat die Sprache diese Beschleunigung mit vollzogen? Und ob: In den Siebzigern beantwortete man die Frage »How are you« mit »good«, in den Achtzigern antwortete man auf die gleiche Frage mit »busy«.

Was war geschehen? Die Beschleunigung verriet sich in Komparativen. Der Schnellzug verschwand, er war nicht schnell genug; der Eilbrief verschwand, denn schon das Eilen selbst klingt gemächlich: Altmodische Vokabeln, sie erinnern an die langsame Art, schnell zu sein.

Stattdessen wurden die Indizien der Beschleunigung moralisch: was schnell war, war gut. Es war gut, »auf der Überholspur« zu leben, es war »in«, Fast Food zu mögen, aber Fast Food ist eigentlich Fast Eat, und es erreichte rasch das eigene Heim. Mit der 5-Minuten-Terrine erreicht die Küche ohne Koch und ohne Ritual die Haushalte. Alles beschleunigt: Schnellrasur, Schnellimbiss, Schnelllifting, Schnelltankstelle, Schnellrestaurant, Schnellreinigung wie juristische Schnellverfahren. Es geht schneller: Die einzige Musiksendung auf der Höhe der Zeit hieß »Fast Forward«, die Droge der urbanen Jugend »Speed«. Dies alles arbeitet an der Fiktion des gewonnenen Lebens, es sagt, wenn du schneller bist, schneller reist, Zeit sparst, wirst du am Ende mehr davon haben.

Es gibt kein Ende. Zuletzt läuft unser Leben noch einmal ganz schnell als Film vor unserem Auge ab, aber, sagt Byron, auch diese letzte Sequenz hat einen letzten Moment, in dem alle Bilder noch einmal schneller vor dem inneren Auge ablaufen, aber auch dieser Moment .... wir sind unsterblich.

Welche Geschwindigkeit aber wirkt in den Veränderungen um uns? Gleichermaßen bedroht werden Natur und Kultur durch schleichenden Verfall, durch Mutationen und Metamorphosen sowie durch den plötzlichen Tod in der Katastrophe. Die Natur-Zeit verrinnt als Verfall, Altern, Materialermüdung, die Kultur-Zeit dagegen organisiert das Dauern.

So ist die ägyptische Kultur ganz ausgerichtet auf das Kairos: die Dauer. Doch wie stellt man seit dem ägyptischen Altertum die Dauer dar: durch Monumente einerseits und das mitlaufende Klagen über den Verfall andererseits. Beide Kräfte sind stark ausgebildet, aber am Ende hat sich die Klage über den Verfall als das eigentlich Dauernde erwiesen.

Wir haben keine Zeit. Wir haben alle keine Zeit.

Schon wenn wir nur Leser haben, müssen wir sie binden, aus dem Fluss reißen, sedieren.

Wenn wir Zuschauerinnen und Zuhörer haben, müssen wir sie festsetzen in einem Saal und ihnen das Gefühl eines Schutzraums geben.

Wir müssen sagen, ja, das Leben ist schnell. Wenn ich das Leben also besser machen will, muss ich es langsamer machen, und wenn ich es voller mache, mache ich es dichter, und wenn es dichter ist, dann ist es mehr.

Wir haben keine Zeit. Wir haben alle keine Zeit. Wir haben sie schon deshalb nicht, damit wir uns nicht zu gut fühlen. Bruch, Knacks, Ermüdung, Scheitern, Kollaps: Unsere ruinösen Ich-Reste sollen nicht erscheinen, nicht aufbrechen, nicht mitsprechen.

Wenn man der Sprache vertraut, dann heißen unsere Eltern Mutter Erde und Vater Chronos. Dabei besteht die Zeit eigentlich nur aus Vergangenheit und Zukunft. Schon dem Substantiv sehe ich nicht mehr an, in welcher Zeit es lebt. So gibt es Sprachen, die, anders als das Deutsche und Englische, nicht an der Zeit orientiert sind.

Vergangenheit und Zukunft sind beide unendlich, doch niemals grenzen zwei Augenblicke aneinander. In der Wahrnehmung von Geschwindigkeit wird Gegenwart annulliert, und wir sehen, dass Vergangenheit und Zukunft ohne Grenze sind. Wir leben von Augenblick zu Augenblick, in »Zeitsprüngen« also, demnach in einer diskontinuierlichen Zeit.

Nur sporadisch machen wir uns klar, dass das Leben fließt, reißend fließt, dass nicht nur das Leben schnell herumgeht, nein, auch die Lebensalter. Nein, nicht die Lebensalter, auch die Jahre gehen im Fluge vorbei, Teenager, Twen, Thirtysomething, Midlife Crisis, das kann man ja schon alles kaum mehr voneinander trennen. Eben noch »Jasmin« gelesen, die Zeitschrift für das Leben zu zweit, schon sieht man »Mosaik«, die Sendung für die ältere Generation. Das gibt es beides nicht mehr? Schon vorbei?

Nein, nicht die Jahre allein, schon die Jahreszeiten sind im Handumdrehen vorbei. Könnte ich den Frühling noch einmal haben? Habe ich den Sommer vielleicht verpasst?

Und nein, es sind ja nicht die Jahreszeiten, ein Monat, was ist das denn noch? Das war früher auch mal mehr, und von Wochenende zu Wochenende braucht es einen Wimpernschlag.

Nein, nicht einmal die Tage sind es, die so schnell vergehen, der Dämon wohnt in der Stunde, in der Minute, und hätten wir die Sekunde nur gut genug im Auge, wir wären entsetzt zu sehen, wie schnell auch sie vorbeigeht.

Wir haben keine Zeit. Wir haben alle keine Zeit.

Auch deshalb gilt seit dem Einsetzen der technischen Beschleunigung des Lebens der der Zeit entrissene Augenblick, gilt die Manifestation der gefrorenen Zeit als Sediment des

Glücks, und bis ins 20. Jahrhundert hinein werden Zeiterfahrung und Glückserleben verbunden. Das führt von Goethes Leben »am sausenden Webstuhl der Zeit« zu den Epiphanien der Jahrhundertwende, zur »Entdeckung der Langsamkeit«, zur »Entschleunigung«. Marcel Proust leitet das Glück ab aus den wenigen der Zeit entzogenen »Fragmenten des Daseins«: Er nennt sie »das einzige fruchtbare und vor allem echte« Vergnügen seines Lebens. Dagegen wird Geschwindigkeit mythologisch, wo sie als Eigenschaft der Zeit, nicht des Zeitempfindens, verstanden wird. In der Geschwindigkeit verwischt der Knacks seine Spur.

Unter den sogenannten Primitiven, den primigenen Völkern, beobachtet der Kunsttheoretiker Wilhelm Worringer den Versuch, die Dinge aus dem Fluss der Erscheinungen zu reißen und zu verewigen. Solche Verewigung suchen diese Völker in der Kunst durch die Annäherung an kristalline, organische Formen. Der Fluss der Zeit, wie sie ihn erleben, ist nicht gemächlich, wie wir die Vorzeit denken, er ist vielmehr so reißend, dass sie ihm einfachste Abstraktionen als Statthalter des Konkreten entgegensetzen, den Stern, den Keil, die Ellipse: Entitäten, die nur komplex, aber unversehrt gedacht werden können. Sie lassen keine Psychologisierung nach Art der griechischen Götter zu, keinen Selbstwiderspruch, keinen Materialfehler, keine Funktionsstörung, sie sind resistent gegen den Knacks.

Bei der Beschreibung der eigenen Geschichte wechseln zwei Prinzipien ab: »Eines Tages ...« mit »Irgendwann ...«, das Plötzliche gegen das Kontinuierliche. Doch auch das einzelne, memorierbare Erlebnis kristallisiert sich aus dem Wandel in der Dauer und fällt hierhin zurück, und je näher man hinblickt, desto hilfloser scheint das Festhalten an diesem Tag, dieser Stunde. Als wenn man einen Pflock in einen Strom nageln wollte! Der Charakter, beschrieben in seinem Fluss, müsste dauernd nach Wendungen greifen wie: »Irgendwann, ohne dass ich es richtig bemerkt hätte …«

Der Gebrauch der Uhr setzt sich durch, das bedeutet, es entsteht das Lebensgefühl mit dem Namen »Zeit ist Geld«. Die Zeit wird ökonomisch, man kann sie sparen und verschleudern, der Inbegriff der gelungenen Erziehung wird die ökonomisch eingesetzte Zeit: Das erfolgreiche Zeitmanagement öffnet »Zeitkorridore« oder »Zeitfenster«. Blinde.

Mit der Entstehung der zeitlichen Ökonomie, ihrer Vorstellung von Effektivität und Effizienz erweitert sich der Hof der untauglichen, nicht kompatiblen, nicht-synchronisierbaren Menschen. Sie erfahren ihren Knacks als Niederlage gegen die Zeit.

Im Augenblick, da die Zeitrechnung als oberste symbolische Gewalt erkannt wird, lässt sich der Wert des Arbeiters an der durch Zeit bestimmten Arbeit messen. Man behandelt die Welt, als sei alles von Zeit gefesselt: Also ringt man um den schnellsten Weg zur Arbeit, den schnellsten Zugriff auf Daten, die schnellste Verbindung zwischen Sprechern, die Beschleunigung des Codes in Kürzeln und Abbreviaturen und sucht alle Umwege um die persönlichen Dispositionen, Abhaltungen, Ticks.

Man behandelt das Ideal der Arbeit, als sei es das einzige Hindernis, dass sich die Zeit nicht noch weiter beschleunigen lässt. Seit es industrielle Arbeit gibt, seit Jacquards »Mechanischem Webstuhl«, tendiert der Mensch dazu, selbst Maschine zu werden und diachrone Zeitabläufe koordinieren zu können. Die letzten Reste davon heißen: Cash and Carry, Stop and Go, Wisch und Weg, Dream and Drive. Inzwischen hat er multiple Möglichkeiten, seine unterschiedlichen Lebensbereiche mit verschiedenen Zeit-Indices zu versehen, neue Gleichzeitigkeiten herzustellen, Verkehrs-, Reise-, Informations-, Kommunikationswege abzukürzen oder zu mischen.

F. Scott Fitzgerald wertete es als Indiz überlegener Geistigkeit, zwei Dinge gleichzeitig tun zu können. Er wertet den Ausfall dieser Fähigkeit als Knacks. Die Gegenwart multipliziert die Möglichkeiten, seinen Knacks zu erfahren.

Die Geschwindigkeit ist nicht nur Dimension, sie ist selbst wirkende Kraft und wird in unterschiedlichen Bereichen wie ein Wirkstoff behandelt. Die Werbung braucht sie – gegen die Mühsal der Arbeit der Kakaogetränk-Herstellung: also »Nesquik«, gegen die Entstehung des Ekels: also »Tempo«-Taschentücher, gegen die Bekämpfung des hartnäckigen Schmutzes: also das Reinigungsspray »Pronto«, gegen die Mühen des Kaffeebrühens: also »Instant«, gegen Magenbeschwerden: »Gelusil lac quick«.

Schmerz und Arbeit hängen an dieser Stelle zusammen, sie wollen der Vergessenheit übergeben werden. Wären die Produkte nicht schnell, wäre ihre Wirkung nicht unverzüglich, der Knacks würde sichtbar, der Schmerz vertiefte sich, der Schmutz müsste sich ausbreiten. Diese Produkte halluzinieren eine apokalyptische Welt herbei, die gleich hinter dem Knacks liegt. Doch kann uns geholfen werden: Man begegne dem eigenen Missvergnügen mit der Effizienz der schnell wirkenden Produkte.

In der Welt der Waren wird die Geschwindigkeit zum Index des Produkts. Die Hüterin der bürgerlichen Geschwindigkeit ist die Hausfrau. Aber dass es schnell gehen soll in der Hygiene, suggeriert, die Hausfrau beschäftige sich nicht gerne mit dem Dreck. In Wirklichkeit ist der Dreck nicht fotogen, aber die Hausfrau putzt doch nur deshalb so gern, weil sie gerne in Berührung mit dem Dreck kommt. Die Effizienz der Hausfrau arbeitet gegen die Beharrungskraft des Drecks. Keine Frage, dass der Dreck verliert, aber er soll schnell verlieren, um vergessen zu machen, dass es Dreck gibt und dass er von der Hausfrau geradezu schuldhaft geliebt wird.

Die Geschwindigkeit der Dreck-Entfernung wird zum symbolischen Verhältnis zur Welt: Oh, hätte alles seine Mühelosigkeit, oh, erlebten wir doch alle die Kapitulation der Dinge vor der eigenen Mühewaltung. Die Omnipotenz der Hausfrau wird suggeriert, wo ein Wischen reicht und es funkelt.

Insofern ist die Hausfrau ein Geschwindigkeits-Massiv: sie gewinnt unablässig Zeit, denn jedes Produkt des Haushalts ist schnell: Das Spray, der Lappen, der Schwamm, das Gerät, in Windeseile, im Handumdrehen, im Nu, im Hast-du-nicht-Gesehen verschwindet, was sich der Hausfrau in den Weg stellt. Die ideale Welt ist die geschlossene Welt der Hausfrau, denn sie kann noch vollkommen unterworfen und zur Idylle gemacht werden.

Deshalb ist die Hausfrau auch immer allein im Dreck, und die Gesellschaft wird erst eingelassen, wenn dieser domestiziert und das Areal bewohnbar ist. Die letzte soziale Utopie ist demnach der Haushalt, und seine Bewohnbarkeit ist ein Produkt der Geschwindigkeit.

Kaum aber ist in Windeseile der Lebensraum gereinigt – und damit auch die Möglichkeit, den Knacks zu erfahren oder zur Erscheinung zu bringen, vereitelt –, dehnt sich auch die Zeit zu Zuständen: Abendlicht fällt durch die Fenster, in Zeitlupe sinkt die Gattin dem heimkehrenden Gatten an die Brust. Er erwirtschaftet das Geld, sie die Zeit. Wo beides zusammenkommt, genießen sie die vom Mann bereitgestellte Ware in der von der Frau angesammelten Zeit und realisieren die Utopie des Paars, der Kleinfamilie, in Ewigkeit.

Unsere Bildungsgeschichte besteht aus diachronen Bildungs-geschichten. Es gibt, anders als man annehmen möchte, keinen logischen Zusammenhang zwischen diesen. Sie haben einen unterschiedlichen Zeitindex und schwanken noch in sich.

Als ich in den Dschungel von Borneo kam, war der letzte Gouverneur der Region, immerhin im Rang eines Minister-präsidenten, gerade gestorben und hatte testamentarisch ver-fügt, sein Sarg solle aus dem Holz eines sogenannten »Herz-baumes« gefertigt werden, eines Baumes also, bei dessen Pflanzung in der Wurzel ein menschliches Herz eingesetzt wurde. Die Einheimischen merken sich im Urwald solche Bäume, und es war, als ich nach Palangkaraya kam, kaum ein Jahr her, dass der Bitte des großen Staatsmannes entsprochen worden war.

Derselbe Mann konnte einen Fotokopierer bedienen und ein Headset für internationale Konferenzen. Unser Kulturkreis kennt andere Diachronien, wir nehmen in der Hostie den Leib Christi auf, sind aber hauptberuflich Handyklingelton-Desi-gner. In unserem Leben treten Vernunft und Unvernunft nur in ein anderes Mischungsverhältnis.

Im Glauben steht die Zeit. Er repräsentiert Dauer, in ihm soll auch der Gläubige »fest« sein, unwandelbar, unangefoch-ten und schier. Die Religion spekuliert auf den zuverlässigen, den kontinuierlichen Menschen.

Der mit dem Knacks dagegen zweifelt, schwankt und fällt. Der wechselt die Richtung, der bricht mit Überzeugungen und passt seine Weltanschauung seinen vitalen Bedürfnissen an. Religionen wollen, dass die Gläubigen wie Bürger sind, verlässliche, in der dem Gesetz zugewandten Seite unwandel-bare Subjekte.

Ein Medium, gefeit vor dem Knacks, ist der Cartoon. Im Cartoon ist alles Tempo. Muss es sein. Heilsames Tempo. Ein

Cartoon wird nicht betrachtet. Vielmehr nimmt die Rezeption des Cartoons die Geschwindigkeit der Bewegung innerhalb des Cartoons auf. Die Beine rudern in der Luft, bevor sie Bodenhaftung gewinnen und sich der Körper bis ins Unsichtbare hinein beschleunigt. Der Stillstand der Bewegung zieht lange Bremsstreifen durch die Luft, bevor die Figur in der Kontur erstarrt. Im Zeichentrick beschleunigen sich Menschen zu Geschossen und können dauernd Geschosse werden.

Die Geschwindigkeit des Cartoons ist eine Geschwindigkeit des Effekts. Alles explodiert dauernd, alles kollidiert, alles ist auf schmerzvolle Berührungen aus mit Menschen, Objekten, dem Gesetz der Gravitation. Cartoons zeigen Hochgeschwindigkeit ohne Risiko, ohne psychologische Folge, und sie vermitteln das ideale Lebensgefühl des Menschen als ein Kontingent nie genutzter Geschwindigkeiten. Die Geschwindigkeit der Cartoonfiguren ist ein Indiz für Unangefochtenheit. Alle überleben. Immer.

Im Cartoon ist der Knacks nicht darstellbar. Denn seine Figuren sind keine menschlichen Abbreviaturen mit nie zum Ausbruch gekommenen Defekten, vielmehr sind sie geschlossen wie Piktogramme, Gefäße wie Tupper-Ware, gefertigt aus »unkaputtbarem« Material: zeitgenössische Helden.

Warum so schnell? Vielleicht der Beliebigkeit wegen, die die Geschwindigkeit produziert? Man lebt geschwind, um unfühlbar zu leben, nichts so stark wahrnehmend wie die Geschwindigkeit selbst. In dieser Dynamik verschwinden die Brüche, in der Beschleunigung wird etwas Therapeutisches frei. Unwillentlich, ohne Dazutun ergriffen, passiv, als Empfangender, als Opfer der Geschwindigkeit erfährt man die Tröstung des Tempos.

Diese Lust inspiriert die Malerei zur Auflösung des Gegenstands, inspiriert die Fotografie zur Kopie der Lebensgeschwindigkeit, inspiriert die Videoclips, die Schnittfrequenz zu erhöhen.

Am Anfang sagten die Rezipienten: Man kann ja gar nichts mehr sehen. Dann verstanden sie: Man sollte nichts mehr sehen. Was sich änderte, war das Bild, der Charakter des »Bild« Genannten. Es wurde Impuls, Assoziationsbotschaften waren vorrangig, man wollte nicht verstehen, sondern fließen. Groove, Flow, Move wurden Kernbegriffe. Lasershows stellten Rapid-Eye-Movements nach, die Techno-Beats stimulierten die Herzfrequenz, das Magazin-Design entwickelte sich vom Flüchtigen zum Geschwinden, der Pop-Fotografie ging der Körper verloren, statisch, wie er ist, und mit ihm, was Silvia Bovenschen so schön und mit einem anderen Zeitmaß die »Körperhäuslichkeit« nennt. Die technische Wiederholbarkeit und Beschleunigung führt vom Betrachten zum Sehen zum Glotzen. Die Häufung der Schnitte im Clip kommt endlich bei einer Frequenz an, die nicht mehr wahrgenommen wird, und sucht dort den direkten Weg zum Unterbewussten. Von Überschallpiloten ist sogar zu erfahren, dass bei hohen Geschwindigkeiten die Kontinuität der Wahrnehmung abreißt und sie im Stroboskop-Effekt splittert.

Der Zeittypus auf der Höhe des Jetzt, das ist Einer, der lebt und lebt, immer mit Karacho, nicht bedürftig, nicht zielgerichtet, eher vom eigenen Fahrtwind ergriffen, beschleunigt. Zwischen allen möglichen Leben findet er kein wirkliches, und gerade sein Versuch, das Leben auf keinen Fall zu versäumen, führt dazu, dass er es täglich versäumt. Das Tempo, in dem er existiert und das er noch dauernd anzieht, ist selbst der Ausdruck seiner Kapitulation. Er bekämpft die Kürze seines Lebens, indem er es verkürzt.

Casanova, der es wissen musste, schrieb: »Nichts kann dem denkenden Menschen teurer sein als das Leben; dennoch beweist der am meisten Sinnenfreude, der die allzu schwierige Kunst am besten versteht, es rasch verstreichen zu lassen. Man will es nicht verkürzen, sondern man möchte, dass sein Verstreichen durch das Vergnügen unmerklich wird.«

Auf keinem Gebiet wird die Wahrnehmung der biologischen Zerbrechlichkeit so geschärft und ins Bild gebracht wie im Sport: Wer sein Leben mit dem Kampf gegen die Gravitation zubringt, beschneidet es zwangsläufig um andere Probleme. Deshalb geht von einem Leistungssportler zunächst immer mehr Beruhigung aus als von einem Fernsehkommissar, der auch mal die Zeitung liest oder sich mit seiner Frau streitet und so an die komplexe Welt außerhalb der Berufsausübung erinnert.

Der Sportler hat mit der gesellschaftlichen Welt nur symbolisch zu tun: Triumphe und Niederlagen, Errungenschaften und Demütigungen, dicht gedrängt, spiegeln Verhältnisse außerhalb des Sports, gebunden an ein einziges Trägermedium: den Körper.

Schönheit und Kostbarkeit des Sportlerkörpers nämlich sind die Voraussetzung dafür, dass Wettbewerb und Spiel immer noch eine zweite Suspense-Linie erhalten: die drohende Zerstörung dieses Körpers durch Bruch, Schlag, Cut, Zerrung, Dehnung, Abriss, Pferdekuss, Gehirntrauma oder offene Wunde. Die Arbeit der abbildenden Medien am Körper des Sportlers ist insofern nur teilweise in Bildern von Muskelbergen oder Zeitlupeneinstellungen rasanter Bewegungen nachvollziehbar. Sie buchstabiert auch den Weg des frei werdenden Schmerzes nach, als Hinweis auf den physischen Schaden, als Indiz für die Anfälligkeit des Sportlers auf der Höhe seiner Leistung.

Allerdings wird die Zeitlupe eingesetzt, um den Moment der Niederlage, den Fehlgriff, die Zerstörung, den Knacks einzufrieren. Und wirklich wird das Gesicht des Sportlers in der Zeitlupe durchlässig für alle Ausdrucksformen des Scheidens und Vergehens. Daneben werden Trainingsberichte gegeben, ärztliche Informationen zitiert, sogar Versicherungssummen genannt – der Wettlauf gegen den Gegner und den Eintritt des Kollaps kann beginnen. Die Fernsehpräsentation arbeitet an Stärke und Schwäche des Sportlers. Nur in dieser Dualität garantiert er das ganze Soll vorgesehener Unterhaltung.

Unterstellt sei nicht, das Fernsehen oder die Zuschauer wünschten sich die Zerstörung des Sportlers, sie wünschen jedoch die Bedrohung durch eine noch nicht ausgebrochene, aber vielleicht nur aufgeschobene Katastrophe. An ihre Möglichkeit lässt sich der Zuschauer gern erinnern. Die Darstellung des Sports verlangt also nach einer Identifikation mit Partei und Gegenpartei. Wäre der Verlierer unfühlbar, es lohnte sich nicht, zu siegen.

Im Sport besteht der eigentliche Heroismus in der dauernden Konfrontation des Athleten mit der verneinten Existenz. Die kontinuierliche Erfahrung des Sportlers sagt nicht nur: Zeit, Gravitation, Gegner, Verhältnisse, sie alle wollen nicht, sie alle stellen sich gegen dich. Im Kern erfährt der Sportler vor allem: Der eigene Kopf kann nicht, treibt nicht, motiviert nicht, und schließlich: Der Körper will nicht, kann nicht. Er wird mürbe, durchlässig, ineffizient, er reagiert nicht, er antwortet falsch. »Leistungsgrenzen« sind die Demarkationslinien zum Menschenmöglichen.

Der Sportler lebt also in der äußersten Dehnung eines flexiblen Körpers, den er immerzu gefährlich streckt, in der dauernden Konfrontation mit der nicht mehr expandierbaren Leistungsfähigkeit. Er lebt also zugleich im Anblick seiner Anfälligkeit. Wenn er verletzt ist, die Blessuren nach außen treten, dann ist das eigentlich wie eine Inbesitznahme des Körpers durch den Mangel. Er untersteht jetzt der Herrschaft des Ver-

236

lustes, des Misslingens. Will er ihm vorbeugen, muss er dem Imperativ seiner physischen Strapaze folgen, der lautet: Jetzt werde erst einmal deinen Körper los.

Das Gesicht des Torwarts, während er beim Elfmeter in die falsche Ecke fliegt: Die Pantomime äußerster, unfotogener Anstrengung im Augenblick, da er das Vergebliche tut. Aber genau das ist Teil seiner Arbeit, und dabei muss er sich auch noch zusehen lassen. In den meisten Lebenssituationen wirkt der in dieser Lage Agierende komisch. Der Supermarkt-Angestellte, der die fallende Pyramide mit Dosen noch stützen möchte, der Gärtner, der den herumtanzenden Schlauch zu bändigen versucht.

Der Torwart kompensiert die berufsspezifische dauernde Degradierung seiner Person durch Würde. Sie alle haben diesen Habitus, bewegen sich verlangsamt, schreiten eher, als dass sie laufen, machen die Last nicht auf der Leistung, sondern auf der Existenz fühlbar, kennen kein wahres Gegenüber mehr, denn ihre Sphäre ist einsam. So zu sein fordert nicht ihre Arbeit, sondern das Scheitern, das Teil der Arbeit ist. Anders können sie nicht sein, wollen sie die Kränkung vergessen machen, die dauernde, unvorteilhafte Arbeit am Defensiven, am Vergeblichen, Unfotogenen, Lächerlichen.

Die Ratlosigkeit von Menschen vor der Zeit: Sie finden kein Tempo, keinen Rhythmus, den sie dem eigenen Verfall anpassen könnten. Sie sind sich voraus oder hinken sich hinterher. Positiv betrachtet: sie lassen sich ihren Lebensrhythmus nicht vom Tod vorschreiben und nehmen es dafür in Kauf, asynchron zu leben, asynchron auszusehen und sich zu verhalten. Das Vibrato ihres Gewissens aber meldet sich bei jeder Berührung mit der Echtzeit und lässt den Knacks klingen.

Ich frage den vor Kraft strotzenden Polarabenteurer Viktor

Boyarsky, der wohl häufiger am Nordpol war als jeder andere Mensch, ob er heute, mit seinem 56-jährigen Körper, seine Expeditionen noch einmal machen könne. Er sieht aus, als horche er abwechselnd in diesen Körper, dann in sein Bewusstsein.

»Der Körper könnte es«, erwidert er, »aber die Motivation würde nicht reichen. Die Schubkraft der Überzeugung, das ist der Antrieb für die außerordentliche Leistung. Doch leider: Auch die Überzeugungen altern.«

Sich heimdrehen

Bevor ich mit der Arbeit an diesem Buch begann, dachte ich: Betrachte nicht nur das Leben, das den Knacks beibringt, sondern das Leben, das weiterzieht, das Leben also, das sich über jenes alte hinwegsetzt mit seiner Verneinungsenergie.

Die Geschichte jeder Zeit wäre ja darstellbar auch in der Entfaltung des Drangs, sie zu verlassen. So ist die Selbsttötung auch Teil einer eskapistischen Bewegung, an der Träumer, Ideologen, Verzweifelte und Gescheiterte gleichermaßen partizipieren. Der Fluchtpunkt ihrer Entscheidung ist nicht weniger diffus als der Begriff der »Freiheit«, den sie am liebsten für sich in Anspruch nähmen.

Wo schon die Philosophiegeschichte sich mit der Hilfskonstruktion einer »Freiheit von« in Abgrenzung zur »Freiheit zu« behilft, befindet sich der Selbstmörder auf dem Schnittpunkt widerstreitender Kräfte: Er will vielleicht das Leben verlassen, um es durch diesen Akt erst zu gewinnen; er verstößt die Mitwelt, um sie posthum erst wahrhaft zu umarmen; er stirbt und kann doch nicht sterben, so unentwegt teilt sein Sterben den Zurückbleibenden mit, dass er hätte leben wollen und sollen; er nimmt die Macht für sich in Anspruch, ein Leben zu beenden, das er selbst sich nicht geben konnte, er überwindet die Macht zugleich in der Anerkennung eigener Ohnmacht und so fort. Außer Atem ist er – eigentlich ein Euphemismus für »tot«.

»Nicht Worte. Eine Geste. Ich werde nicht mehr schreiben.« So endet Cesare Paveses Tagebuch »Das Handwerk des Lebens«, bevor er sich in einem Turiner Hotel selbst einschläfert – aus einem Mangel an Leben? Oder weil er es nicht erreichen und umarmen konnte, obwohl es sich trotzdem fühlbar machte? In ihren letzten Worten werden die, die sich selbst töten, oft ganz einfach und zugleich schwer verständlich. Man sieht durch ihre Zeilen hindurch in ein Leben, das man vor Brüchen kaum erkennt, obwohl sich diese Brüche selbst in der Sprache durchsetzen.

»Sich heimdrehen« heißt im Österreichischen der lyrische Ausdruck für die Selbsttötung, wie man jetzt so vorsichtig sagt, um nicht »Freitod« sagen zu müssen – so wenig frei, wie er ist –, um nicht »Selbstmord« sagen zu müssen – so wenig »Mord«, wie er ist –, um nicht »Suizid« sagen zu müssen – was auch nur die lateinische Nachdichtung von »Selbstmord« ist. Jetzt spricht man also von »Selbsttötung« und hat so zumindest in der Welt der Vokabeln alles in Ordnung gebracht.

In der Welt der Verzweiflung nicht. Pavese hatte sich heimgedreht, und nun widerfuhr ihm posthum, was allen Selbstmördern und nur ihnen widerfährt: Man deutet ihr Leben von seinem Ende aus. Ex negativo erhält alles ein Ziel. Wer dagegen jenen Tod stirbt, den man mit einer altmodischen Wendung »den natürlichen« nennt, wird nie so gelesen und verstanden.

Beide, der muslimische wie der christliche Glaube, haben die Selbsttötung verurteilt und doch gleichermaßen den Märtyrertod als moralisch überlegene Tat dargestellt. Hat sich nicht im Grunde auch Christus selbst umgebracht? »Ich gebe mein Leben hin für die Schafe«, sprach der Herr und: »Wer an seinem Leben hängt, verliert es; wer aber sein Leben in dieser Welt gering achtet, wird es bewahren bis ins ewige Leben.« Für Christus führt der Weg aus der Existenz in die Erlösung über den Opfertod, den Selbstmord.

Wer aber erklärt den Sadismus, mit dem die christliche Welt über Jahrhunderte dem armen Selbstmörder begegnet, eine Welt, die blutrünstig und gewalttätig vom Wert des Einzelnen und seines Lebens keine Vorstellung mehr pflegt und doch strikte Verbote des Selbstmords hervorbringt: Die Leiche dessen, der sich selbst entleibt hat, soll zum Galgen geschleift, dort an den Füßen aufgehängt und so grausam behandelt werden wie möglich. Man soll ihm die Hand abschlagen, mit der er sich gegen sich selbst erhoben hat, möge ihm einen Holzkeil in den Schädel treiben, ihn aus dem Fenster werfen oder durch ein Loch unter der Türschwelle hindurch wie ein Tier ins Freie ziehen. Man kann ihn auch an einer Weggabelung mit einem Pflock durch die Brust auf die Straße nageln und so verhindern, dass er wiederkehrt. Seine Güter fallen dem Grundherren, dem Baron, dem Kastellan oder anderen Gerichtsherren zu. Klingt das, dem Gemeinverständnis nach, christlich oder muslimisch? Woher dieser Hass auf den Gebrochenen, Gescheiterten, den Lebensmüden?

Die martialischen Anweisungen für den Umgang mit diesen Toten richten sich eigentlich auf die Lebenden, auf die Verzweiflung als »Krankheit zum Tode«. Allerdings galt Verzweiflung im Mittelalter nicht als Seelenzustand, sondern als ein Ausdruck für das Wirken des Teufels, somit als Sünde, und selbst der weise Giordano Bruno nennt den Selbstmörder den »Märtyrer Satans«. Christus war doch auch für die Unglücklichen gestorben. In einer Volte zog man also den Schluss: Wer an Gott glaubte und trotzdem verzweifelte, musste vom Teufel besessen oder wahnsinnig sein.

Die Souveränität der Gewaltphantasien, die im Umgang mit dem Selbstmörder frei wird, zeugt auch von Identifikation, geradezu von einer Angst, man könne sich am Selbstmörder infizieren, er sei eine Bedrohung für die Gemeinschaft. Diese Gemeinschaft verwahrt sich hilflos gegen den Morbus der Kapitulation, des Scheiterns, der Hinfälligkeit, gegen den bewusst werdenden Knacks, der das Nicht-Sein in sich aufnimmt.

Dämonisierung oder Pathologisierung der Verzweiflung also waren die kirchlichen Antworten auf die Seelennot, und so verrät die Geschichte des Selbstmords auch einiges über den Umgang mit der nicht-pathologischen Verzweiflung, der Enttäuschung, der Melancholie.

Im Selbstmord vollendete sich zu allen Zeiten ein Leben, das sich nicht dem Sog des Lebens, seiner blinden und fröhlichen Fortsetzung anschloss, sondern umgekehrt: Aus allem, das erscheint, wird ein Motiv, nicht fortzuexistieren. Sekundär bleibt, ob diese Motive aus der Erfahrung, der politischen Diagnose, dem religiösen Fanatismus, dem Ästhetizismus stammen. Sie alle verleugnen den Grundwert des christlichen Abendlandes: Das Leben ist für sie nicht mehr an sich gut und schützenswert. Es ist moralisch indifferent.

Suizid als die auf den Punkt gebrachte Misanthropie. Schon der Gedanke an die Selbsttötung ist ein Therapeutikum und nimmt die Gebärden des Abschieds, des Scheidens, Sich-Aufgebens und Verschenkens in sich auf. War man früher in der Pflicht, straff und diszipliniert, also unfähig, sich zu ruinieren, so konzentrieren sich alle darunter segelnden Gebärden des Erlöschens im Trinken, Lieben, Schlafen jetzt auf den Körperschwerpunkt der Vitalität.

Alles, was provisorisch war, auf dem Wege bloßer Assoziation angeflogen, in der Ermüdung schwärmerisch assoziiert, materialisiert sich jetzt und gewinnt Stoßkraft.

»Es schlafen so viele Plausibilitäten in einem einzigen Leben«, sagt ein Freund. Man könnte Mönch werden, Straßenkämpfer, Nomade und hätte immer eine Biographie, in der sich alle Elemente so arrangieren, dass man es am Ende selbst ist, es sein musste. Könnte man also nicht auch im Tod etwas Abgespaltenes suchen, etwas zum Beispiel mit dem Namen ›Dauer‹?

Wer sich umbringt, wird nicht allein vom Tod ereilt, er muss den Tod herstellen, ihn produzieren, so wie andere ein Werk produzieren. Er muss das Sterben machen, in sich alles sammeln, was Abschied ist und bedeutet. Er muss beherzt genug sein, der Bewegung, die nicht in der Richtung des Lebens verläuft, zu folgen. Im stockenden Atem ist der Selbstmörder das Stocken; in der Anschauung der allgemeinen Vergnügen erfährt er die Unfähigkeit, sich zu transzendieren; gegen die Wellness ringsum setzt er die Hinfälligkeit. Der Selbstmörder fragt nicht nur: Welchen Ausgang nehme ich aus dem Leben, er fragt: Wie kriege ich das Leben aus mir raus?

Die Stilllebenmalerin sagt über ihre Trauer: »Sie lebt mit mir wie eine zweite Person. Immer habe ich so gelebt, keinen erwachsenen Ausdruck dafür gefunden. Es war nur peinlich. Verschämt und ein bisschen adlig habe ich mich mit ihr gefühlt.«

»Und wie lebt ihr zusammen?«

»Sachlich steht sie mit mir auf, redet mir rein, verdirbt mir manchmal ganze Tage. Dann muss ich über nichts weinen. Manchmal denke ich, sie ernährt sich vom Lieblosen, und aus jeder Enttäuschung erschafft sie etwas Neues. Immer muss ich bewusst gegen sie agieren, muss sie kleinhalten, ihr den Boden entziehen, ihre Argumente entkräften. Ich verzehre mich im Streit mit ihr, damit sie die Welt nicht entstellt zu einem manieristischen Gemälde. So führe ich mein Leben, aber was man sieht, ist bloß die eine Hälfte eines Doppellebens.«

Wehrlos macht er sich eines Tages zum Subjekt seines Niedergangs, nennt sich vielleicht sogar selbst einen »Selbstmörder«, nimmt diesen Namen an wie einen Titel, wie »Held der Arbeit« oder »Unbekannter Soldat«. Er lebt das Leben des Selbstmörders, und dies ist, anders als das des Künstlers, des Attentäters oder Präsidenten, nicht durch ein Werk, eine Spur im Leben anderer, ein Publikum ausgezeichnet, ja, es ist überhaupt das unscheinbarste Leben und trägt seine Not wie ein Wasserzeichen. Unbeobachtet nimmt er ein Mal, eine Trübung, ein Stigma an, unbemerkt höhlt er sich aus, nie sicher, ob er wenigstens diesen Titel legitimerweise führt.

Schließlich besitzt der Selbstmörder einen nicht-manövrierfähigen Charakter. Er hat sich tief in den Sog des Knackses zurückgezogen und kultiviert darin allenfalls die Lust, sein Leben zu verpassen, seinen Stoff zu verschleißen, Subjekt des Verfalls zu sein, weil das Material frühzeitig aufgezehrt ist. Vielleicht konnte er mit einer Frau, einer Landschaft, einer Tätigkeit oder Überzeugung leben, aber nur befristet. Täglich sieht er ihrem Schrumpfen zu. Schließlich erfrieren sie als Fragmente, faszinierend durch alles, was ihnen fehlt. Ihr Mangel wird bewusst, ihm zu verkünden, dass er schon nicht mehr ist.

Das Leben der Selbstmörder. Zeit dieses Lebens ist er ein Hochstapler der Verzweiflung, der sein Unglück behauptet, es sogar tödlich nennt, angibt, dass er an ihm eines langsamen Todes krepiere. Doch nichts sieht man ihm an.

Er kauft Lebensmittel ohne Haltbarkeitsgrenze. Er bunkert sie, isst nicht von ihnen, sagt:

»Ich will in der Gesellschaft von Produkten sein, die mich überleben.«

Manchmal stellt er sie vor sich hin, blickt sie feindselig an, sucht nach einem Indiz, dass die Produkte in ihren Behältnissen schon etwas flauschig werden, doch haben sie einen Zustand erreicht, den er triumphierend »lebenslänglich« nennt.

Eines Tages legt er sich wirklich zum Sterben, stellt aber den Wecker auf elf Stunden später, weil er möchte, dass dieser in der Unendlichkeit der posthumen Zeit klingelt.

An einem Ostersonntag, als ich im ersten Wagen der Bahn nach Dresden reiste, knisterte es unter dem Waggon, als hätte der Zug ein Gestrüpp überfahren, dürre Äste. Es war aber eine Frau mit ihrem Hund in den Armen, die sich diesen Tag und diesen Zug für ihr Ende ausgesucht hatte. Der Zugführer konnte nicht weiterfahren. Der Zug auch nicht, denn der Körper der Frau hatte die Front der Maschine beschädigt. Kriminalpolizei und Arzt wieselten, über einen Feldweg am Bahndamm kommend, um den Zug herum. Wir sahen in die Landschaft, die letzte, die durch den Blick der Frau gegangen war. Im Großraumwagen das Standard-Buket der Meinungen, dabei vorherrschend die Auffassung, auch unter Selbstmördern gebe es »so 'ne und solche«, und sich am Feiertag vor einen Zug zu werfen, das sei jedenfalls rücksichtslos – allen Beteiligten gegenüber.

Der Zugchef als Einziger gab Widerworte.

»Es braucht Mut«, hatte ein Fahrgast, ein bisschen lahm, einzuwenden gewagt.

»Für den Selbstmord braucht man weniger Mut, als man vor der Entbindung für die Geburt gebraucht hätte«, bemerkte der Zugchef, alle Köpfe wandten sich ihm zu, und die Gesichter sagten, dass das seine Privatsache sei. Im weiteren Verlauf des Gesprächs lässt er sich dann sogar zu dem Satz hinreißen:

»Im vollkommenen Leben wäre der Selbstmörder jener, der die Zeit einführt, die Dauer und die Befristung.«

Einer der Zuggäste wendet sich zum Gehen:

»Wie können Sie in einer solchen Situation vom vollkommenen Leben sprechen?«

Der Zugchef lächelt bußfertig, im Kursbuch nach Anschlusszügen suchend.

Ein Mann, seines Lebens müde, wird von den Gleisen gezerrt, bevor der Zug ihn erfassen kann. Sein Körper steckt voller Barbiturate, die rasch herausgepumpt werden. Das medizinische Personal, so erscheint es ihm, geht rabiat mit ihm um, stopft ihm den Schlauch in den Schlund, wirft ihn auf der Trage grob von einer Seite auf die andere. Im Leben angekommen, soll er gleich leiden, Schmerzen haben, um den eigenen Abschiedswillen nicht noch sentimental zu überhöhen. So zuckt durch die Erfahrung der Rückkehr ein neuer, ungekannter Schmerz, und als der Arzt an sein Bett tritt, um nicht ohne Stolz zu sagen: »Das war aber knapp, Herr N.«, kehrt dieser die Situation um und erwidert: »Freuen Sie sich nicht zu früh. Ich bin Selbstmörder auf Lebenszeit.«

Der Arzt sieht ihn komplizisch an; für kurze Zeit, so scheint es den Umstehenden, teilen sich Arzt und Patient in ihre Desillusionen.

Ich kannte einen Selbstmörder, kannte ihn als Selbstmörder zu Lebzeiten. Selbstmörder war sein Name, und nur so wollte er erkannt werden.

Von allen seinen Luftschlössern standen schließlich nur noch Ruinen. Sein Ableben, so wie er es ins Auge fasste, war eine Manifestation seiner Unfähigkeit, Wirklichkeit zu haben.

Von seiner Mitwelt bekam er die Rolle des Schwervermittelbaren, Kontaktschwachen, den die Freunde ringsum einluden, weil sie glaubten, sich das schuldig zu sein. Gleichzeitig bereitete er aber seinen Ausstieg aus dem Leben vor. Er konnte nicht, leben nicht und sterben auch nicht. Einmal sagte er:

»Mir fehlt einfach das Glück im souveränen Zeitverschleiß.«

»Wo liegt das Problem?«, wollten die Freunde wissen.

Er sagte: »Ich erinnere mich an meine Geburt.«

»Sei gegenwärtig«, meinten die Ratgeber.

»Zu spät, mein Leben ist ein Tanker mit einem langen Bremsweg.«

246

»Carpe diem«, rieten die Freunde.

»Im Gegenteil«, sagte er, »lebte ich heute, ich wäre schon tot.«

Die Freunde fielen allmählich von ihm ab, verliefen sich. Bei alledem hatte er die Zärtlichkeit eines Todkranken, wollte eine Hand in seiner fühlen, sich anschmiegen. Er lebte immer noch wie jemand, der nicht allein sterben will.

Seine Freundin sagte vor ihrer Trennung: »Du bist so einsam geworden, als umarmtest du den Tod. Ich umarme das Nichts, wenn ich dich umarme.«

Er versuchte dauernd, die Stelle zu identifizieren, an der sein Leben brach. Aber wenn er wirklich würde, wäre es wohl erst im Heimdrehen.

»Wenn ich jetzt noch sterbe«, sagte er zu seinem besten Freund, »sterbe ich nicht mehr wirklich, dann erlebe ich bloß noch eine Art Erlebnisstillstand.«

Im Flüsterton wird die Nachricht vom jüngsten Selbstmord in Umlauf gebracht. Jeder, der jetzt spricht, stellt sich selbst am Objekt dieses Todes aus. Seziert Episoden aus der Vergangenheit, kommentiert ein Foto, auf dem der Sprecher selbst mit dem Toten zu sehen ist, deutet nachträglich ins Beiläufige gesprochene Worte. Ihr Verstehen manifestiert sich in Worten wie »gemütskrank« oder »Weltschmerz«, lauter Dämme.

Die Hinterbliebenen machen ein Gesicht wie eine Händel-Arie und bezichtigen so kokett wie anmaßend, »das Schlimmste« nicht »verhindert« zu haben. Sie sind vor allem ergriffen und finden symbolische Ausdrücke dafür, lauter Selbstbeschreibungen: Ich war fassungslos, mir kamen gleich die Tränen, ich musste mich setzen – am Ende wirkt die Reaktion auf den Tod erschütternder als dieser selbst.

An den empfindlichsten Stellen im Leben des Selbstmörders brechen diese Hinterbliebenen ein und schauen sich um.

Was sie finden, sind nur noch die Relikte eines gescheiterten Lebens. Indem sie die Entfernung scheinbar verringern, vergrößern sie sie.

Joseph charakterisiert den »heroischen« Selbstmörder durch die imperiale Geste. Der Selbstmörder sucht Weltzeit und Lebenszeit in Einklang zu bringen, wie bei den Imperatoren, die mit ihrem Reich untergehen wollten, oder den chinesischen Kaisern, die vor Sonnenaufgang aufstanden, damit sie sagen konnten: Wir haben den Aufgang der Sonne erst ermöglicht.

Wenn ich untergehe, sagen diese Selbstmörder des imperialen Typs, geht der Rest mit mir unter – so gefasst, hat der Selbstmord größte symbolische Kraft: Ich und die Welt haben ein Ereignis gemeinsam, und das ist mein Tod. Diese Vision des Selbstmords spielt immer wieder hinein in die Delirien der Selbsttötung. Der Suizidäre beansprucht eine Verfügungsgewalt über sich, die Welt und auch über den Schmerz der Zurückbleibenden.

Auf der anderen Seite, so Joseph, das Passivische: Nicht das Ich konfrontiert sich mehr mit der Welt, sondern die Landschaft sagt, du bist nicht mehr, die Speise, der Kuss sagen es. Der Selbstmörder ist also Artist durch die Entwicklung eines Spürsinns, der unter alle Wahrnehmungsformen greift, bei dem Signale ankommen, die nirgends sonst aufgefasst werden. Er ist das Medium einer höheren Empfindlichkeit und extrapoliert die vorhandene Verzweiflung. Dieser Selbstmörder gibt seinem Handeln eine demonstrative Bedeutung: Es gab einen, der so sehr wach war, dass er nur unter dieser Wachheit sterben konnte, der unter dieser Unerträglichkeit so litt, dass er nicht weiterleben konnte. Die Wunde war immer da. Sie wird aber erst jetzt, erst in ihm sichtbar.

Die Signale, die der Selbstmörder auffasst, sind allgegenwärtig, er hat Empfindsamkeiten entwickelt, die Unerträglichkeiten zur Folge haben, wo sich die Sensorien anderer durch Unempfindlichkeit auszeichnen. Der Selbstmörder dieser Art lebt im Indolenzverzicht. Er ist gezeichnet, erkennt Dinge, die andere nicht erkennen, und gerade weil der Schmerz hier ernster genommen wird, erscheint dieser Selbstmörder als politische Figur.

»Die dritte Form …«

Joseph stockt. Seine Augen, in die Ferne gerichtet, bewegen sich schnell und sprunghaft, mit zwei Fingern hält er die Lippen fest, greift nach der Zigarette.

»Ich weiß jetzt nicht, ob ich es hinbekomme.«

Lange Pause.

»Ich hab's vergessen.«

»Es muss mehr Wein her.«

Erheblich später:

»Bei der dritten Form stellt sich die Frage nach der eigenen Annihilierung, dem Verschwinden aus dem Bild. Der Selbstmörder stellt fest: Ich erscheine im Bild nicht, und ich existiere auch als Betrachter des Bildes nicht. Ich habe keine Möglichkeit, mich ins Bild zu bringen oder Bilder selbst herzustellen oder noch Rezeptor dieser Bilder zu sein. Ein solcher Selbstmörder zu sein, das bedeutet, nicht behaust zu sein in dem, was man Bild im weitesten Sinn nennt, also auch Welt-Bild oder Klischee.«

Wir folgen diesen drei Typen mit den Augen. Irgendwie weckt der Selbstmord eine radikale Begründungssucht. Der Selbstmörder lebt in der Stringenz der eigenen Leidensgeschichte. Eines kommt zum anderen, es entwickelt sich linear. Gerade darin ist die Knacks-Struktur nicht identisch mit der suizidären, und sie besitzt auch eine andere Effizienz. Der Knacks bringt den Tod ins Leben, aber nicht notwendig jenen, den der Selbstmörder ergreift. Dieser geht immer noch mit Vollendungskonzepten des eigenen Lebens um. Der Akt selbst schließt eben auch in seiner Vorstellung die Biographie ab, so wie Pavese einmal bemerkte, der Mensch werde eines Tages eines natürlichen Todes sterben und es damit versäumt haben, »die wichtigste Tat seines Lebens aus einem Grunde zu tun«. Das hieße, den unzureichenden Grund der eigenen Existenz in Gold zu verwandeln.

Doch könnte nicht einer kommen und sagen: Man muss sich umbringen, ehe ein Anlass gekommen ist, denn sonst wird die Tat unweigerlich Geste?

Bei Kant etwa schwingt in der Abwehr des reinen Affekts der Kontingenzgedanke mit. Bei ihm verlässt der Selbstmörder das Leben wie ein Mieter seine brennende Wohnung. Das heißt, wie getrieben von einem Unfall, also auch einem Zufall, einem Zugeteilten.

Nicht im Selbstmord also wird der Knacks scharf gestellt, sondern im Fortleben. Verdammt zu sein zum Fortleben, das ist die Voraussetzung dafür, dass der Knacks überhaupt sichtbar wird – in Komplexen der schwindenden Lebenskraft, im Faltenwerfen, Ermüden, Kapitulieren, in der Enttäuschung, der Resignation, lauter Phänomenen des Alters, in jedem Alter.

Wer sich umbringt, sichert sich sein Überleben nicht selten durch die Arbeit des Deutens. So kommt das hinfällig gewordene Leben doch noch auf die Nachwelt.

Auch Kleist tritt nicht nur in den Selbstmord, er tritt auch in seine Interpretation ein. Der rhetorische Überschuss dabei, die Poetisierung des abzulegenden Lebens, sie vertiefen den Bilanzprozess. Dergleichen taucht auf, wo Biographien modular werden und keinen Vollständigkeitscharakter haben.

Kleist findet in seinem Abschiedsbrief eine Formulierung, die Fanal wird für alle, die sich heimdrehen: »Die Wahrheit ist, daß mir auf Erden nicht zu helfen war.« Nicht: keiner half, sondern passivisch: mir war nicht zu helfen. Wo ist die korrespondierende, die aktive Seite? Im Drama. Mögen diese letzten Sätze auch in der Leidensform sprechen: Kleists Satz befindet sich immer noch im Dunstkreis des Imaginären, der denkbaren Rettung.

Aber wenn man von einem »Phantomschmerz« spricht, also von einem Selbstmord, der seine Ratio in etwas besitzt, das immer schon fehlte, dann hätte diese Geschichte mehr mit dem Knacks zu tun. Der Selbstmörder würde sagen: »Es gibt einen Schmerz, den ich nicht hatte, der aber irgendwann gespürt werden wollte. Gib mir also die Wunde, damit ich den Körper spüren kann.« Das ist eine andere Form der Materialisierung. Es ist die des Selbstmörders, der sagt: »Ich will im Akt endlich fühlen, was diesen Körper immer heimgesucht, aber auf ihm kein Zeichen hinterlassen hat.«

Joseph denkt beim Umgang mit solchen Sollbruchstellen an die »Pretenders«, Leute, die mit Körperbildern umgehen, die nicht ihrer Selbstwahrnehmung entsprechen. Sie leben nicht nur im Widerstand gegen eines ihrer Beine, sie sehen es fehlen: binden es ab, fahren im Rollstuhl umher, gehen auf Krücken. Das abgetötete, das nicht-sein-sollende Bein steht für den Partial-Tod, es zeigt die Bruchstelle.

»Gibt es nicht etwas«, fragt ein solcher »Pretender«, »das an diesem Körper abzusägen wäre und immer schon abgesägt war?«

Welches Leben wird dort frei? Gibt es nach dem Ende des biographischen, des organischen Lebens vielleicht ein groteskes Leben, das unter diesen Bedingungen freigesetzt wird? Gott sei Dank, dass dieser Bruch eingetreten ist, könnte der Gezeichnete heiter sagen, denn wie schrieb Robert Walser: »Wenn ich lache, gibt es nichts mehr über mir.«

In Teilen des unchristlichen östlichen Kulturraums wurde das nackte Leben immer schon als inferiorer Wert betrachtet.

Zumindest gab es ihm übergeordnete Werte wie Ehre, Selbstachtung, Gemeinwohl, und auch wenn die japanischen Kamikaze-Flieger des Zweiten Weltkriegs selten wirklich freiwillig in ihren frühen Tod flogen, so belegen ihre Abschiedsbriefe doch, wie durchdrungen sie vom bedeutenden Zweck ihres Opfers waren und wie sehr sie gleichzeitig ihr Nachleben als Verklärung ihrer irdischen Existenz begriffen.

Diese Kamikaze-Flieger waren kaum je Freiwillige. Sie jubelten öffentlich über ihren Auftrag, trauerten heimlich. Einer von ihnen verabschiedete sich aus der Welt, indem er seine Handflächen ins Gras legte, die Erde zu fühlen. Man gab ihnen Reiswein, versprach ihnen, sie würden im Jenseits zu Göttern. Mädchen mit Blumen und Taschentüchern, abkommandiert zum Winken, säumten den Straßenrand und winkten, bis die Maschinen hinter den Bergen verschwunden waren. Das Weinen aber war den Mädchen verboten. Die Piloten winkten zurück, mit einer Hand am Steuerknüppel.

Dann gingen die Mädchen auf das Zimmer der schon so gut wie Verstorbenen und zündeten in Ermangelung von Räucherstäbchen Tabak an. »Kirschblüten« wurden die Soldaten genannt. Wie Kirschblütenregen sollten sie vom Himmel fallen, und das taten sie, brachen mit ihren Maschinen durch die Schiffswand. Den Mädchen hatten sie vorher das Wenige geschenkt, was sie besaßen. »Das brauchen wir nicht mehr«, sagten sie.

Wer am Leben hing, galt als schlechter Soldat. Wer losflog, wurde als Gefallener notiert, und die Handvoll der Überlebenden begrüßte man daheim mit den Sätzen: »Warum seid ihr zurückgekommen? Ihr seid eine Schande. Ihr seid psychisch unberechenbar.«

Einer der damaligen Führungsoffiziere sagte später: »Ich habe sie oft beruhigen müssen, aber ich glaube, dass sie gerne gestorben sind.«

Um 12 Uhr mittags hielt der Kaiser seine Kapitulationsrede, um 15 Uhr schickte der Kommandant noch immer junge Flieger in den Tod. Zu ihren Abschiedsbriefen legten die Soldaten Fingernägel und Haare. Offiziere brachten Knochenkästchen, die Mütter zogen sich fein an, um sie entgegenzunehmen. Man redete ihnen ein, sie sollten stolz sein auf ihre Söhne und deren Tod.

Ein Ende, umstellt von Formeln und Ritualen. Vielleicht brauchte man sie nicht vor allem, um dem Opfer Sinn zu verleihen, sondern als Schutz gegen die Gespenster des fiktiven Lebens des Futurum II, jenes Lebens, das man geführt hätte und das in dem Augenblick, da es vereitelt wird, resistent gegen seinen Verfall, gegen den Knacks, gegen sein Welken und Ermüden utopischen Charakter annimmt.

Gesellschaftlich ist Lust, aber ebenso eine gewisse Scham mit den Techniken verbunden, die uns nicht-sein lassen: der Rausch, die Wollust, die Verwahrlosung, die Verschwendung und Selbstvergeudung. Alle nicht soldatischen Tugenden unterstehen dem Verdikt, das Leben zu missbrauchen.

Der Rigorismus öffentlicher Moral – der Moral der Klatschkolumnisten, der Boulevard-Magazine und Leitartikel – bezieht sich auf diese exemplarische Übereinkunft, sein zu müssen, wie auch immer. Das Christentum nennt das Leben ein Geschenk, dessen sich die Menschen würdig zu erweisen hätten. Für die Psychologie wie für die Soziologie leitet sich hingegen aus unseren Leiden und Verfehlungen ein Emanzipationsauftrag ab, der auch verheißt, dass wir dem nackten Leben gegenüber zumindest teilweise mündig werden können.

Der Selbstmörder kränkt unsere Entwicklungsaufträge, indem er sie mit einer Hinwendung zum Nicht-Sein, zur Selbstauflösung beantwortet. Er lehnt den kollektiven Auftrag ab, etwas zu werden, entzieht sich den großen Gemeinplätzen, man habe seine Chance und müsse sie nutzen, man trüge Verantwortung, bekäme das Leben geschenkt.

Die bindende gesellschaftliche Übereinkunft liegt aber vielleicht weniger in der kollektiven Feier des Lebens als in der massenhaften Abwehr des Sterbens. In den Nachrufen schreiben sie manchmal: »… freiwillig aus dem Leben gegangen.« Als müssten alle anderen gezwungen werden! Und mancher Berauschte, mancher gefährlich Lebende, sucht sich das Leben immer noch selbst in die Hand zu geben, blickt aber auf den Tod im Suizid, sucht aus der eigenen Zukunft auszubrechen, wissend, dass sie alles verwandelt, aber nichts ändert, und denkt: Zum Glück lebe ich nicht heute.

Der Selbstmörder ist eben der, der sich nicht loswird. Jeder andere hat seine Techniken: Schlaf, Sex, Rausch, Vergnügen, aber dieser Beharrliche blickt dauernd in sich, schleppt sich mit. Vielleicht ist im Kern eine Enttäuschung, ein Kummer, und eines Tages wird er sich umbringen statt ins Kino zu gehen. Er wird sagen, wenn ich mich erst einmal umgebracht habe, dann werde ich leben können. Wie viele gerettete Selbstmörder laufen herum? Ihr Gram schwängert die Luft, die öffentlichen Bilder antworten ihm, sie stimulieren dauernd Lebensfreude.

Einmal hörte ich einen Bischof eine Staatstrauer begleiten mit den Worten: »Die Menschheit hat die moralische Pflicht zu überleben.«

Das war für jene gesprochen, die einen staatlichen Trauerfall zum Anlass nehmen könnten, die Erde den Flechten überlassen zu wollen. Aber dass die Moral ihr Sterben noch überdauern würde und so auf das Haltbarkeitsniveau jener Flechten gebracht wird, beweist, wie sehr manches Leben nur noch mit theologischen Durchhalteparolen vor der Kapitulation bewahrt werden kann.

Gegen die Prozesse der Enttäuschung: Da man sie nicht löschen kann, löscht man das Bewusstsein von ihnen. Der Rausch, das Medikament, die Droge der Verzweiflung, eingeworfen im Aufruf: Möge das Wirkliche unsichtbar bleiben!

Was mir an meinem Freund L. als Weisheit erschien, war seine Fähigkeit, die Enttäuschung nicht als eine Kränkung der Illusion zu behandeln, eher als eine Genugtuung. Er hatte einen Akzent verschoben und begrüßte, nicht was kam, sondern was ging. Notorisch Abschied nehmend, suchte er in jeder Position ihre Verneinung.

Befragt, was ihn auf die Rückseite des Lebens getrieben habe, sprach er vom Nachlassen des Empathischen, von Identifikationsschwächen. Einmal rief er Johannes Brahms in den Zeugenstand und zitierte: »Das Leben raubt einem mehr als der Tod«, und widersprach so der romantischen Idee, Altern sei Geboren-Werden anderer Art. Ein andermal fand er Franz Grillparzer an seiner Seite und bemerkte: »Wenn jemand meinte, die Bäume seien da, um den Himmel zu stützen, so müssten sie ihm alle zu kurz vorkommen.«

Sich selbst beschrieb er als den insularen Typus, den hermetischen, der nicht durch das Erschlaffen seiner Leistungsfähigkeit, sondern durch das Defizit im Kommunikativen gebrochen worden sei. Schließlich legte er Hand an sich, um sich vor der Relativität zu schützen. »Das Zeitmaß der Einfühlung ist nicht auszuhalten«, sagte er. »Nicht für mich. Wir sind nun einmal schneller getaktet, als wir je waren. Der Nächste ist der Ferne.«

Der lange Abschied

Nach der Verbreitung der Apotheken zu urteilen, ist die Hälfte der Gesellschaft krank, und die andere Hälfte beugt der Krankheit vor. Diese werden dauernd an die Möglichkeit ihrer Erkrankung erinnert und fühlen ihren Körper durchlässiger werden. Aus jeder Medizinal-Werbung dringt eine Schwäche in den Leib.

Doch gleichzeitig wird dauernde Linderung versprochen: Die Apotheke in meiner Nachbarschaft wirbt mit einer Gips-Replik von Michelangelos David, der aber von den Füßen bis zum Schoß mit einer Art Flechte überzogen ist. Daneben sieht man die Abbildung des Präparats, das Männer vor Flechten schoßabwärts schützt. Wie harmonisch: Symptom und Therapie dringen gemeinsam ins Bewusstsein und umhüllen alle Wunderlichkeiten jetzt mit der Aura der Heilbarkeit.

Auf der Bruchlinie zwischen der vita activa und der vita contemplativa werden manche pervers, dekadent, depressiv oder bösartig, aber am ehesten entdecken sie das Drama ernsthafter Krankheiten als einen letzten Rückzug für die Kategorie des Erhabenen, das Bewusstsein des wilden Tiers namens Körper, das wir reiten.

Im Fernsehen einer der rasch Entflammbaren von früher, ein Barrikaden-Bewohner und enthusiastischer Rhetoriker. Heute sucht er die Antwort auf die Frage:

»Wo würden Sie leben, wenn Sie nur noch ein Jahr zu leben hätten?«

»In der Liebe«, antwortet er.

»Gut«, wird ihm erwidert, als habe er bestanden. Er aber weiß es besser: Er hat die Zärtlichkeit eines Sterbenden, will sich nur an etwas pressen, anlehnen, die Augen schließen und eine Berührung spüren. Seine Frau findet, er küsst wie jemand, der nicht allein sterben will. Sie trennen sich.

Er war immer abgewandt. Als Junge ging er und hielt dem Schwein die Ohren zu, während es geschlachtet wurde. Seit jenem Tag sucht er eine Gelegenheit, zu sein, anders gesagt: sich umzubringen.

Er sagt dann, dass alle arbeiten, weil sie eigentlich lieben wollen, nur den Leerezustand fürchten, der ihnen ein lieb- und arbeitsloses Leben anbietet.

Was er sagt, sagt er müde. Selbst die Überzeugung darin wirkt wie aus Batterien gespeist, oft reproduziert, mechanisch, alles richtig, und doch führt es zu nichts, nicht in den Gesichtern der Beteiligten jedenfalls und auch sonst zu nichts. Seine Situation ist die des absurden Helden: Was er sagt, ist das Letzte und Wichtigste. Zugleich ist es das Überflüssigste. Denn niemand ist da, ihn zu hören und zu beantworten.

Die Sehnsucht nach alten Gegenständen, keinen Antiquitäten, sondern solchen aus der eigenen Vorvergangenheit: Man bewahrt sie im Gedächtnis als Erinnerungen an eine unangefochtene Zeit – die Papiertüte eines Brausepulvers, die Klapptür eines Aufzugs, das Tuten einer Bahn in der Ferne. Damals waren diese Dinge, wenn sie überhaupt auffielen, Versprechen eines Lebens, das kommen würde. Ein Brausen umgab sie, wie aus der Ferne einer Landschaft heran dringend. Sie hatten ihren Auftritt im Leben, indem sie von dem Schwung und der Kühnheit Zeugnis ablegten, die kommen würden.

Ein deutscher Freund fing einmal über dem Wort »La Ribollita« zu weinen an. Er hatte früher, als er glücklich war, diese zweimal gekochte italienische Suppe auszusprechen gelernt, jetzt weinte er vor dem inneren Bild, in dem er sich, rund um den Verzehr dieser Suppe, selbst zu erkennen gab. Er war nicht der geworden, der er ehemals hatte sein wollen.

Ein andermal habe ich in Italien mit einem jungen amerikanischen Maler im Freien gegessen. Ich sehe noch den Platz unter den Bäumen, irgendwo an der Landstraße zwischen Forte dei Marmi und Lucca. Wir hatten kaum noch Geld, aßen uns durch drei Gänge, zählten dann jede Münze, die wir noch hatten, und entschieden uns nach dem Dessert noch einmal für Pasta.

Mitten in diesem letzten Gang stand der Amerikaner auf und umarmte die Bäume. Es war der Augenblick, in dem das Leben auf der Höhe seiner Erwartungen angekommen war. Und so sinnlos wie die Gesten der Enttäuschung, die man später bei anderen Gelegenheiten findet, so sinnlos war hier die Gebärde der Euphorie: Einheit von reiner Präsenz und Versprechen, schwärmender Nostalgie und sehnender Erfüllung, der seltene, der heilsame Ort.

»Immer das ganze Leben«, belfert eine Frau ihren Mann an. »Das ist das Anstrengende an dir: Du versuchst immer deine Wahrnehmung zu *sein*, immer soll jede Kleinigkeit etwas mitteilen über *alles*. Darunter machst du es nicht.«

»Ich bin nicht mehr der Jüngste.«

»Red dich nicht raus!«

»Ich habe keine Zeit mehr, allzu genau zu sein.«

Sie findet ihn kalt, trotz seines herzlichen Gesichts. Er lebt nicht auf der Höhe seiner Kälte.

Aber er lässt sich nicht in die Enge treiben und erwidert:

»Lass mich, du kennst doch die alte Familienweisheit: Die Teller mit dem Sprung leben am längsten.«

Sie verschwindet zum Klo. Der Mann beugt sich zu mir herüber und sagt:

»Ich liebe sie, aber sie ist mir nur mäßig sympathisch.«

»Warum?«

»Viele Gründe. Sie wird an meiner Beerdigung sparen.«

Die Frau kehrt zurück, die Unterhaltung setzt sich jetzt leise fort. Ich verstehe nur noch ihre Frage:

»Was wünschst du dir für die Zukunft?«

Und seine Antwort: »Das letzte Jahr.«

Es ist Mai, und die Frau in der Wohnung gegenüber agiert, als sei es ihr Auftrag, darin ganz Mai zu sein. Sie betritt den Raum nicht als Person, sondern als Stimmung, gehüllt in etwas Atmosphärisches. Mit diesem lässt es sich korrespondieren, man lernt den Aggregatzustand kennen und findet in diesem ihre Person. Dann kann vielleicht gesprochen werden.

Dann der Juni. Dann der Juli, dann der August. Diese Monate, sie kommen immer gleich, sie gehen alle anders. Da ist sie, die jeden Abend die Tür abschließt, jeden Tag anders unfroh und unfroher werdend. Manchmal klagt sie, spricht über die Zeit vor dem Tod ihres Mannes, lieber noch über die vor der Wahl ihres Mannes zum Ehemann.

Die Zeit der Entbehrungen hat sie sich mit Ritualen vollgestellt. Jetzt kann sie zwischen all ihren Gewohnheiten gar nicht sagen, wo da noch Veränderung herkommen soll, aber dennoch: die Materialermüdung ihrer Knochen und Knorpel, die Erschöpfung ihres Blut- und Lympheflusses, die generelle Erschlaffung, das Faltigwerden teilt sich ihrem Gemüt als Erkenntnis mit: dass es nichts ist und nichts wird mit dem Leben, und dass es vergeblich ist und erschöpfend, und dass selbst die Rede davon es nur immer vergeblicher macht.

Sie erzählt mir die Geschichte ihrer Zeugung. Der Vater hat ihre Mutter gewählt wie ein Hobby, dem er nachgeht zwischen Dienstreisen. In ihrer hoch gerüsteten Einsamkeit streiten die beiden meist leidenschaftlicher, als sie sich anschließend lieben.

Eines Abends kommt er nach einer seiner ominösen Auslandsreisen zurück, kalt schwitzend, sehr erschöpft. Die Mutter hat sich entschlossen, einen »Neuanfang« zu versuchen. Sie hat dazu tatsächlich schwarze Nylons mit Spitzenbesatz angelegt, so wie sie es im Kino gesehen hat, und wenn sie sich jetzt selbst im Spiegel betrachtet, sieht sie sich neu und muss auch sagen: Nicht ohne!

Solche Freude an sich selbst kollidiert mit der Erschöpfung des Vaters, der bei der Betrachtung dieser Aufmachung seinen Auftrag durchaus versteht und ihn auch irgendwie absolviert, erst, indem er sich langsam auf ihr bewegt, dann, in Fahrt gekommen, stöhnend und schwitzend wie ein Berserker. Einmal steht er auf, geht ins Bad, lässt Wasser laufen. Dann ist er zurück, liegt wieder auf seiner Frau und führt seine Arbeit zu Ende.

Die Mutter freut sich daran, auch wenn sie es nur mäßig erregend findet, denn er schwitzt stark und arbeitet auf ihr wie ein mechanischer Apparat. Als er endlich keuchend und stampfend an sein Ziel kommt, ist sie nicht sicher: Handelt es sich hier um den Höhepunkt seiner Lust oder um einen Herzinfarkt? Sie macht weiter mit ihren Bewegungen, aber behutsam und eher so, dass es im Fall eines Orgasmus noch ein wenig stimulieren, im Fall eines Herzinfarkts nicht zu sehr schaden würde. Als er schließlich liegen bleibt, hat sie die Gewissheit: Es war doch ein Herzinfarkt. Nur war in diesem Fall der »kleine Tod« ein Trojanisches Pferd, und er trug den großen in seinem Bauch.

Einen Monat später erfährt die Mutter in einer Arztpraxis

mit den Schautafeln asiatischer Heilkräuter an der Wand, dass sie schwanger ist.

»Verstehst du«, sagt die so Gezeugte zu mir, »seine Spermien haben ihn nicht aus Lust verlassen, sondern eher wie die Ratten das sinkende Schiff. Sie sind mit der Wucht seines abschiednehmenden Lebens aus ihm herauskatapultiert worden. Und so bin ich entstanden. Was meinst du, macht mich das stärker oder schwächer, dass ich mich aus meinem Vater in meine Mutter gerettet habe?«

Der Vater sieht in der Verehelichung der Tochter sein eigenes Projekt. Er kennt sie nicht gut, und von ihrem Innenleben, von wo ihre Weigerungen herkommen, versteht er nichts. Also bittet er sie, »Vernunft anzunehmen«. Doch er meint nicht »Vernunft«, er meint »Rationalität«. Es ist die gleiche, die ihn die Arbeit der Jahre an der 33-Jährigen zusammenfassen lässt: »Der Lack ist ab.«

Sie blickt auf ihren Knacks, sie blickt auf ihren Vater, der Teil ihres Knackses ist, sie blickt in ihre mögliche Ehe, in der der Knacks ein Zuhause bekäme, und weiß in ihrem Leben keinen Zustand, in dem sie nicht bräche.

Er war einer jener angejahrten Männer, die sich aus der Kinderzeit vor allem ihre fanatische Sucht nach dem Geliebtwerden bewahrt haben. Aber da der Körper verfällt und da diese Menschen selbst immer unliebenswürdiger werden, wird es dauernd schwieriger, das zu bekommen, wofür sie leben. Sie werden grotesk, ihre Geschenke sind unverhältnismäßig und nur als Ausdruck ihrer Dankbarkeit für jede Regung äußeren Wohlwollens plausibel. Jede Skepsis fließt von ihnen ab, sie entscheiden sich für die Illusion und altern darin, nun endlich in ihr betrogen werden zu wollen.

Eine Frau sagt: Heute, mit vierzig, fühle ich mich in meinem Körper viel wohler. Ich glaube es ihr, auch wenn ich gerade noch einen Mann gehört habe, der ihren Körper als einen »Sack« bezeichnete. Was sie nicht sagt, aber fühlt: der bewusst werdende Körper wird mit der Zeit immer durchsichtiger, geradezu gläsern. Sie fühlt ihn tiefer, auch parzellierter, die Sollbruchstellen erscheinen, die Schmerzen jedes einzelnen Tages spielen auf einer breiteren Klaviatur. So wird ihr Körper zum Spiegelbild ihrer Wahrnehmung, die auch dauernd splittert.

Kaum tritt ein Mann in sein bestes Alter, hat er es hinter sich. Jetzt wird er langsam alt, heißt es; dann: alt ist er geworden, seine besten Tage hat er hinter sich. Die Zeit wird einbezogen in die Konkurrenz. Er wird aussortiert aus der Gemeinschaft der Leistungsfähigen, und die argwöhnisch Beobachtenden machen dauernd mildernde Umstände geltend: »in seinem Alter …« Es ist, als sprächen sie ihm die Schuldfähigkeit ab. Für ihn selbst aber ist jetzt seine Zeit erstmalig kontaminiert. Sie, die bewusst, aber doch unfühlbar war, ist mit einem Mal der symbolische Ausdruck für Ermüdung, Unfähigkeit und Untauglichkeit. Nachdem er jahrelang irgendein Alter hatte, hat er jetzt ein spezifisches, summarisches: »ein Alter« ist er und sieht fortan den anderen beim Jungsein zu.

Da waren Menschen, die es nicht sein, sondern werden wollten. Sie waren die Blaupausen kommender Menschen oder unfertige Individuen. Jahre später blicken sie auf sich selbst zurück, und was sind sie? Aufgegebene Menschen. So verstehen sie sich. Jetzt repräsentieren auch sie die Zeit, die fragmentarische Zeit, die sich über sie hinwegsetzte. Und sie lesen bei Gorki: »Menschen werden kommen, die werden uns wegwischen wie Blasen auf einer Pfütze.« Das war, als man den neuen

Menschen, die Erfindung des inneren Menschen noch als ein Projekt sah. Vorbei wie Blasen auf einer Pfütze.

Er sah ohne Bitterkeit zu, wie sich die Zeit allmählich von ihm zurückzog und er selbst, wie in stummer Übereinkunft mit ihr, die Fähigkeit einbüßte, Zeitgenosse zu sein. Er hätte weder sagen können, was er selbst, noch was seine Zeit dazu beigetragen hatte, aber das war für das Resultat zweitrangig. Das Resultat war die posthume Lebensperspektive, in der er sich eingerichtet hatte, weil sie es ihm möglicher machte, zu existieren, so wie es bei Nina Berberowa heißt: »›Weißt du, Vera‹, sagte sie aus irgendeiner Ecke, ›ich habe einmal sehr gerne auf dieser Welt gelebt.‹«

Es gibt da eine Frau, die sich im Warten verändert. Von einer mutwilligen, ja, draufgängerischen Staffel-Trinkerin, Charleston-Tänzerin wird sie zu einer, die erst nostalgisch, dann elegisch von der Zeit spricht, in der sie »Sie« war, ein »Feger«, eine, die andere »Flittchen« nannten, weil sie es nicht besser wussten. Dann ging der Geliebte, der ihr doch eigentlich nur zugelaufen war, in den Krieg und kam und kam nicht zurück. Sie wartete, und sie liebte ihn immer mehr. Wäre es anders gewesen, hätte sie zugeben müssen, ihr Leben zu verschwenden, während sie die Keuschheit entdeckte, die spröde, holzige Keuschheit, und sie alterte und die Männer weniger wurden, schließlich ausblieben.

Die trotzdem in ihr Leben kamen, sollten keine Chance haben gegen den Verschollenen, und die wenigen, die sich aus alter Verbundenheit meldeten und sich ein wenig unseriös um sie bewarben, wurden mit übertriebener Geste abgewehrt, weil der Schatten dessen, der nicht wiederkommen würde, quer über sie fiel. Und in jeder Geste ihres Wartens öffnete sich die Utopie eines Lebens, das sie nicht führen würde. Von hier aus blickte sie zurück in die Realität ihres Lebens und seinen Knacks und erschrak: Selbst ihre Desillusionen alterten.

Aus dem jungen Körper tritt der alte, die Ermüdungen, die Runzligkeiten – sie sind alle schon drin, emanzipieren sich langsam ins Freie und verdrängen die junge Hülle. Also entwickelt sich nicht jemand auf sein Greisenalter zu, sondern der Greis behauptet sich endlich gegen die Unreife, die ihn fesselte.

Eine drahtige Sechzigjährige, harsch, ganz mit Lederhaut überzogen, mit einem bösen Gesicht, das nur auf das Alter gewartet hat, um aus dem einst hübschen Gesicht hervorzutreten und alle anderen Spuren zu verdrängen. Nur manchmal ist wie im Reflex ganz kurz das mädchenhafte Freuen da, der Überschwang, zu dem sie einmal in der Lage gewesen sein muss.

Doch heute zeigt sie sich streng im Mimischen, offenbar alleingelassen. In den Siebzigern war sie einmal das Sonnenmilch-Modell. Hoch aufgeschossen, untersichtig fotografiert, hatte sie ihre vollkommene rückwärtige Silhouette vor einer weißen Wand der Sonnenmilch zur Verfügung gestellt. Die Arbeit dauerte nur zwei Tage, die Plakate klebten nur einen Sommer, doch haben ihr die beiden Tage den Charakter verdorben. Sie selbst findet sich lebenslänglich verkorkst, kommt in den Frühstücksraum des Hotels wie eine Ballerina, graziös, aber grotesk.

Als das Leben eines Tages ernst wird, ist sie ihm nicht gewachsen. Jetzt hat sie sich eine Woche lang durch Nichtstun verwöhnt. Aber auch die Auslieferung an das Zwischenreich der Leere zwischen ihr und der Realität hat ihr nicht gutgetan. Ihre Innenwelt ist gefüllt mit Wein, Lektüren, dem Anblick des Meeres, das sich entweder tot stellt oder seine Wellen fast geräuschlos am Strand ablegt. Sie denkt sich: Das Meer ist ideal, Ruhe in Bewegung. Der Spiegel der See ist keiner. Man erkennt sich nicht in ihm.

Davor die sonnendurchflutete Ebene, launische Euphorie, launische Melancholie. Und dann spielt der Pianist im Essenssaal zwischen all den Lämpchen und Blumen, den Marmor-Pilastern und vergoldeten Borten, unter der Himmelsmalerei im Gewölbe und den Muranoglas-Lüstern ein paar Takte »You are the Sunshine of my Life«, und weil da nichts ist, kein »You«, kein »Sunshine«, ja nicht einmal ein »Life« dieser Art, laufen ihre Augen voller Tränen, und mit gedämpfter Entrüstung wendet sie sich dem Pianisten zu, kopfschüttelnd, wie nach einem Fauxpas, und der Pianist springt mit einer abrupten Überleitung der kürzesten Wege hinüber zu »Yesterday«. Es wird nicht besser, ist sie doch erfolglos getrieben vom Verlangen, hier ihre Aura zu erneuern.

Zwei Tische weiter ein Luxustourist, der auf seiner Reise durch die unterschiedlichsten Existenzformen in diesem Haus angekommen ist und sich heimlich fragt: Was ist hier noch wirklich? Wie herrlich ist dies noch? An diesem Ort fand er handgemachtes Geklimper, plissierte Servietten, Schnittblumen im Aufzug, doch Essen aus der Dose, dazu hohle Rituale zwischen alten Schabracken und Neureichen, die Einzigen, die hier ohne Ironie sind, weil sie nicht fühlen, wie wenig das alles noch stimmt, wie wenig es von Überzeugung und Erfahrung getragen ist.

Und dann wird die Luft ein einziges Mal durchrissen von einer Klaviermelodie wie ein Kinderschrei, eine, die nicht passt, weil sie an diesem Abend dem Pianisten etwas zu wahrhaftig aus den Fingern perlt. Ist er vielleicht liebeskrank? Und plötzlich ist »La Paloma Ade« wahr. Aber ich bitte Sie, denkt es im Kreise, so war das nicht gemeint.

Schon senkt sich das Besteck an mehreren Tischen indigniert auf den Teller, und der Pianist, der dies rechtzeitig bemerkt, kehrt auf kürzestem Weg in seine Klimper-Konvention zurück. Die Kulisse schließt sich wieder. Morgen ein Besuch im Botanischen Garten, eine Fahrt im Korbschlitten vielleicht? Das ist gut. Keine Liebe wird wahr sein, keine Wirklichkeit eintreffen, und so lässt sich vielleicht das Ich wieder für einen Tag der Zeit entreißen.

Beim Betrachten alter Fotos: Die Gesichter der Fotografierten wenden sich aus dem Anlass, einem Fest, einer ausgelassenen Stimmung heraus, der Zeit zu. Sie haben die Dauer im Blick. Man kann sehen, dass zu ihrer Zeit das Fotografieren noch ein seltener, ein ritueller, wahrscheinlich ein kostspieliger Akt war. Sie wenden sich also mit ihrem Blick nicht nur der Zukunft zu, aus der sie dereinst auf sich zurückblicken werden, sondern sind ganz in der Ausnahmesituation, der Prozedur, beim Luxus ihrer Verewigung auf der Schwelle zum posthumen Leben.

Aber von heute aus, Jahrzehnte später, sehe ich alle diese Gesichter im Medium ihres Verschwindens. Niemand von diesen fröhlich Feierlichen lebt noch, alle sind ihren Weg gegangen, haben sich, wie die Schwimmer vom Starterblock, abgestoßen von dieser einen Situation, in der sie für ihr Nachleben Modell saßen, und ihr Blick scheut vor dem unsäglichen Nicht-Sein.

Einer blickt zurück auf sein Leben, sieht Fotos in Rahmen, krankt an seinen »Erscheinungen«, hört die Musik, die einmal »unsere Musik« war, sucht im Museum Gemälde auf, vor denen man einmal gemeinsam stand. Was er fühlt aber, ist nur Koexistenz, nicht Mitbewegung. Das muss Kunst sein, denkt er, in seinen Stillstand schauend, Kunst, wie Miguel de Unamuno sie auf den Begriff brachte, der »das eigentlich Befreiende« an ihr nannte, »dass sie uns daran zweifeln lässt, ob wir existieren«.

Er blickt auf, zweifelt und denkt, man mag den Ernst eines Kunstwerkes gegen sich richten und daran kaputtgehen. Denn was Kunstwerke einem lassen, ist die Aufforderung, nicht minder zu sein und zu werden als sie selbst, das heißt: nicht zu sein. Man kann sie also als Sterbehilfe einsetzen. Oder aber sie tragen einen aus der Nicht-Existenz in die Existenz und modellieren Realität um den Rezipienten. Mit Blick auf die Wirkungen seines Scheiterns bis zu diesem Punkt aber wünscht er am meisten, da zu sein, aber nicht dabei – anwesend zu existieren, aber nicht beteiligt.

Das Pendant: der in der Desillusion zum Tode Gereifte. Der vom Knacks Hingeraffte, jener, der mit der Aura einer Beckett-Figur voll negativem Pathos spricht, jener François-René de Chateaubriand nämlich, notiert am 6. 6. 1841, nur noch wenige Jahre vor der Ankunft in seinem persönlichen Tod: »Ich glaube nicht mehr, weder an den Ruhm noch an die Zukunft, weder an die Macht noch an die Freiheit, weder an die Könige noch an die Völker. Ich hause allein in einem weitläufigen Appartement, wo ich mich langweile, und wo ich undeutlich irgendwas, ich weiß nicht was, erwarte, das ich nicht verlange und das nie kommt. Ich lache gähnend über mich, ich gehe um neun schlafen. Ich bewundere meine Katze, die ihre Junge wirft ... je regarde passer à mes pieds ma dernière heure.«

Das Gegenbild I: Giacomo Casanova in einer raren Selbstergründung, wohlgemerkt aus der Perspektive des über siebzigjährigen Greises, mit einem Mund ohne Zähne das Geheimnis der eigenen Wirkung ergründend, sich selbst bewundernd, als Bildnis des jungen Mannes vor der Zurückweisung. Und da bemerkt er: »Es war nicht Schönheit, was ich vorzuweisen hatte, sondern etwas Wertvolleres; ich weiß nicht, was es war.

Ich fühlte mich zu allem fähig.« Fähig, »capace«: tauglich, imstande, potent, bruchfest: Die Attraktivität des Verführers erklärt aus seiner Resistenz gegen die Anfechtungen der Zeit.

Das Gegenbild II: der französische Romantiker Alfred de Vigny in »Glanz und Elend des Militärs«, sich selbst aus dem Fluss der Geschichte reißend und anstaunend: »Ich war allein, ich war zu Pferde, ich hatte einen guten, weißen Mantel, einen roten Rock, einen schwarzen Helm, Pistolen und einen mächtigen Säbel; es goss in Strömen seit vier Marschtagen und -nächten, und ich entsinne mich, dass ich aus vollem Halse ›Giaconda‹ sang. Ich war ja so jung!« Die Allegorie der Jugend, ausgestattet mit den Symbolen kriegerisch hoch gerüsteter Lebensfreude, imprägniert gegen das Bild dessen, der ich geworden sein werde.

Und dann kommt der Tag, an dem man sich das Alter vorstellen kann, seine Desillusion, seine Bitterkeit, den begrenzten Aktionsradius. An dem Tag beginnt man wirklich zu altern. Von nun an wird man sich das Alter immer wieder vorstellen müssen. Es ist kein Märchen-Topos mehr, es wird nicht mehr bebildert durch die Ikonographie der Greise, sondern vom eigenen Bild, dem Menschen in einer Flucht von ersten Tagen: Der Tag, an dem man ein Medikament verschrieben bekommt, das man bis ans Ende seines Lebens nehmen muss; der Tag, an dem man das Geländer braucht, um eine Treppe abwärts zu steigen; der Tag, an dem man nur noch abgestützt aus der Hocke kommt; der Tag, an dem man im Zug den Koffer nicht mehr allein auf die Ablage bekommt; der Tag, an dem man zum ersten Mal in die Tiefe einer Depression blickt; der Gesiezte, vom Generationen-Respekt Beleidigte; der, dem der Atem ausgeht.

Dann kommt der Tag, an dem man »zu alt« für etwas geworden ist, und es ab jetzt dauernd für irgendetwas sein wird;

der Tag, an dem die Freude nur noch besonnen ausfällt: lauter Tage, an denen sich der Knacks im Leben einnistet, lauter Tage, deren spurlose Bewegung Räume schließt. Da spiegelt sich der Alte als ein Alter in dem mitleidigen Blick der anderen, dem Desinteresse im Blick der Frauen, der ständigen Berührung mit dem Zu-Spät. Ja, die Ressourcen des Körpers erschöpfen sich. Doch tun sie es als Prozess. Es ist schrecklich, es ist beruhigend: Man erblindet, aber so, dass man erst im Alter von 110 Jahren nichts mehr sehen wird.

Das alles ist eines Tages da und nennt sich das Alter, irgendeine Zone zwischen infantil und senil, zwischen erwachsen und welk, zwischen Reife und Überreife: Man blickt in das Gesicht der Kommenden mit Wohlwollen; man macht mit Leichtigkeit Platz. Man erkennt sich in Jüngeren, nimmt sie in ihren unerfüllten Möglichkeiten aber ernster als in ihrer Realität. Man blickt in die Verzweifelung anderer wie in einen unreifen Zustand. Die Welt ringsum staunt nicht mehr über das eigene erwachsene Handeln, sie lobt auch nicht mehr, denn nichts anderes darf sie erwarten; sie respektiert, ja, sie nimmt ein Verhalten an, das Achtung sein könnte. Man geht durch alte Briefe und Fotos; man will nicht mehr wissen, wer man ist. Man folgt der Spur der hängengebliebenen Worte: Chrysantheme, Fruchteinwaage, Wie-Wort. Man betrachtet sein Leben als etwas, das man dem Tod abringt; man findet Chirurgen, Minister, Piloten gefährlich jung. Man findet, kein Alter dehnt sich wie das Alter.

Der Pragmatismus des Alterns: Was hat man nur früher für Umwege genommen und meinte, das müsse so sein, man müsse es sich schwer machen. Und dann ist die Fluchtlinie plötzlich der einzig wahre Weg und der kürzeste dazu.

Besuchte einen Philanthropen, der, alt geworden, angekündigt hatte, er sei zu »letzten Überzeugungen« gelangt.

»Ich besaß einmal das Talent, nur halb wirklich zu wirken«, sagt er. »Das war gut. Jeder kam mir mit Philanthropie, wollte mich ergänzen. Heute, in meinem Alter, habe ich herausgefunden: Ich habe mich in meinem Leben zu lange bei den nicht-käuflichen Dingen aufgehalten.«

Ich muss ihn enttäuscht angesehen haben. Jedenfalls sagt er:

»Na, hör mal, noch hat der Teufel die Hoheit über das Denken. Gute Gedanken sind immer amoralisch.«

Und mir kommt es vor, als käme der Tod als Ketzer in sein Leben, bearbeitete seinen Knacks und verwandelte den Mann zurück in einen Halbstarken.

Ein Zeichen des Alterns: die Wahrnehmung wachsender Schamlosigkeit ringsum. Ein älterer Mann sitzt an einem Tisch im Café. Ihm gegenüber ein junges Mädchen in einem kurzen Rock, das die Beine so schamlos spreizt und von sich streckt, dass es den Alten brüskiert: So schamlos kann sie ihre Beine nur zeigen, weil sie so überzeugt von ihnen oder weil ihr sein Blick so gleichgültig ist. Was ist erregender? Er entdeckt, dass die Verachtung seines Blicks das Erregendere ist. Der Knacks entstellt das Begehren. Die Identifikation mit den Körpern lässt nach, die mit den Zuständen nimmt zu: weniger Eros, mehr Leiden. Man wird klüger, aber dümmer.

Vorbereitung für ein Rendezvous: Der alte Mann, ein wenig ratlos vor seinem Spiegelbild. Was muss er sein, um zu passen? Seine Augen mustern das eigene Gesicht, Zug um Zug ablehnend. Ja, dies ist eine Begegnung mit der mangelhaften Selbstliebe. Oder es gelingt ihm nicht, seinen Narzissmus auf den eigenen Körper auszudehnen. Er scheitert schon in der Anstrengung, ihn sich begehrenswert zu denken. Sein Blick ist trüb geworden, das Weiß der Augen gelb.

Aus diesen Augen blickt er nach der Frau. Sie argwöhnt, er wolle keine Liebe, bloß Sterbehilfe, Begleitschutz, bis dass der Tod uns scheidet, nicht mehr.

Er sagt im Alter zu einer immerschönen Frau, die an der Peripherie seines Lebens auf- und abgetaucht war, wohl wissend, dass es jetzt für beide für immer zu spät sein wird:

»Wir haben uns verpasst.«

»In diesem Leben jedenfalls.«

»Also in jedem Leben.«

»Aber du hast mir doch immer so schöne Briefe geschrieben!«

»Und du hast sie immer nur erwidert, nicht beantwortet.«

»Wenn es so ist, dann haben wir also die ganze Zeit damit zugebracht, uns zu verpassen.«

»Ja, das war wohl von Anfang an die einzige Rolle, die wir füreinander spielen konnten.«

»Ich bin also heute schön, um von dir verpasst worden zu sein.«

»Danke, in dieser Rolle hätte ich mir keine bessere Besetzung wünschen können.«

»Du wünschst noch?«

Ich nehme den langen Blick eines alten Jazz-Musikers auf, der einer Gruppe überdrehter, etwa sechzigjähriger Frauen mit den Augen folgt. Ihre pinkfarbenen, paillettenbesetzten Sweatshirts, ihr Proll-Schick, ihre in die Hysterie geföhnten mauvefarbenen Frisuren betrachtet er abgestumpft. Dann sagt er traurig vor sich hin:

»Mein Gott, das sind die Frauen, die mir vor fünfzig Jahren den Kopf verdreht haben.«

Und plötzlich ist in seinen Augen das Bedauern so groß über den jungen Mann, der er war, wie über die Frauen und das, was sie wurden, und über die Begierde, die sich an nichts befestigen lässt.

Es ist ein Kaputtgehen, ein Untauglichwerden, ein Dahinscheiden, ein Jonglieren mit den Versäumnissen. Man geht von einem Zustand, in dem man fragte, was man will, in einen über, in dem man fragt, was man kann: Immer an den Grenzen der Tauglichkeit entlang, auf immer kleiner werdenden Schollen der Souveränität, durch ein Terrain voller Hohlräume. Nur die Dreisten und die Naiven sind jetzt noch glaubwürdig stark, die anderen verständigen sich über den Mangel. Sie kommen nicht mehr zusammen, weil sie sich stimulieren, sondern weil sie den Mangel ausgleichen, von der Erwartung getrieben, sich wechselseitig zu vervollständigen.

Die beiden bestimmenden Prozesse des Alterns laufen gegeneinander: Physische Einschränkung bei gleichzeitiger Expansion einer empfindlichen Empathie: Ich halte die Nachrichten nicht mehr aus. Ich kann keine Kinder mehr weinen sehen. Ich bin diesen Elendsbildern nicht mehr gewachsen. Ich ertrage die Gewalt nicht mehr. Sätze mit Einfühlung, die sich ins eigene Ich einfühlen, Sätze der Rührung, sentimental im Sinne Walter Benjamins, der Sentimentalität die Spur eines Gefühls nannte, das sich an einen Ort bewegt, an dem es nicht weiter kann. Der flügellahme Affekt.

Die Zeit, die den Körper innerlich formt, hat lauter Frakturen, sie staut sich nicht, sie verläppert sich. Setzt jetzt die kosmetische Chirurgie ein, nimmt man dem Körper Wirklichkeit, nämlich die seines Gebrauchs, seines Verschleißes. Wie eine eigene Gaze liegt die Retusche über dem Körper. Gehüllt in seine Künstlichkeit ist er nie nackt, nie transparent in seiner Zeit.

In einer Lebenssituation, in der alles auf Abschied steht, haben sich die Alten in den Abruzzen für das Sitzen in Parkanlagen entschieden, wo sie Gespräche ohne Folgen führen, Blicke auf Mädchen jenseits ihrer Reichweite werfen und Schach spielen ohne Einsatz. So haben sie sich eingerichtet in der Folgen- und Wirkungslosigkeit ihrer Existenz. Die Mehrheit hat alles irgendwann aufgegeben.

Die Kapitulation ist die dem Alter angemessene Lebensform, und bis einen der Doktor holt, verliert man sich unter den abruzzesischen Greisen an Alkohol, Rauschmittel und Brettspiele. Es ist die Harmonie der Defensive, die man an diesen Alten bewundert, eine Bereitschaft, eine »Postkarte aus besseren Tagen« zu werden, damit sich die Vorbeifahrenden erinnern und »noch« sagen können, das »noch«, das jede Erzählung aus der vorindustriellen Vergangenheit schmückt: Die Bauern sitzen noch vor dem Tor, die Frauen melken noch von Hand, die Milch ist noch lose zu kaufen … In jedem »noch« ein Abschied.

Der Knacks bewohnt gewisse Ausdrücke, die sich ähnlich in den Wortschatz schleichen, wie er selbst sich der Erfahrung bemächtigt: »Zu meiner Zeit«. Inbegriff der Zeit, die nie so war, sich nie so anfühlte, nie begann und nie endete. Trotzdem meint man, irgendwann einmal auf der Höhe der Zeit gelebt zu haben, auch wenn sie keine andere Spur hinterließ als dem späteren Leben etwas Posthumes zu verleihen.

The way we were: alle glauben, etwas geleistet zu haben, indem sie abgeschlossene Kapitel der Geschichte herstellen. So sahen wir aus, diese Musik hörten wir, so bewegten wir uns dazu. Alle sagen das amüsiert, wie über einen glücklichen, auch naiven Kinderzustand des eigenen Bewusstseins redend. Sie sehen sich als Teil der Historie, sagen: Wir trugen »Trümmerfrau«, wir waren der Widerstand gegen den NATO-

Doppelbeschluss, waren Zeitgenossen von Princess Dianas Tod. Zaungäste sind sie gewesen, fern waren sie den Ereignissen, nur gleichzeitig mit ihnen da und allenfalls zeittypisch angezogen. Währenddessen sind sie diachron gealtert. Da sind noch jung gebliebene Dinge in mir, möchten sie sagen, Brausepulver, Buttermilchspeise, Monopoly. Ich bin noch der Zeitgenosse meiner Jugend, möchten sie sagen, ja, rechnen Sie ruhig noch mit dem Halbstarken in mir.

»Zu meiner Zeit«: der spiegelverkehrte Ausdruck hierzu gehört unter die tröstlichen Sätze, die, kontaminiert mit dem Unglück, gegen das man sie aufrichtet, immer im Angesicht der Pleite gesprochen werden: »Sie haben Ihr Leben doch noch vor sich.« Das Romantische an diesen Ausdrücken entstammt direkt der fiktiven Vergangenheit und Zukunft, von der sie sprechen. Nur ohne bestimmten Ort können sie dies tun und so dem eigenen Verschwinden und Unscheinbar-Sein eine fiktive persönliche Blütezeit entgegensetzen. Unfasslich wird schon die nächste Generation – jedenfalls von den Betagten aus betrachtet, die sich rhetorisch auf die Höhe »ihrer Zeit« schwingen, unverständlich in ihrer Erkaltung, ihrer Abwehr, ihrer Reife.

Umgekehrt blickt die Folgegeneration peinlich bewegt oder schlicht ungerührt auf die antiquarische Schwärmerei der Alten und ihren Knacks. Bei James Joyce sieht »Stephen der Held« mit einem solchen bösen Blick den Greisen im Wirtshaus zu: »Stephen sah zu, wie die drei Gläser von der Theke in die Luft gehoben wurden und sein Vater und seine beiden Kumpane auf ihre Vergangenheit tranken. Schicksal oder Temperament trennten ihn von denen abgrundtief. Sein Bewusstsein kam ihm älter vor als ihres: es schien kalt auf ihre Reibereien und ihre Glücklichkeit und ihre Enttäuschungen wie ein Mond auf eine jüngere Erde. Nicht Leben noch Jugend regten sich in ihm, wie sie sich in denen geregt hatten. Er hatte

274

weder die Vergnügungen der Kameradschaft noch die Potenz ungeschlachter männlicher Gesundheit noch Sohnespietät erfahren. Nichts regte sich in seiner Seele außer einer kalten und grausamen und liebelosen Lust. Seine Kindheit war tot oder verloren gegangen und mit ihr seine einfacher Freuden fähige Seele, und er trieb jetzt durchs Leben wie die unfruchtbare Schale des Monds.«

Der Kellner tritt an den Tisch. Er nimmt die Serviette auf und legt sie dem Gast behutsam auf den Schoß. Einen auf den Boden geglittenen Schal trägt er kommentarlos in die Garderobe. Dann wischt er Krümel vom Tisch, schließt das gekippte Fenster und zieht sich wortlos zurück.

Als erfahrener Kellner sieht er seinem Gast vielleicht einen Trauerfall an. Stellt sich vor, wie der Mann jetzt angereist ist, viele Jahre nach den glücklichen Tagen, die er einst in diesen Räumlichkeiten verbracht hat. Und jetzt denken muss, was er nicht denken will: Es ist alles nicht mehr so …

Das weiß er und stellt dem Gast jetzt sogar eine einzelne Gerbera in der Vase auf den Tisch, vom Ausschank hat er sie, die einzige Blume im Lokal. Was er nicht weiß, ist, dass nur ganz wenige Menschen in seinem Leben dem Alten so zuvorkommend begegnet sind. Als eine Folge dieser Freundlichkeit wird er demnächst im Testament des Gastes erwähnt werden und in zwei Jahren so viel Geld erben, dass er nie wieder zu jemandem so freundlich wird sein müssen.

Bei der Beobachtung der Alten: vielleicht nehmen sie nicht mehr wahr, was sie wollen, sondern was sie können. Das heißt auch: sie drehen den Kopf nicht, um nachzusehen, was da lärmt. Sie führen die Drehung aus wie zum Nachweis, dass sie es noch können.

Der Gang alternder Ballett-Tänzer, ein ungelenkes Staksen,

die Füße werden bewusst, also schlecht koordiniert, vorein-
ander gesetzt. Die Bewusstheit ist so lange in diese Extremitä-
ten gefahren, dass sie nun, da sie nicht mehr tauglich sind, wie
Mikado-Stäbe geführt werden. Die Bewusstheit nimmt ihnen
die Grazie, sie lässt den Knacks ein.

Die tränenseligen Alten: dauernd auf der Suche nach Quellen
der Rührung, beim Speichern von Erfahrung, von Sentimentalität. Die enttäuschte Liebesgeschichte, die sie schon so lange
mit sich selbst unterhalten, ist sachlich, aber ebenso nostalgisch. Die Enthüllungen sind abgeschlossen, die Entzauberung
der Hingabe ist an ihr Ende gekommen, und die Liebe hat sich
zersetzt in Enttäuschung über den Pragmatismus der Lust.

Adorno-Horkheimer in der »Dialektik der Aufklärung«:
»Mit der Gesellschaft reproduziert sich erweitert die Einsamkeit. Noch in den zartesten Verzweigungen des Gefühls setzt
der Mechanismus sich durch, bis Liebe selber, um überhaupt
noch zum anderen finden zu können, so sehr zur Kälte getrieben wird, dass sie über der eigenen Verwirklichung zerfällt.«

Ich kannte einen, der blickte vom Bett aus seine Gattin an,
die redete und redete, während sie sich auszog, und er sagte:
»Leg die Welt ab.«

Das, erzählte sie mir, war sein Ja zum Altern, eine Form,
die Desillusion zu umarmen: Es ist gut, dass es zu Ende geht,
mit den Körpern wie mit den Worten. Von hier aus konnte
man endlich zurückblicken, bis in die frühen Enttäuschungen des jungen Mannes hinein: Der ausgehöhlte Mensch, der
Käfig seiner selbst, der die immer gleichen Bilder auf die inneren Leinwände projiziert, der sich selbst nicht transzendieren kann, weil er immer dort ankommt, wo er war, der nicht
bleiben kann und nicht gehen, der nicht ertragen kann und
nicht handeln, der gläsern gewordene Mensch, der immer
tiefer in die Bahnen im eigenen Körper blicken muss, der sich

nicht mehr mitreißt, der im Scheitern entstellte, narzisstisch gekränkte Mensch, der immer auf der Höhe seines Knacks lebende.

Eines Tages war der Stoff dann aufgezehrt, mit dem er etwas sein wollte und nicht Nichts. Kraft seiner hatte er sich ausdehnen, einen Platz behaupten, eine Richtung einschlagen können. Plötzlich sah er die Welt aus der Ferne: Wozu gehen, wozu steigen, wohin? Er stand an diesem Tag vor sich selbst und kannte sich nicht, denn von nun an war er sich kein Projekt mehr:

»Dieses furchtbare Altern, immer mehr Erfahrungen, immer weniger Kraft, sie zu organisieren.«

Zwischendurch der Impuls, die Welt der Kindheit wiederherzustellen, als wäre sie fest und schmerzlos; alle Rückwege einzuschlagen, die in die Jugend, die in die Familie, die in die Genealogie, die in die Archive der Erinnerung. Sie sagen das Gleiche: Das Auffälligste an etwas Vergangenem bleibt, dass es vergangen ist.

»Nein«, sagt er starrsinnig, »Altern ist Geboren-Werden! Ich führe mein Leben nicht, es führt mich, aber wenigstens wie ein Blindenhund.«

Zuletzt charakterisiert ihn der Mutwille dessen, der zu seinen Lebzeiten alles niederreißt und unbewohnbar macht, damit es ihm leichter fällt, sich zu verabschieden. Er leidet. Der tief verwurzelte Mensch, der er ist, trifft auf den Hochmut der Hinterbliebenen zu Lebzeiten: Das passte nicht zu ihm, sagen sie von seinen Anschaffungen, seinen modischen Eskapaden, seinen Versuchen, Freundinnen zu binden. Als ob irgendetwas passte! In jeder dieser Masken und Kulissen organisiert er sein Verschwinden, in ihnen nistet sein Ende, der zerrissene Kommunikationszusammenhang seines Lebens.

Jeder Alte ist ein Letzter. Manche ragen in diese Gegenwart wie Meteoriten, wie aus stellarischen Konstellationen herausgebrochen. Die Gewissheiten alter Zeiten sind in ihnen noch lebendig, nicht als Sedimente bloß, sondern als Erfahrung. Ihr Stil, ihre Höflichkeit, ihr Gottvertrauen, das sind Realitäten, Verbindlichkeiten. Von hier aus sehen sie ins Unverbindliche. Sie begreifen nicht, dass so vieles nicht mehr wahr sein soll und nicht mehr wirklich. Dank, Trost, Gastlichkeit, das war doch mal. Und nun?

Man kann nicht mehr damit leben, nicht mehr auf dem Dorf mit seinen Überzeugungen und Traditionen, nicht mehr mit den spartanischen Vergnügungen der Vergangenheit, nicht mehr in der Ruhe der schönen anspruchslosen Stunden zwischen den Kriegshandlungen, nicht mehr als Überlebender. Diese Zeit war gut, weil sie eindimensional war. Wer nur überleben muss, befreit sein Leben von so vielem, was Dekadenz, Ablenkung, Snobismus bedeuten könnte, und er bewahrt sich den Schatz des Relevanten.

Was sich in solchen Alten als Energie erhält, ist entschlackt. Sie geben ab. Das ist anders als der Überschwang der Halbstarken mit ihrer stumpfen, nicht gedachten, einfach präsenten Kraft. Die Gelassenheit der Alten dagegen ist Überzeugung, Einsicht in die Schwäche, Reflexion; wenn sie sich mitteilt, dann auf inexpressive Weise. Der Alte glaubt nur noch an das, was er wirklich ist, nicht an das, was er darstellen möchte. Er bleibt eher im Radius seiner Möglichkeiten. Ist er stark, dann weil er unbeeindruckt blieb von der eigenen Wirkung und dem eigenen Effekt nicht folgt.

Sie saß um sieben Uhr auf der Hotelterrasse herum, die Sonne dümpelte noch hinter den Wolken. Die Luft war frisch, sie selbst war es nicht, und die Milch hatte gerade mitten im Kaffee ihr Haltbarkeitsdatum überschritten. In Wirklichkeit also schien die Sonne nicht, und der Tag hatte die Konkurrenz um den glücklichen Tag gerade verloren.

»Dieses furchtbare Altern«, sagte sie zu ihrem Mann, »als gäbe es im Alter nichts als das!«

Ein Anfall von Ratlosigkeit vor der Zeit. Sie fand gerade kein Tempo, keinen Rhythmus, den sie dem eigenen Verfall hätte entgegensetzen können.

»Immerhin lässt du dir deinen Lebensrhythmus nicht vom Tod vorschreiben. Ist doch auch gut!«, sagte er.

Ebenso gut hätte er sagen können: Wie schön das Leben in dir ist, deine Gabe, Gefühl an Gefühl zu hängen. Oder er hätte von dem Tod sprechen können, der in ihr war, der tiefer als ihre Lebensfreude aus ihr schien, die Grundierung gab, den Resonanzboden. Er konnte den Heroismus sehen, mit dem sie eines Tages ganz allein in den Augenblick hinabsteigen würde, den Augenblick, in dem sie lichterloh niederbrennen würde, ohne Liebe, ohne Gefühle sogar, elend und voller Angst. Ihr Ende war in ihr schon wach, und das Schlimmste war: Man konnte es sehen, und sie, die Überlebenskünstlerin, fühlte sich zwischendurch überwältigt von dem Impuls, die Welt der Kindheit wieder herzustellen, als sei sie fest und schmerzlos.

»Du führst ein gutes Leben«, setzte ihr Mann hinzu. »Dein Leben war maßlos, am Ende konnte dich nur dein Körper einholen.«

»Lass gut sein.« Sie kam ihm zuvor. »Ich soll hier nicht vollendet werden.«

Auf der Suche nach etwas, das sich dem Einbruch der Zeit – in diesem Fall der Todeszeit – entgegensetzte, hat der österreichische Arzt und Schriftsteller Ernst von Feuchtersleben an den berühmten Arzt der romantischen Medizin, Johann Christian Reil, erinnert und geschrieben: »Wir sollen uns so behandeln, wie von Reil gesagt wurde, dass er seine Kranken behandelte: Die Unheilbaren verloren das Leben, aber die Hoffnung nie.«

Die Schwerkranken des heutigen Tages behandeln stattdessen den Namen und die Titel der behandelnden Ärzte wie Allgemeingut, wie die politischen Daten von Schutzmächten: »Ich bin ja bei Professor Reichert.«

Die Autorität des Arztes steht für die Macht seines Protektorats. Es ist eine Passwort-Geschichte: Ich weiß ihn beim Namen zu nennen, kann ihn aussprechen, also wird er meine Wunde schließen, nicht sie sich. Und so befinden sich diese Kranken bereits mitten in einer Wundergeschichte.

Todesfälle

Manchmal kam eine Freundin zu mir, in der Armeehose, mit schweren Stiefeln, ihre Augen schmal und aufmerksam, ihre Haare kurz in blonden Strähnen, die ins Gesicht fallen wollten. Das Gesicht war manchmal einfach erwartungsvoll freundlich, manchmal bedürftig, auf diese verrückt-machende, nicht zu beantwortende Art bedürftig. Manchmal brachte sie einen Hund mit, der sich hinlegte, furzte und schlief.

Ihr Gesicht änderte sich bei jedem Besuch. Mich hat das erstaunt, nicht beunruhigt. Als triebe sie ihren Ausdruck immer wieder über die eigenen Grenzen hinaus. Manchmal ins Schöne. Manchmal ins Herbe. Etwas Instabiles lag über ihr. Sie sprach gerne über Kierkegaard, über den »Sprung«, über das Paradoxon des Glaubens, über ästhetische Lebensführung. Früher hatten wir zusammen gearbeitet, dann wechselte sie zu einer anderen Redaktion, war dort für Pornographie und Wrestling zuständig und fand immer gute Gedanken, die man mit dem einen oder dem anderen in Verbindung bringen konnte.

Einmal bat ich sie, mir Rohmaterial eines Beitrags mitzubringen. In einer Einstellung sah man sie im Anschnitt an der linken Bildseite mit einer pampigen italienischen Pornodarstellerin sprechen – war dies ein Interview? –, während diese von hinten penetriert wurde und zwischen den missvergnügt abgesonderten Antworten den Mann anherrschte, der sich an ihrem Hintern abarbeitete. Sie fand das interessant, fühlte sich in diesem Milieu gut aufgenommen und konnte rasch fachsimpeln.

Dann ging sie mit Atembeschwerden zum Arzt, der sagte:
»Jetzt nehmen wir erst mal einen Lungenflügel raus.«

Es war November.

»Ich würde zu Weihnachten nach Hause gehen«, sagte der Arzt auch, »denn das ist das letzte Weihnachten, das Sie erleben werden.«

Sie weinte über den Ausdruck »nach Hause«.

Ihre Freunde zogen sich zurück. Wer wochenlang jeden Abend bei ihr gegessen hatte, tauchte ab, als sei ihre Krankheit ansteckend. Ihre Redaktion schickte nach zwei Monaten einen Strauß gelber Tulpen.

Sie aber lag mal in der Klinik, dann daheim bei den Eltern unter den schrägen Wänden ihres Kinderzimmers, dann wieder in der Klinik. Eines Tages rief sie den Chirurgen vor der OP zu sich:

»Darf ich einen Augenblick Ihre Hand halten?«

»Warum?«

»Immerhin ist es die Hand, in die ich mein Leben lege.«

Der Arzt blickt selbst auf seine Hände, als habe er es lange nicht getan.

»Glauben Sie an Gott?«, fragt sie.

Er sieht aus dem Fenster.

»Warum operieren Sie, wenn Sie nicht an Gott glauben? Warum dieser Beruf?«

Er braucht lange bis zur Antwort:

»Ich liebe meine Patienten.«

Sie sagt: »Ich liebe Sie auch.«

Ihre Schwester erkennt die Sterbende in diesem Satz und flüstert mir zu:

»Siehst du, da hat sie von ›Liebe‹ gesprochen und sie wirklich gemeint.«

Im Gegensatz zu Pornographie? Sie starb unübersehbar. In der Freiburger Klinik konnte sie in die Bäume blicken. Ja ja, schön, schön, sagte sie. Aber sie sah diese so wenig, wie sie die Reproduktionen von Caspar David Friedrichs Bildern ansah, die ich mitgebracht hatte, oder »Siesta« von Miles Davis hörte. Ich dachte, das spräche noch, das sei geeignet. War es aber nicht.

Krankheit: etwas nistet sich in einem Menschen ein. Nichts wird er davon gewahr. Er geht ins Kino oder steht am Wegrand und pisst, und gerade jetzt kippt etwas und wird bösartig. Ein Virus findet seinen Weg, durch die Haut tritt etwas, um sich auszubreiten, den Organismus anzugreifen.

Jetzt ist auch der Mensch die Krankheit, er schleppt sie mit sich durch seine Enttäuschungen und seine Freuden, er macht Hausbesuche mit ihr und fragt sich, was sie mag und was sie kaum erträgt. Sie sieht ihn an. Sie mag ihn nicht.

»Wenn ich der Krebs wäre«, sagte ich der Freundin, »ich wollte dich nicht zur Gegnerin haben.«

Sie strahlte, ich hob das Glas und grüßte: Vivat! In den nächsten Wochen glaubte ich, sie immer noch auf der Straße zu sehen, und bin dann immer wieder zurückgefallen in diesen Zustand des Verlusts, in die Gewissheit, dass dies nicht sie sein könne, weil sie doch irgendwo in einem Bett, unter Geräten, einen Kampf kämpfte, der zuletzt nur noch aus Atmen bestand.

In Freiburg verabschiedeten wir uns vor dem Bahnhof. Ihre Schwester saß am Steuer des Wagens, ich stand schon draußen, wir hatten uns schon einmal auf Wiedersehen gesagt und taten es wieder. Sie blickte vom Beifahrersitz zu mir hoch, und in unseren Augen war der gleiche Gedanke: Denk nicht, dass dies unsere letzte Begegnung ist, denk es nicht, zweifle keine Sekunde! So sahen wir uns inständig an, den letzten gemeinsamen Gedanken teilend. Es war zugleich das letzte Mal, das unsere Augen sich trafen.

In der Kirche, wo ihr Sarg aufgebahrt war, begegnete ich

den meisten ihrer Freunde und Angehörigen zum ersten Mal. Wir tauchten aus Monaten der Tränen, des Mangels und der Angst auf und blickten uns immer noch ungläubig an, in der Hoffnung, der Wirklichkeit doch noch eine Zeitlang ausweichen zu können. Wir hatten in der letzten Zeit zusammengelebt, auch wenn wir uns nicht kannten, als Hinterbliebene.

Der Schmerz bleibt ein besonderer, zumal wenn jemand im Zustand der Unerschöpflichkeit geht. In jedem von uns lebte diese Freundin ein eigenes Leben, so blieben wir zurück, vereint, doch nicht mehr vereinbar, da sie fehlte.

Sie war einer Erfahrung begegnet, die größer war als sie und deren Wucht sie manchmal bestaunte, als sei dies eher eine Naturerscheinung als ihr persönliches Verhängnis. Sie hatte über ihre Krankheit manchmal wie von einer Dimension gesprochen, die dem Leben eigentlich erst Größe und Bedeutung gibt, hatte in dieser Zeit ihr Leben auf einen einzigen Punkt zusammengezogen, gereinigt vom Unwesentlichen, ganz auf das Elementare konzentriert, sodass ihre Intensität Leuchtkraft entwickelte. Sie hatte diese Krankheit nicht nur behandeln lassen, sie hatte sie durchdacht, durchfühlt, durcharbeitet, hatte sich in unablässigem geistigen Stellungswechsel zu ihr verhalten, hatte eine persönliche Krankheit gehabt und war, wie es bei Rilke heißt, einen persönlichen Tod gestorben. Dabei war sie schön, dass es einen verlegen machen konnte, auf sich selbst zurückgekommen und mit sich im Reinen. Durch ihren Frieden lief der Knacks, der die Krankheit war, die in ihr altern wollte.

So brannte sie an beiden Enden: fasziniert vom einfachen, physischen Leben einerseits, aufgesogen von den Freuden der Abstraktion andererseits. Aus dem Wechsel der Sphären speiste sie ihr Leben, und deshalb war es zweitrangig, auf welchem Feld sie gerade arbeitete, nichts war unter ihren Augen banal, alles vielsagend. Manchmal musste man sie daran erinnern zu essen, manchmal tat ihr Arbeit gut, einfach weil diese sie in die Gesellschaft von Menschen warf, und manchmal konnte man mit ihr zusammensitzen und zusehen, wie sie eine Reise aus der Selbstverschlossenheit in die Hingabe antrat.

Manchmal hat sie abends bei mir gesessen, wir sind in vielen Stunden nicht einmal aufgestanden und haben bis in die frühen Morgenstunden geredet. Sie ließ ihren Wagen dann stehen, fuhr im Taxi heim, und wenn ich morgens aus dem Fenster sah, war sie gerade dabei, ihr Auto abzuholen, gekleidet in eine Art Kamelhaarmantel und von einer so großen schwarzen Sonnenbrille geschützt, dass sie aussah wie ein exilierter Filmstar. Dann winkte sie so ein bisschen schüchtern oder verlegen zum Fenster hinauf und lächelte, und es tat fast weh, weil ihr Herz, ihre Unsicherheit, ihre Hingabe an das Schwache in dieser Geste so manifest war; einmal bin ich sogar, lange vor ihrer Erkrankung, heruntergelaufen und habe sie umarmt, nur weil mich ihre Existenz so rührte.

Zuletzt hat sie sich mit all ihrer Intelligenz dem Spirituellen weiter genähert als zuvor, hat erkannt, dass das Leben mehr Metamorphosen durchmacht als der Alltagsverstand sich träumen lässt, und wäre wohl einverstanden gewesen mit der lapidaren Wendung, in die Buddha das Sterben kleidet: »Was aber ist das Sterben? Was da bei diesem oder jenem Wesen das Abscheiden ist aus dieser oder jener Wesensgattung, Hinscheiden, Auflösung, Hinschwinden, Tod, Sterben, Ableben, Auflösung der Daseinsgruppen, das Zurücklassen des Körpers, das nennt man das Sterben.«

Michel de Montaigne schrieb: »Denken heißt Sterben lernen.« Man hat dies so verstanden, als sei der gute Gedanke immer auch eine Vorbereitung auf den Tod. Didaktisch gedacht: der Gedanke ist behilflich im Enden. Bereitwilliger geht, wer nur tief genug reflektiert hat.

Doch ebenso ließe sich finden: Wer sich selbst tötet, kann den Tod nicht geschehen, kann ihn nicht machen lassen. Der Tod ist zu wichtig, um sich ihm gegenüber auf das Gewährenlassen einzustellen. Wenn der Gedanke selbstbewusst wird, spricht er das Sterben aus, das Vergehen, das in jedem Augenblick das Denken als ein Kontinuum begleitet. Der Gedanke reicht also nicht hinweg über eine Zeitspanne vor dem Tod, sondern er fixiert das Leben in einer Form seines Endens. Wir kommen und scheiden. Unsere Existenzform ist der Abschied. Wir sterben augenblicklich im Denken.

Ich kannte eine Frau, deren Gesicht den Ausdruck der Tapete annehmen konnte, vor der sie gerade stand. Sie war von elaborierter Ausdruckslosigkeit, und das in einer Vielzahl von Formen. Vom Grunde ihres Desinteresses an der mimischen Kommunikation aber konnte sie sich nie lösen. So blieb sich ihr Gesicht treu darin, alles Expressive abzutöten. Mit den Jahren faszinierte sie vor allem durch die Ausdruckslosigkeit ihres Alterns. Das Leben braucht offenbar nicht einmal Erlebnisse, um zu altern.

Sie wird sterben, als eine gute Interpretationsvorlage für alle, die ihr nicht nahestehen konnten. Und niemand stand ihr nahe, oder alle standen ihr gleich fern. Aber sie werden um diese Frau trauern – nicht weil sie ihr nahegestanden hätten, sondern weil sie sterben konnte, ohne dass sie ihr je nahegestanden hätten.

Die richtigen Worte zu ihrer Einäscherung hat sich der Pfarrer schon zurechtgelegt: »Sie ist nicht tot«, will er sagen. »Sie wird fortgeführt.«

Die Überlebenden, die schließlich sich selbst, also ihr eigenes Überleben nicht überleben: »Bisher lebte ich nicht. Jetzt aber lebe ich«, heißt es bei Miguel de Unamuno. »Doch gerade jetzt, da ich zu leben beginne, fühle ich erst, was Sterben heißt.« Das schreibt er wie der Sterbende, der sagt: »Ich fürchte, morgen bin ich krank.« Oder wie der Arzt, der sagt: »Der Patient ist erst gestorben, nachdem ich ihn geheilt hatte.«

Die filmische wie die nachrichtliche Welt, sie kennen ein spezialisiertes Interesse am Todeskampf: aller Ende Anfang. Man beugt sich über das Bild des Todgeweihten, nicht über diesen, nur über sein Bild, und macht die Bewegung mit, in der sich jemand wegwendet, weil er weggewendet wird.

In den Vorhof seines Sterbens geht man noch mit, wo die kriegerischen Handlungen sich abspielen oder wo Tabellen und Befunde hängen, wo Ärzte sprechen, mehrdeutig. Dann lässt man die Hand des Gerichteten los. Er blickt dem Betrachter nach mit langen Blicken, aber eigentlich blickt er voraus, mit diesem Fanatismus, fixiert von dem Punkt, in den er eingesogen wird, und über dem Zurückgelassenen schlägt die Welt zusammen.

Und wenn er sich weiter identifizierte? Wenn er in die Todeszone hineingelangte, in die Auflösung des Körpers hinein, begleitet von Bewusstsein, über alle Brüche hinweg. Wohin? In die Identität?

Empathie ist nicht Einsfühlung. Sie bewegt sich immer auf ihr eigenes Ende zu, auf das Bewusstsein von zweien, die Differenz. Sie gelangt immer an den Punkt der Trennung zwischen den Menschen. An dieser Stelle bricht das emphatische Gemeinschaftsgefühl. Nicht Ich: Man muss bis dort gelangt sein, um selbst zu brechen.

Marcel Proust hat das Sonnenlicht auf einem Mauerstück, gemalt von Vermeer in der »Ansicht von Delft« als »Epiphanie« behandelt. Er hat es wie ein allererstes Bild, wie eine Erscheinung der »Quidditas«, wie Thomas von Aquin sagt, der

»Washeit« dieser einen Sache Mauerstück, behandelt. Zugleich soll dieses Detail ein Speicher von Erfahrung sein, etwas Übersehenes, in dem die Betrachtung anhält.

Genauso könnte man so etwas als letztes Bild interpretieren, als Bild, das den wahllosen letzten Blick antizipiert, als Ausschnitt, auf dem das Sehen stehenbleibt: die späteste von der Welt über die Augen vermittelte Spur. Solche Bilder werden nicht mehr von der Realität, sie werden von der Netzhaut abgelöst, sind Blick, nicht Erblicktes.

Ich setzte mich im Krankenhaus ans Bett jener Bäuerin, der ich damals ihr entlaufenes weißes Huhn zurückgebracht hatte. Nach einem Verkehrsunfall war ihr schlecht geworden, dann fiel sie in eine Ohnmacht und blieb dort für ein paar Tage. Als sie die Augen wieder aufschlug, war sie keine Bäuerin mehr, sondern eine Kranke. Ihr Blick flimmerte, manchmal schloss sie die Augen und wirkte, als fische sie mit dem Schleppnetz in ihren Erinnerungen.

»Wie geht es Ihnen?«

Das konnte sie sagen. Ich fragte:

»Wie war Ihre Nacht?«

»Ja, ich hab tief geschlafen, ich hab, hatsegesacht sachtse, hatsegesacht sachtse, ich hab gestern noch, als ich einschlief, da hab ich, hatsegesacht sachtse, hatsegesacht sachtse …«

An jeder Stelle, an der ein Wort fehlte, richtete sich steil diese eine Wortverbindung auf: »hatsegesacht sachtse« und galoppierte und überschlug sich in ihrem Mund, »hatsegesacht sachtse, hatsegesacht sachtse«, und dann kamen Tränen und immer mehr Tränen.

Etwas in ihrer Erinnerung hielt sich an diesem Mantra fest, etwas hing dort, und sie hatte keine Gewalt darüber. Immer lief die Tonspur bis zu dieser Stelle, hakte in der Vokabelmasse ein und reproduzierte das gleiche. Die Stelle, an der sie schad-

haft war, hatte einen Ausdruck: »hatsegesacht sachtse, hatsegesacht sachtse«. Doch warum diesen? Gerade die Leerstelle
des täglichen Klatsches, des Geredes auf dem Dorf hielt ihr
Bewusstsein besetzt. Sie sollte bis zuletzt nicht mehr Sprach-
wesen werden können.

Der Anfang: Ein Mensch wird geboren und schreit und weint,
und drumherum stehen alle und lächeln. Das Ende: Ein
Mensch stirbt, drumherum stehen alle und weinen und nur
er selbst muss zuletzt noch lächeln. Geburt und Tod sind die
einzigen Kategorien, unter denen jeder Mensch gewöhnlich
schön erscheint.

Bei der Vorstellung der letzten Bilder, die uns im Leben
erreichen, konzentrieren wir uns meist auf das Erlebte, das
Erfahrene, selbst auf das nur flüchtig Gestreifte. Doch auch die
routinemäßige Berührung mit dem Beliebigen wird bleiben.
So könnte sich für manche vielleicht selbst das eigene Sterben
als nicht individuell erfahrbar entpuppen. Sie liegen da und
hören eine Stimme sagen: »Wir haben jetzt unsere Reiseflughöhe von 11 000 Metern erreicht ...«

Der Tod ist nicht nur für die schlimm, die ihn begreifen.
Aber diese könnten Subjekt und Objekt ihres Sterbens zugleich sein und sagen: Ich sterbe mich.

Er fährt in die Türkei, um sich die Augen lasern zu lassen, isst
am Morgen an Bord eines Bootes, blinzelt guter Dinge in die
Sonne, sagt zu seiner Freundin:

»Sonnenbrillen sind für Leute, die ihre Brillen schöner finden als ihre Augen.«

Er schaut den Türkinnen nach, die am Strand rauchen.
Dann setzt er sich in den Sand, zeichnet die Frauen in der
Brandung, schläft ein. Später liest er ein Kapitel aus einem
Roman, das den Brand des Opernhauses von Venedig zum

Thema hat, geht in die Klinik, man betäubt und operiert ihn, er hört auf alles, was man ihm sagt. Dann klappt man die Linse des Auges hoch, und für diesen Augenblick wird es völlig schwarz. Er sieht ohne Augen in die Schwärze, die sein Kopf ohne Augen produziert, der Hohlraum des Kopfes blickt in den Hohlraum der Welt. Das brennende Opernhaus von Venedig erscheint ihm. Weil es das letzte mit gesunden Augen erlesene Bild war?

Er wird wenig später wieder sehen können, besser sehen als jemals, sich aber von diesem Moment, von seiner Anfälligkeit, lange nicht erholen. Dieser Augenblick hat den Erzählzusammenhang seines Lebens zerrissen. An ihn wird er sich erinnern, anders als an die Mehrzahl der unfühlbaren Momente, die spurlos gekommenen, die am Ende doch Spuren hinterlassen hatten.

Ein paar Monate später stirbt sein Vater. Der Sohn sitzt am Bett und beobachtet den Alten in seinen letzten Atemzügen, nimmt einen Block und zeichnet jetzt das Gesicht des Greises, wie es sich dem Tod zuwendet. Der Sohn zeichnet gut. In Gedanken ist er bald bei der Ausübung seiner Kunstfertigkeit mehr denn bei der Agonie des Vaters. Mit der Spitze des Bleistifts schraffiert er das Auge gerade in dem Moment, als es bricht.

Er lässt den Block in den Schoß sinken und kann sich nicht lassen. Denn nun ist der Einbruch des Fragments ins Werk identisch mit dem des Todes in den Lebenslauf. Er legt dem Vater die Hand über die Augen und schließt sie. Dann bleibt er lange sitzen, betrachtend. Nach einer Weile steht er auf und öffnet dem Toten abrupt noch einmal die Augenlider, etwa so, wie eine rabiate Krankenschwester morgens die Jalousie nach oben schiebt. Etwas Obszönes liegt in der Entblößung wie in der Blöße. Das Nackte des Auges stiert den Sohn an. Es ist schon nicht mehr der väterliche, es ist niemandes Blick.

Dank

Ich danke Ethel Matala de Mazza und Joseph Vogl.
Sie gaben dem Buch Impulse und dem Verfasser mehr.

Personenregister

Adorno, Theodor W. 187, 199, 276
Anaxagoras 26
Antonioni, Michelangelo 197 f.
Aristophanes 199
Aristoteles 95

Bach, Johann Sebastian 215
Balzac, Honoré de 116
Barcilon, Pinin Brambilla 180
Beckett, Samuel 53, 82, 136 f., 184
Beethoven, Ludwig van 48
Benjamin, Walter 21
Berberowa, Nina 263
Berg, Alban 169 f.
Boccaccio, Giovanni 24
Bosse, Harriet 97
Bovenschen, Silvia 234
Bowles, Patrick 53
Boyarsky, Viktor 237 f.
Brahms, Johannes 255
Breton, André 184
Breuer, Josef 54

Bruno, Giordano 241
Byron, George Gordon (Lord) 225

Care, Jean 63
Carlyle, Thomas 109
Casanova, Giacomo 234 f., 267 f.
Cellini, Benvenuto 38
Cervantes, Miguel de 55
Cevallos, Pedro 178
Chateaubriand, François-René de 267
Clooney, George 185
Coetzee, J. M. 150
Colette 71
Conrad, Joseph 58–61, 139, 187

Dante Alighieri 72 f.
Darwin, Charles 56
Davis, Miles 283
Deleuze, Gilles 66
Descartes, René 224
Diana, Princess (Diana Spencer) 274

293

Dickens, Charles 116, 180
Diderot, Denis 174
Doherty, Pete 191
Duchamp, Marcel 63,
 183–185
Dürer, Albrecht 30

Eichendorff, Joseph von 27
Emerson, Ralph Waldo 88
Ensor, James 183

Feuchtersleben, Ernst von
 279 f.
Flaubert, Gustave 89
Fleming, Paul 178
Fra Angelico 179 f.
Freud, Sigmund 54, 57
Friedrich, Caspar David 283

Gagarin, Juri 220
Giacometti, Alberto 63
Godard, Jean-Luc 89, 181
Goethe, Johann Wolfgang
 von 72, 228
Goldmann, Lucien 117
Gorki, Maxim 262
Gourmont, Rémy de 136
Goya, Francisco de 5, 178 f.
Gracián, Baltasar 133
Green, Julien 206
Grillparzer, Franz 149, 191,
 255
Grün, Anastasius 16

Händel, Georg Friedrich 247
Hamsun, Knut 58, 151 f.,
 188 f.
Hamsun, Marie 14
Hebbel, Friedrich 75, 94, 149
Hermaszewski, Mirosław
 220
Hitler, Adolf 148
Hölderlin, Friedrich 24, 42
Horkheimer, Max 276
Humboldt, Wilhelm von 95

Jacquard, Joseph-Marie 229
Jahnn, Hans Henny 61
Jarmusch, Jim 197
Johns, Jasper 54
Joplin, Janis 15
Joyce, James 65, 274 f.

Kafka, Franz 67 f., 102, 186
Kant, Immanuel 250
Karl V. (König von Schwe-
 den) 178
Keller, Gottfried 73 f.
Kierkegaard, Søren 281
Kleist, Heinrich von 87,
 250 f.
Knightley, Keira 185
Kopernikus, Nikolaus 56
Kraus, Karl 156

La Mettrie, Julien Offray de
 178

Laing, Sandra 133–135
Leonardo da Vinci 110,
  131 f., 177, 180 f.
Leonow, Alexej 220
Leskow, Nikolai 171
Loos, Adolf 203

Makarow, Oleg 173
Mastroianni, Marcello 197 f.
Matala de Mazza, Ethel 74,
  92 f.
Melville, Herman 223
Menem, Carlos 166
Michelangelo Buonarroti
  109 f., 256
Moneta, Raoul 166
Montaigne, Michel de 285
Moreau, Jeanne 197 f.
Morus, Thomas 117 f.
Müller, Robert 57
Musil, Robert 60 f., 65, 114,
  138
Mussolini, Benito 125

Napoleon Bonaparte 88
Neumann, Constanze 122
Novalis 174

Ormesson, Jean d' 116

Pavese, Cesare 83, 239 f., 250
Payer, Julius 182 f.
Platon 94

Plotin 176
Porter, Gayle 147 f.
Proust, Marcel 228, 287 f.
Przybyszewski, Stanisław 84

Quasimodo, Salvatore 78

Rabelais, François 24
Reil, Johann Christian 279 f.
Rilke, Rainer Maria 88,
  284
Roche, Charlotte 190
Roth, Joseph 74 f., 92–94,
  137, 138

Sade, Donatien Alphonse
  François, Marquis de 132
Schiele, Egon 181
Schnitzler, Arthur 109
Scott Fitzgerald, F. 64–66,
  86, 139, 183, 230
Seneca, Lucius Annaeus 42,
  172, 213 f.
Simmel, Georg 204
Sokrates 56
Sophokles 96
Spears, Britney 191
Strindberg, August 97

Thomas von Aquin 287 f.
Tiepolo, Giovanni Battista
  181
Tizian 181

Unamuno, Miguel de 266, 286 f.
Utjossow, Leonid 220

Valéry, Paul 56
Veneziano, Domenico 181
Vermeer, Jan 287 f.
Vico, Giambattista 131
Vigny, Alfred de 268
Vogl, Joseph 67, 86 f., 102, 105, 109 f., 248 f., 251

Walser, Robert 86, 187 f.
Welles, Orson 113

Weyprecht, Carl 182
Wilde, Oscar 162 f., 172, 190
Winckelmann, Johann 173
Winehouse, Amy 191 f.
Wöhler, August 81
Wondratschek, Wolf 127
Worringer, Wilhelm 228
Wundt, Wilhelm 31

Yates, Richard 103
Yeats, William Butler 42

Zappa, Frank 50
Zenon 145

Inhalt

Das weiße Huhn	9
Kinderleben	26
Erwachen	51
Sprünge	71
Gebrochene Helden	81
Aus dem Leben der Paare	97
Zäsuren	109
Gemeinsinn	115
Lebensgeschichte	128
Heile Welt	154
Craquelé	164
Kunst	175
Umgekippte Landschaften	197
Schneller!	222
Sich Heimdrehen	239
Der lange Abschied	256
Todesfälle	281
Dank	291
Personenregister	293

Roger Willemsen
Afghanische Reise
Band 17339

Nur wenige Monate nachdem in Afghanistan eine über 25-jährige Kriegsgeschichte zu Ende ging, begleitet Roger Willemsen eine afghanische Freundin auf ihrem Weg in die Heimat: von Kabul nach Kunduz und durch die Steppe zum legendenumwobenen Oxus, dem Grenzfluss zu Tadschikistan – die abenteuerliche Reise durch ein erwachendes Land.

»Willemsen begegnet allen mit entwaffnender
Neugier und Offenheit, ganz gleich ob Frontsoldat
oder General, Drogenschmuggler oder Nomade,
Menschenrechtlerin oder ehemaliger Mudschahed.
Dass er sich dabei manchmal eine fast kindliche Naivität
bewahrt, macht ihn umso mehr zum klugen Beobachter.
Reiseliteratur vom Feinsten.«
stern

Fischer Taschenbuch Verlag

Roger Willemsen
Deutschlandreise
Band 16023

Wochenlang reiste Roger Willemsen mit dem Zug durch
Deutschland, von Konstanz nach Kap Arkona, von Bonn
nach Berlin. Aus seinen Begegnungen mit Menschen unter-
schiedlicher Art entsteht das facettenreiche Bild eines Landes.
Mit wachem Blick entdeckt er das Wesentliche im Alltäglichen und das Typische im Zufälligen – das Glück und
Unglück des ganz normalen Lebens.

»Was ist das für ein Buch, ein
Sachbuch? Nein, das ist viel mehr, das ist eine
grandios erzählte Reise ins Innerste eines Landes,
das unser Land ist, bereist von einem Autor, der
Klischees nicht auf den Leim geht, vor Obrigkeiten und
ihren Vorschriften nicht in die Knie bricht und der
Menschen so zuhören und sie so beschreiben
kann, dass wir in ihr Herz sehen. Das können
nur die Dichter. Willemsen ist einer.«
Elke Heidenreich

»Willemsens exakte Portraits von Deutschen gehören
zum Besten, was man in diesem Genre lesen kann.«
Frankfurter Allgemeine Zeitung

Fischer Taschenbuch Verlag

fi 16023 / 1

Roger Willemsen
Hier spricht Guantánamo
Interviews mit Ex-Häftlingen
Band 17458

Roger Willemsen hat mit fünf ehemaligen Guantánamo-
Häftlingen ausführliche Gespräche geführt. Sie alle sind
keine Terroristen, sondern Opfer amerikanischer Politik.
Sie sprechen über die Zustände in Guantánamo und anderen
Lagern, über ihre Gefangennahme und Verhörpraktiken,
über ihr Leben nach der Entlassung und die Aussichtslosig-
keit, gehört zu werden – erschütternde Originaltöne aus
einer geheimgehaltenen Welt.

»Ich fordere jeden Journalisten dringend auf,
sich da unten selbst ein Bild davon zu machen,
wie die Gefangenen behandelt werden.«
George W. Bush

»Ich wäre glücklich gewesen,
wenn sie uns hingerichtet hätten.«
Abdulsalam Daeef, ehemaliger Häftlingssprecher

Fischer Taschenbuch Verlag

fi 17458 / 1

Roger Willemsen
Gute Tage
Begegnungen mit Menschen und Orten
Band 16520

In Arafats Badezimmer – In einem nordindischen Kloster mit dem Dalai Lama – In der Badewanne von John le Carré – Mit John Malkovich auf der Burg des Marquis de Sade – In den Gemächern Margaret Thatchers – Auf der Verbannungsinsel von Mikis Theodorakis – Im Dschungel unterwegs mit einem Orang-Utan – In der Harald Schmidt Show – Mit einem japanischen Konzernchef in der Geisha Bar – In Vivienne Westwoods Werkstatt – Auf der Suche nach Jean Seberg in Paris – Sinead O'Connor mit Elbblick – Mit Tina Turner an der Côte d'Azur – In einem Boot mit Michel Piccoli – Mit Papa Wemba im Krieg von Kinshasa – Bei Jane Birkin daheim – In der Bar von Henry Millers letzter Frau – Mittagessen mit einem »Kannibalen« – Am Sterbebett von Timothy Leary – Im Gespräch mit zwei Kosmonauten im Weltraum – Vor einem »Monster« in der Berliner »Charité«

Fischer Taschenbuch Verlag

fi 16520 / 1

Roger Willemsen
Der Selbstmord
Briefe, Manifeste, Literarische Texte
Band 17198

Fast jeden Tag ist in den Nachrichten von neuen Selbstmord-
attentaten die Rede, doch davon abgesehen umgibt den
Selbstmord eine Zone der Sprachlosigkeit. Die hier versam-
melten literarischen und theoretischen Texte, ausgewählt
und eingeleitet von Roger Willemsen, durchbrechen dieses
Schweigen eindringlich. Es sind Texte aus vielen Jahrhun-
derten und Wissensgebieten – Philosophie, Psychologie,
Soziologie, Theologie, Medizin und Jurisprudenz. Ergänzt
werden sie durch authentische Abschiedsbriefe von Selbstmördern.
»Bezeichne den Selbstmörder immer nur als einen Unglücklichen«, heißt es in einer hier abgedruckten Aufzeichnung
August Strindbergs, »dann tust du recht; und damit ist alles
gesagt.«

»Eine bemerkenswerte Dokumentation.«
Süddeutsche Zeitung

Fischer Taschenbuch Verlag

fi 17198 / 1

Der Knacks – das Hörbuch

Autorenlesung

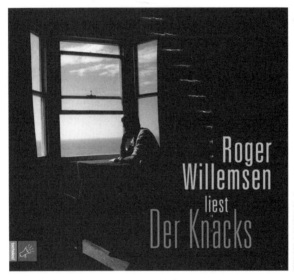

3 CDs, vom Autor gekürzte Fassung

 Hörbuch & Kabarett bei **ROOF**MUSIC

ROOF Music GmbH · Prinz-Regent-Str. 50-60 · 44795 Bochum   **www.roofmusic.de**